Rüdiger Warnstädt

Herr Richter, was spricht er?

Das Neue Berlin

ISBN 3-360-01256-9

Rosa-Luxemburg-Str. 39, 10178 Berlin
Umschlagentwurf: Peperoni Werbeagentur, Berlin,
unter Verwendung eines Fotos von Michael Wolff
Gesamtherstellung: Salzland Druck, Staßfurt

Die Bücher des Verlags Das Neue Berlin
erscheinen in der Eulenspiegel Verlagsgruppe.

www.das-neue-berlin.de

Inhaltsverzeichnis

Vorrede

Ich hatte in den langen Jahren, in denen ich in Moabit als Strafrichter arbeitete, immer viele Zuhörer und Zuschauer. Das waren sehr verschiedene Leute, Schüler mit oder ohne Schulklasse, Rentner, Sozialarbeiter, Studenten, Journalisten, Polizeianwärter, Lehrlinge aus der Justiz und aus Rechtsanwaltskanzleien, von Büros, Banken und Sparkassen, Referendare, Neugierige, Junge, Alte ... Manche kamen zufällig, manche auf Empfehlung, einige regelmäßig, andere unregelmäßig. Manche schneiten herein und waren dann wieder verschwunden, andere kamen längere Zeit hindurch zu fast jeder Verhandlung. Manche Besucher erschienen und verschwanden wortlos, andere meldeten sich ausdrücklich an und später auch wieder ab, so etwa eine junge Dame, die mir nach vielen Besuchen eines Tages sagte, sie werde jetzt doch nicht Jura studieren, sondern Medizin, ich solle ihr das nicht übelnehmen. Ein Junge namens Markus war das erste Mal bei mir in der Verhandlung mit seiner Schulklasse. Er ließ danach ganz höflich von seiner Lehrerin anfragen, ob er in den Ferien zu mir in die Sitzungen kommen dürfe, er möchte aber auch Fragen stellen, ob mich das stören werde, er sei ein Vielfrager. Er störte überhaupt nicht, im Gegenteil. Eine seiner vielen Fragen war eines Tages die, ob ich die Abhandlung »Über die allmähliche Verfertigung der Gedanken beim Reden ...« von Heinrich von Kleist kenne. Ich glaube, ich habe vorsichtig gesagt, daß mir deren Titel einigermaßen bekannt vorkomme, ich mich jedoch nicht so richtig erinnern könne. Markus sagte, daß ihn das erstaune, denn ich mache auf ihn den Eindruck, als ob ich in meinen Verhandlungen, insbesondere in den auf die Verkündung des Urteils folgenden mündlichen Urteilsbegründungen, Wort für Wort das umsetze, was Kleist für die mündliche Rede fordere. Ich nahm mir vor, die Abhandlung zu studieren.

Das liegt lange zurück, wer weiß wie lange, und wer weiß, was aus Markus geworden ist, denn eines Tages erschien auch er nicht mehr. Aber ich habe Kleists Abhandlung dann doch gelesen. Ich habe ihr entnommen, daß es bei einer Rede im wesentlichen nur darauf ankomme, daß man wirklich etwas mitteilen möchte, daraus ergebe sich die äußere Form fast von selbst. Der Inhalt der Mitteilung gebäre sozusagen deren Form. Der Redner müsse allerdings davon überzeugt sein, daß er etwas Wichtiges mitzuteilen habe, mindestens etwas, das es wert sei, mitgeteilt zu werden. Als ich das las, wurde mir klar, daß ich das erahnt oder erfühlt haben mußte, daß es durch ständige Übung mir gewissermaßen zugewachsen oder zugeflogen war. Ich weiß nicht mehr, ob Kleist das auch so gesagt hat oder ob das nun meine Erfindung ist, jedenfalls aber, so meine ich, kommt es auch ganz entscheidend darauf an, daß der Redner von dem, wovon er spricht, überzeugt ist. Ist das nicht der Fall, so merkt man das einer Rede unbedingt an, was für Redner und Zuhörer gleichermaßen schlimm ist.

Was für die Rede gilt, gilt auch für die Schreibe. Bei meinen schriftlichen Urteilen, den »Gründen«, wie sie beim Strafgericht heißen, hatte ich keine Bedenken, auch dort den Kleistschen Forderungen, so gut es eben geht, zu genügen. Hier aber schreibe ich jetzt sozusagen Literatur. Ich hoffe, daß mir meine Erfahrungen dabei zugute kommen. Was die Richtigkeit und die Wichtigkeit angeht, so mag der Leser mir vertrauen, was die Form angeht, so vertraue ich Kleist.

Ich berichte hier aus meinem Leben. Ich gehe dabei nicht unbedingt chronologisch vor. Ich finde, das kann zum einen recht langweilig sein und ist zum andern wohl auch nur bei Leuten angebracht, die den Lauf ihres Lebens frühzeitig geplant und früh ein gewisses Ziel vor Augen genommen haben und die jeden Schritt als einen Schritt auf dieses Ziel hin gesehen und gemacht haben. Ein solcher Mensch bin ich keineswegs. Was sich bei mir ergeben hat, hat sich, wenn auch nicht immer so ganz zufällig, so doch von Gelegenheit zu Gelegenheit ergeben. Ich erinnere mich an viele Möglichkeiten, wie es hätte kommen können. Mal hätte man dies machen, mal jenes unterlassen können oder sollen. Ich bin jetzt, wo ich diese Vorrede schreibe, gespannt, was ich beim Schreiben alles ermitteln werde und was mir dabei hoffentlich auch alles klar werden wird.

Der große Bogen, gewissermaßen das Gerüst dieses Werks, sind fünf größere Abschnitte. Die Abschnitte, in die ich das Werk hier also einteile, empfinde ich als ein Gerüst, in das ich meine Assoziationen hineinhänge, genau so, wie ich es auch in meiner mündlichen Rede immer gemacht habe. Ich hatte eigentlich vor, damit zu beginnen, daß ich schreibe, ich sehe vor mir, daß mein Leben in fünf Abschnitte zerfalle. Aber dann stockte ich schon. Was ist das für ein unklarer Satz: »... ich sehe vor mir ...«! Was sieht ein Mensch von über sechzig Jahren vor sich? Ein solcher Mensch blickt doch eher zurück, jedenfalls dann, wenn er über sein Leben schreibt. Und dann: »...mein Leben zerfällt in fünf Abschnitte ....« Wieso »zerfällt«? Was zerfällt denn da? Mein Leben? Keineswegs, das zerfällt nicht, höchstens zerfalle ich, aber das hat noch ein bißchen Zeit, das sehe ich vor mir, Gott sei Dank.

I. Amtsrichter in Moabit

Stühle

Die große Wagnersängerin Birgit Nilsson soll auf die Frage, was die wichtigste Voraussetzung für guten Wagner-Gesang sei, geantwortet haben: »Bequeme Schuhe.« Fragte man mich nach dem Wichtigsten für einen Richter, so würde ich antworten: »Richtig sitzen«, obwohl diese Antwort schnell zu dem Kalauer führt: »Richtig sitzen und richtig sitzen lassen.« Das macht aber nichts, denn man muß als Strafrichter natürlich Leute zum »Sitzen« bringen, also einsperren, das ist unvermeidbar. Als ich einmal auf den Gerichtsflur trat, fuhr da gerade ein Wagen vorbei, auf dem sich zwischen zwanzig und dreißig wunderschöne Bürostühle befanden, alle »Echt-Holz«, wie das heute heißt und selten geworden ist. Ich ahnte Schlimmes und rief: »Halt! Wohin des Wegs? Wohin bringt ihr die schönen Holzstühle?« Die Hausarbeiter hielten an und sagten: »Das sind die letzten, die kommen jetzt auch noch weg. Dann haben hier alle die neuen, die aus Plastik, die mit dem grauen Kunststoffbezug.« Ich sagte: »Meine Herren, der Bezug ist nicht nur grau, er ist grauenvoll. Bringt mir doch bitte einen von den Holzstühlen in mein Aktenbearbeitungszimmer und einen in meinen Sitzungssaal 672!«

Fortan sprach ich nur noch Recht auf »Echt-Holz«. Mein Stuhl fiel allen ins Auge, und den meisten gefiel er auch. Meine Wachtmeister wußten, wie sehr ich mir schließlich einbildete, daß ich nur auf diesem Stuhl anständige Urteile fällen könne, und machten sich einen Spaß daraus, ihn mir hinzustellen, wenn ich mal in einem anderen Saal Sitzung hielt. Ich nehme an, daß ich die meisten der rund achttausend Urteile, die ich in meinen vierundzwanzig Amtsrichterjahren gesprochen habe, von diesem Stuhl aus gesprochen habe. Manche Urteile habe ich sogar in des Wortes wahrer Bedeutung »von dem Stuhl aus« verkündet, nämlich im Sitzen. Ein mir besonders gewogener Rechtsanwalt nannte diese Urteile »Stuhl-Urteile«. Jedem ist wohl bekannt, daß es üblich ist, das Urteil im Stehen zu verkünden. Ich hatte mir im Laufe der Jahre die Freiheit genommen, in bestimmten Fällen auf diese Zeremonie zu verzichten, nämlich dann, wenn es sich um ein ganz kleines Urteil handelte und die Zeremonie deswegen als unangemessen förmlich oder sogar salbungsvoll erschienen wäre oder wenn die Stimmung nicht danach war. Hauptverhandlungen sind ohnehin Stimmungssache. Es klang wie ein Scherz, aber es war gar keiner, wenn ich manchmal gegen Ende der Hauptverhandlung sagte: »Meine Damen und Herren, ich denke, wir erreichen jetzt die Stimmung, in der ich das Urteil fällen könnte.« Die meisten verstanden, was ich damit meinte, und sie verstanden auch, warum ich manchmal bei der Verkündung des Urteils eben sitzen blieb. »Plastikstuhl-Urteile« hätte es allerdings auch bei mir nicht gegeben.

Der andere Stuhl aus »Echt-Holz« kam in mein Aktenbearbeitungszimmer. Zwar spielt sich die wichtigste Arbeit des Richters im Sitzungssaal ab, aber man sitzt doch Stunden um Stunden und Tage um Tage in einem meist kleinen Bürozimmer. Dort werden einem die Akten vorgelegt, die die Staatsanwaltschaft mit Anklageschrift übersandt hat, damit nun nach den abgeschlossenen Ermittlungen die Hauptverhandlung stattfinde. Dort studiert man die von der Kriminalpolizei zusammengetragenen Zeugenaussagen und versucht, sich ein Bild zu machen von dem, was einen in der Hauptverhandlung erwarten mag. Dort besuchen einen Rechtsanwälte und Bewährungshelfer, kommen Kollegen vorbei und Freunde, erscheinen Wachtmeister und bringen die Hiobsbotschaft, daß die Kollegin Soundso erkrankt sei und man sie vertreten müsse, und kommt die Registratorin, die in der Geschäftstelle die Akten verwaltet, herein und überbringt einen brandneuen Schriftsatz. Es ist immer etwas los. Auf meinem »Echt-Holz« aber konnte mich nichts erschüttern, die schlimmsten und die komischsten Sachen nicht.

Vor vielen Jahren saß ich in meinem Aktenbearbeitungszimmer seit Tagen an einer furchtbar dicken Haftsache. Da klingelt das Telefon. Ich bleibe fest auf meinem Stuhl sitzen, als ich höre: »Freuen Sie sich, Sie können die Akten zuklappen, der Beschuldigte hat sich vor zwei Stunden im Gefängnis erhängt.«

Ich blieb auch unerschüttert fest auf meinem Stuhl sitzen, als Gerda in meinen Sitzungssaal eintrat und der ganze Saal nach einer kurzen Schrecksekunde immer wieder in fröhliches Gelächter ausbrach. Gerda hatte mich schon ein paar Mal angerufen. Sie sei für den nächsten Dienstag als Zeugin geladen, könne aber nicht kommen, fühle sich nicht wohl. Daß sie sich nicht wohlfühlte, konnte man verstehen. Man ahnte nicht nur, man wußte eigentlich schon, daß Gerda in dem Verfahren, das sich gegen ihre bildhübsche, nur leider rauschgiftsüchtige Tochter richtete, die wegen gemeinschaftlichen Raubüberfalls im Gefängnis saß, bei der Polizei eine falsche Aussage gemacht hatte. Gerda hatte der Polizei gesagt, ihre Tochter habe zur Tatzeit bei ihr zu Hause mit ihr und einer Nachbarin ferngesehen. Sie hatte sogar die Nachbarin dazu gebracht, das zunächst zu bestätigen. Mittlerweile hatte die Nachbarin jedoch widerrufen. Gerda fürchtete nun die Hauptverhandlung. Sie hätte zwar nicht einmal zugeben müssen, daß sie gelogen hatte, sie wußte, daß sie sich als Mutter der Angeklagten auf ihr Aussageverweigerungsrecht berufen und also vollständig schweigen konnte. Aber es war so, daß die Tochter ganz offensichtlich von ihr erwartete, daß sie ihre falsche Aussage in der Hauptverhandlung wiederhole. Jedenfalls bestand der Verteidiger darauf, daß Gerda als Zeugin geladen werde. Frau Fürstenberg, meine Registratorin, hatte mich im Sitzungssaal angerufen und gesagt, Gerda sei bei ihr in der Registratur erschienen und wolle mir nun ihr »Zeugen-Entbindungs-Gesuch« mündlich vortragen. Ich bitte, Gerda in den Sitzungssaal zu schicken. Die Registratorin sagt: »Ja, ich schicke sie Ihnen, aber fallen Sie nicht von Ihrem Stuhl, wie die aussieht!«

Die Tür geht auf, es erscheint, man muß sagen, ein Würfel, ein Meter fünfzig hoch, breit, tief, Radlerhosen, ganz in Rosa, enganliegend, absolut figurbetonend, Turmfrisur, wasserstoffsuperblond. Atemlose Verblüffung allenthalben, dann große Fröhlichkeit. Als das Gelächter verebbt ist, sage ich, um überhaupt etwas zu sagen: »Guten Morgen, Gerda!« Verblüffung nun ganz bei Gerda, sie sagt: »Watt, Herr Rat, Sie kennen mir?« Ich frage, um nicht in das erneute Gelächter des Saals einstimmen zu müssen, sehr barsch: »Was wollen Sie von mir?« Gerda sagt: »Herr Richter, ick komme zu Ihnen wejen meiner Entbindung.« Ich versuche ganz trocken zu sein, als ich sage: »Gerda, Sie verwechseln uns. Wir sind hier das Kriminalgericht Moabit, wir entbinden nicht, wir sperren ein. Entbunden wird im Krankenhaus Moabit, ein Stück weiter die Turmstraße runter.« Gerda reagiert sofort und sagt: » Herr Richter, Sie jefallen mir. Sie haben Humor. Ick ziehe die Entbindung zurück. Ick erscheine nächsten Dienstag vor Ihrem Stuhl.«

Tomate

Am 1. November 1997 schrieb Heinrich Salzwedel, 48 Jahre alt, Ladendetektiv bei »Kaiser's« die »Meldung eines Ladendiebstahls«: »Ich, Heinrich Salzwedel, Ladendetektiv, habe um 15.15 Uhr folgenden Sachverhalt beobachtet: Der Kunde aß eine Tomate, für die er von der Obstabteilung keinen Bon hatte, um diese an der Kasse zu bezahlen (vorsätzlicher Diebstahl). Heinrich Salzwedel.«

Bevor Heinrich Salzwedel das schrieb, hatte er den Tomatenbeißer in sein Büro geführt und die Polizei benachrichtigt. Die kam so schnell, wie man es sich eigentlich immer wünschte, und schon um 15 Uhr 35 hatte sie den Tomatenbeißer vernommen. Die Polizisten hatten ihm gesagt, daß er sich nicht zu äußern brauche und daß er sich schon jetzt des Beistands eines Rechtsanwalts bedienen könne, denn ab jetzt sei er der Beschuldigte eines Strafverfahrens. Der Tomatenbeißer hatte aber Angaben gemacht. »Zur Person« hatte er aufschreiben lassen, er sei vierundzwanzig Jahre alt, arbeitslos, getrenntlebend. »Zur Sache« hatte er in einem Vordruck angekreuzt: »Ich gebe die mir zur Last gelegte Tat zu.«

Um 15 Uhr 40 konnte der Beschuldigte seines Weges gehen. Die Polizisten aber gingen oder fuhren zu ihrem Abschnitt, wie die Polizeiwachen heute nach irgendeiner Reform heißen. Dort setzte einer der beiden Polizisten, und zwar der Polizeimeister Falkenhagen, die Arbeit an dem soeben begonnenen Verfahren fort. Er nahm das Formular »Pol 900, Strafanzeige Ladendiebstahl (10.94 Projekt Dyba)« und schrieb darauf eine »Vorgangsnummer«. Dann füllte er viele der zahlreichen Rubriken des Formulars aus mit Angaben über den Geschädigten – hier: »Kaiser's« –, über den Beschuldigten, über den Tatort und die »Tatörtlichkeit«, wozu der Vordruck die drei Möglichkeiten anbietet: »Kaufhaus? Ladengeschäft? Verkaufsstand?«, ferner mit Angaben zum Sachverhalt und zu den Zeugen – hier: »Heinrich Salzwedel, Ladendetektiv.« In die Rubrik »Wert des entwendeten Gutes« schrieb Polizeimeister Falkenhagen: »0,50DM.« Nachdem PM Falkenhagen – »PM« ist die interne Abkürzung für »Polizeimeister« – den Inhalt des Formulars in den Polizeicomputer eingegeben hatte, faßte er die Strafanzeige, also den Vordruck »Pol 900 ...«, den zweiseitigen Computerausdruck, das Protokoll über die Vernehmung des Beschuldigten und die »Meldung« Heinrich Salzwedels in einem »Vorgang« zusammen und schickte diesen Vorläufer eines richtigen Aktenbandes an die Amtsanwaltschaft Berlin.

Die Amtsanwaltschaft Berlin sitzt in der Moabiter Kirchstraße. Sie gehört jedoch zum Komplex Kriminalgericht Turmstraße, ist nur in der Nachbarschaft gelandet, weil es zum Charakteristikum staatlicher Stellen gehört, sich auszubreiten. Die Amtsanwaltschaft ist im Sinne der Strafprozeßordnung eine Staatsanwaltschaft, ihre Aufgaben beschränken sich indessen auf die kleineren Straffälle. Sie bearbeitet vor allem die sogenannte Bagatellkriminalität, so die »normalen« Straßenverkehrsdelikte, kleinere Betrügereien, Beleidigungen, Körperverletzungen, Ladendiebstähle. Der »Tomatenbeißerfall« wurde bei der Amtsanwaltschaft nun zu einem regulären Strafverfahren mit richtigem Aktenzeichen und allem, was sonst noch dazugehört, also Eintragungen in Bücher und Anlegen von Statistikblättern und »Zählkarten« und wie das sonst noch alles heißt und worum ich mich nie gekümmert habe. Man sollte allerdings wissen, daß das Strafverfahren eigentlich bereits begonnen hatte, als die Polizei auf den Ruf Heinrich Salzwedels an der »Tatörtlichkeit« erschienen war. Von da an war im Grunde auch schon die Staats- oder Amtsanwaltschaft zuständig. Nur ist es in der Praxis so, daß Staats- oder Amtsanwaltschaft zunächst alles der Polizei überlassen und sich erst später die »Vorgänge« schicken lassen, ausgenommen lediglich Sachen wie Mord und Totschlag, da sind die Staatsanwälte schnell an der Leiche.

Diese Arbeitsweise ist natürlich zeitraubend, selbst die lächerlichsten Kleinigkeiten durchlaufen den sämigen Aktenweg. Ich habe immer und immer wieder kritisiert, daß die Verfahren, gerade die Masse der kleinen Verfahren, zu umständlich behandelt werden und damit auch zu lange, viel zu lange dauern. Mein Standardausspruch zum Zustand der Straftatenverfolgung war immer der: der Zustand sei jämmerlich, die Wirkung gering, gemessen am Aufwand sogar jämmerlich gering, zu viel Bürokratie, zu viel Sesselsitzen, zu viel Vermerkeschreiben, zu wenig Beweglichkeit, keine Ideen. Meine Klagen rührten niemanden. Zwar hat eine der mehreren Justizsenatorinnen, die Berlin sich leistete, mir einmal vorwurfsvoll zugerufen, ich kritisierte immer nur, ich solle doch lieber Vorschläge zur Verbesserung machen. Als ich aber zurückrief: »Ja! Wunderbar! Ich komme!«, meldete sie sich nicht mehr, wahrscheinlich hatte sie damit nicht gerechnet oder war auch einfach nur verschnupft, weil ich mich bei meiner Antwort nicht hatte enthalten können, ihr zu sagen, eigentlich müsse ich mich wundern, daß sie überhaupt Vorschläge von mir fordere, wo es doch in den sage und schreibe siebzehn Justizministerien, die sich Deutschland leiste, wahrlich genügend Beamte geben müsse, die sich darum kümmern könnten und sollten. Einmal war meine Kritik an den Zuständen bei der Straftatenverfolgung wirklich sehr kraß ausgefallen. Es war aber auch sehr kraß! Mir waren Akten vorgelegt worden, in denen ich lesen mußte, daß eine Strafverfolgerin die Kriminalpolizei doch tatsächlich auf dem Dienst- und Aktenweg aufgefordert hatte, die Postleitzahl von Ueckermünde oder Bad Freienwalde zu ermitteln. Ich hatte diesen ganz unglaublichen Vorfall zum Anlaß genommen, wieder einmal auf die bekannten Unzulänglichkeiten unserer Arbeitsweise hinzuweisen. Als mehrere Zeitungen und Zeitschriften meine Ansicht verbreiteten, manchmal käme ich mir vor, als arbeite ich in einem Tollhaus, rief mich eine leitende Dame der Amtsanwaltschaft an und sagte: »Sie haben ja meist recht mit Ihrer Kritik, aber wir bekommen die Sachen doch erst so spät von der Polizei ...« Als ich dies hörte, rief ich rücksichtslos ins Telefon: »Ja, das ist es ja gerade, was geändert werden muß. Ran ans Geschehen! Nicht ministerialrätlich abwarten, bis die Sachen irgendwann mal vorbeikommen oder, wie es so schön heißt, dort eingehen. Hintern hoch! Raus aus dem Beamtensessel! Hin zu den Polizeidirektionen oder in die Abschnitte, dort die Sachen heiß und frisch in Empfang nehmen! Und den Amtsrichter gleich mitnehmen, ich bin bereit dazu. Das wäre die richtige Arbeitsweise ...«

Zurück zur Tomate! Die Amtsanwaltschaft schloß das Ermittlungsverfahren im Februar 1998 ab. Sie meinte, der Fall müsse mit einer Verurteilung durch den Strafrichter enden. Eine reguläre Hauptverhandlung sei indessen denn doch überflüssig, es genüge, wenn der Tomatenbeißer im schriftlichen Wege verurteilt werde. So erhielt ich die Akten mit dem Antrag auf Erlaß eines Strafbefehls. Der Tomatenbeißer wurde darin »angeklagt, am 1. November 1997 gegen 15.15 Uhr in Berlin eine fremde bewegliche Sache einem anderen in der Absicht weggenommen zu haben, dieselbe sich rechtswidrig zuzueignen.« Dazu hieß es, gerichtet an den Missetäter, in dem Strafbefehlsantrag weiter: »Sie entwendeten in den Geschäftsräumen von Kaiser's 1 Tomate (Preis 00,50 DM). Vergehen des Diebstahls nach §§ 242 Abs.1, 248a, 77b StGB, Strafantrag ist gestellt.« Und noch weiter: »Auf Antrag der Staatsanwaltschaft wird deshalb gegen Sie eine Geldstrafe von 5 – fünf – Tagessätzen zu je 15,00 – fünfzehn – DM, insgesamt 75,00 – fünfundsiebzig – DM festgesetzt. Sie haben auch die Kosten des Verfahrens und Ihre notwendigen Auslagen zu tragen.«

Das sollte ich unterschreiben! Sollte diesen Strafbefehl erlassen und den Tomatenbeißer damit verurteilen. Niemals! Ich schreibe in die Akten: »An die Amtsanwaltschaft! Meinen Sie nicht, wir machen uns mit dieser Tomate lächerlich? Erbitte Zustimmung zu § 153 Abs. 2 StPO!«

Dazu muß man wissen, daß diese Vorschrift dem Gericht erlaubt, das Verfahren, allerdings nur mit Zustimmung der Amts- oder Staatsanwaltschaft, einzustellen, obwohl nach den Ermittlungen eine Straftat vorliegt. Voraussetzung für die Einstellung des Verfahrens ist, daß die Schuld des Übeltäters als gering angesehen werden kann und ein »öffentliches Interesse« an der Bestrafung nicht besteht. Diese Entscheidung hätte die Amtsanwaltschaft im übrigen auch schon im Ermittlungsverfahren treffen können, womit sie dem Gericht und auch sich selbst den ganzen Strafbefehlsantrag und alles andere, was damit zusammenhängt, erspart hätte. Man bedenke allein den Aktenweg!

Der Weg, den Akten im Gericht nehmen müssen, ist horrend. Nachdem ich meine Verfügung in die Akten geschrieben habe, lege ich die Akten auf einen Aktenbock, auf dem »Abtrag« steht. Von diesem Bock holt der Wachtmeister die Akten am nächsten Morgen ab und bringt sie in die Geschäftsstelle zur Registratorin. Die Registratorin vermerkt jetzt auf der Karteikarte, daß die Akten von mir zurückgekehrt seien und zur Amtsanwaltschaft gebracht werden sollen. Sie legt die Akten sodann auf einen Aktenbock, auf dem »Abtrag« steht. Von diesem Bock holt der Wachtmeister die Akten am wiederum nächsten Morgen und bringt sie zur Aktenverteilstelle. Dort werden alle Akten sortiert, meine »Tomaten-Akten« landen auf dem Haufen »Akten für die Kirchstraße«. Irgendwann kommt dann ein Auto und holt die Akten ab. In der Kirchstraße werden die Akten zur dortigen Aktenverteilstelle transportiert. In dieser Aktenverteilstelle werden alle Akten wiederum sortiert. Die »Tomaten-Akten« kommen danach in die Geschäftsstelle des Amtsanwalts, der den Strafbefehlsantrag gestellt hat oder, falls dieser krank geworden ist oder sonst verhindert, in die Geschäftsstelle des Vertreters. In der Geschäftsstelle vermerkt der Registrator auf der Karteikarte, daß die Akten vom Amtsrichter zurückgekehrt seien und nun dem Amtsanwalt vorgelegt werden sollen. Er legt sie auf einen Aktenbock, auf dem »Amtsanwalt« steht. Am nächsten Morgen holt der Wachtmeister die Akten dort ab und legt sie im Zimmer des Amtsanwalts auf einen Aktenbock, auf dem »Vorlage« steht. Von dort nimmt sie der Amtsanwalt und legt sie sich auf den Schreibtisch, schlägt auf und liest: »Meinen Sie nicht, wir machen uns mit dieser Tomate lächerlich?«

Was der Amtsanwalt denkt, weiß ich nicht, aber er schreibt in die Akten, er sei einverstanden, daß ich das Verfahren einstelle, ich müsse jedoch von dem Tomatenbeißer zuvor 75 DM einziehen. Dieses Geld solle der Mann nicht, wie ursprünglich vorgesehen, als Strafe zahlen, sondern als Buße, womit der Mann bestimmt einverstanden sei, weil die Buße im Gegensatz zu der Strafe nicht im Strafregister eingetragen werde. Nachdem der Amtsanwalt dies in die Akten geschrieben hat, legt er die Akten auf einen Aktenbock, auf dem »Abtrag« steht.

Von diesem Bock holt der Wachtmeister die Akten am nächsten Morgen und ... Ich hatte die Akten am 12. Februar auf meinen Aktenbock »Abtrag« gelegt, am 22. Februar finde ich sie wieder auf meinem Aktenbock, auf dem »Eingang« steht, ich bin überrascht, daß das alles so schnell gegangen ist.

Ich brauchte allerdings bis zum 21. März, um mich zu erholen. Dann hatte ich die Kraft gefunden, in der Sache fortzufahren. Ich schrieb in die Akten: »Akten nochmals an die Amtsanwaltschaft. Ich muß auf bedingungsloser Zustimmung bestehen, notfalls legen Sie die Sache der Frau Behördenleiterin vor. Eine solche Sache wie diese – und ähnliche – erledigt man beim Schnellrichter oder gar nicht. Mir ist die Tinte für diese Sache schon zu schade.«

Nachdem ich diese Verfügung in die Akten geschrieben habe, lege ich die Akten auf meinem Aktenbock, auf dem »Abtrag« steht ... Schon nach wenig mehr als einer guten Woche liegen die Akten wieder auf meinem Aktenbock, auf dem »Eingang« steht. Ich lese, der Amtsanwalt sei jetzt bedingungslos damit einverstanden, daß ich das Verfahren einstelle. Ich brauche also die Buße nicht einzuziehen. Endlich, endlich!

Mittlerweile hatte die Tomate aber bereits die Aufmerksamkeit der Justizpresse erregt. Anne Losensky (früher »BZ am Abend«, jetzt »BZ«) schrieb: »Die Justiz ist total überlastet, lesen Sie mal, womit sie sich trotzdem beschäftigt ...« Und Sabine Deckwerth zog die Sache sogar auf die erste Seite der »Berliner Zeitung« und wurde zu Recht grundsätzlich: »Es gibt zu viel Arbeit und zu wenig Personal, klagten unlängst die Präsidenten der Berliner Gerichte. Die Flut von Verfahren habe die Richter an die Grenze der Leistungsfähigkeit gebracht. Wie sich nun herausstellte, kann schon ein einfaches Nachtschattengewächs eine ansehnliche Akte nach sich ziehen. Über Monate hinweg hat eine Tomate Justizwachtmeister, Amtsanwälte und Richter des Moabiter Kriminalgerichts beschäftigt. Dabei kostete sie gerade mal 50 Pfennige ...«

Im April habe ich das Verfahren eingestellt. Ohne die ausdrückliche Zustimmung des Tomatenbeißers, das will ich auch noch erwähnen. Einer Einstellung des Verfahrens, mit oder ohne Buße, muß eigentlich auch der Beschuldigte zustimmen, denn er könnte ja der Ansicht sein, er müsse freigesprochen werden. Ich gestehe, daß ich den Tomatenbeißer nicht gefragt habe. Ich wäre mir ja noch lächerlicher vorgekommen, denn ich konnte völlig zweifelsfrei davon ausgehen, daß der Mann selbstverständlich mit der Einstellung des Verfahrens einverstanden war. Die Alternative wäre ja gewesen, daß er dann den Strafbefehl mit der Geldstrafe bekommen hätte. Schließlich hatte er schon bei PM Falkenhagen seinen tatbestandsmäßigen, rechtswidrigen und schuldhaften Tomatenbiß zugegeben, und notfalls hätte ihn in einer Hauptverhandlung auch Heinrich Salzwedel durch seine Zeugenaussage der Straftat überführen können. Da darf man doch wirklich davon ausgehen, daß der Beschuldigte ganz ungefragt und fraglos mit der Einstellung des Verfahrens einverstanden war. Ich kenne allerdings auch Kollegen, die dennoch angefragt hätten. Vorschrift sei schließlich Vorschrift, hört man von denen dann, wogegen man ja auch nichts sagen kann, jedenfalls im allgemeinen nicht.

Im übrigen, um Mißverständnissen vorzubeugen: Das Beissen in unbezahlte Tomaten ist keineswegs erlaubt. Man kann auch dafür bestraft werden. Und man kann ganz sicher sein, daß auch ich das Verfahren nicht eingestellt hätte, wenn der Mann ein hartnäckiger Rechtsbrecher gewesen wäre, selbst wenn nur in der Ausprägung, daß er beispielsweise jede Woche einmal in eine fremde bewegliche Tomate bisse. Dann hätte ihn auch bei mir eine Strafe ereilt, da bin ich mir fast ganz sicher.

Unabhängigkeit von R1 bis R9 und bis B 644

Während meiner früheren Arbeit als Leiter der Justizpressestelle hatte ich tatsächlich mit einem leibhaftigen Präsidenten eines Oberen Bundesgerichts zu tun gehabt. »Oberes Bundesgericht«, da staunt der Laie, und auch mancher Fachmann wundert sich, es gibt nämlich fünf Obere Bundesgerichte, aber kein Oberstes Bundesgericht. Häufig wird das Bundesverfassungsgericht als Oberstes Bundesgericht angesehen, ist es aber nicht, steht nicht in den normalen Instanzenzügen. Ursprünglich sollte tatsächlich mal ein Oberstes Bundesgericht über den Fünfen eingerichtet werden, es ist aber dazu nicht gekommen. Die Oberen Bundesgerichte schließen jeweils einen Instanzenzug ab, der Bundesgerichtshof (BGH), der eigentlich als Nachfolger des Reichsgerichts jetzt nach Leipzig gehört hätte, jedoch in hübscher westlicher Beharrungsmanier in Karlsruhe festgehalten worden ist, schließt die Instanzenzüge von Straf- und Zivilgerichten ab, das Bundesarbeitsgericht (BAG) , das tatsächlich von Kassel (»altes Bundesland«) nach Erfurt (»neues Bundesland«) versetzt worden ist, den Instanzenzug der Arbeitsgerichte, das Bundessozialgericht (BSG) in Kassel den Instanzenzug der Sozialgerichte, der Bundesfinanzhof (BFH) in München den der Finanzgerichte und das Bundesverwaltungsgericht (BVerwG) den Instanzenzug der Verwaltungsgerichte. Dieses Bundesverwaltungsgericht (BVerwG), das traditionell nach Berlin gehört, ist vor kurzem wohl als Ausgleich für den, wie gesagt, in Karlsruhe festgesessenen und festgehaltenen Bundesgerichtshof nach Leipzig umgesetzt worden, völlig widerstandslos übrigens, Berlin hat eben keine Lobby.

Eine Referendarin, die in einer meiner Hauptverhandlungen als Staatsanwältin auftrat, erzählte mir in einer Verhandlungspause, daß einer der Präsidenten dieser Oberen Bundesgerichte einmal gesagt habe, die einzig wirklich unabhängigen Richter seien die Präsidenten der Oberen Bundesgerichte und die Amtsrichter. Die Referendarin sagte, man solle zwar Bonmots nicht auf die Goldwaage legen, aber sie meine doch, daß dieses Wort von der Unabhängigkeit auf die Präsidenten nicht zutreffe. Der Todfeind der Unabhängigkeit sei Anpassung, sagte sie, und Anpassung pflastere den Weg des Juristen. Je länger der Weg sei, desto länger dauere die Anpassung, und wer sich lange angepaßt habe, der finde den Weg nicht mehr zurück in die Unabhängigkeit. Der Amtsrichter habe nur einen kurzen Weg zurückgelegt, da könne das noch gelingen, der Weg der Präsidenten aber sei jedenfalls zu lang dazu.

Eine kluge Frau, diese Referendarin. Sie sagte auch, sie wisse, Anpassung lasse sich nicht völlig vermeiden. Referendare täten klug daran, sich ihren Ausbildern und Leitern ihrer Arbeitsgemeinschaften so weit es geht anzupassen, das zahle sich unbestreitbar in guten Beurteilungen aus, und gute Beurteilungen brauche man schließlich, um besser durch die Staatsprüfung zu kommen. Das hörte sich gut an, aber ich mußte sie denn doch einfach fragen, ob es ein Zeichen ihrer Anpassung sei, daß sie mir das Kompliment der Unabhängigkeit mache, das ich aus ihren Worten wohl zu Recht herausgehört habe. Sie antwortete: »Nein, Ihnen muß ich mich nicht anpassen, ich bin von Ihnen nicht abhängig, von Ihnen erhalte ich kein Zeugnis.«

Wirklich, eine bemerkenswerte Frau, diese Referendarin, so spannen wir den Faden gemeinsam weiter. Wir waren uns einig, daß die Referendare diesen unschönen Zustand wohl bemerkten, ihn aber als entschuldigt ansähen und sich ganz fest vornähmen, sobald wie nur irgend möglich, die Anpassung aufzugeben und zur Unabhängigkeit zu finden. Nun mußte ich allerdings meine jahrelangen Beobachtungen zum Besten geben, daß sich immer wieder neue Zwänge ergäben. Bei Proberichtern war es so, daß sie sich in den Zivil-, Straf- oder anderen Kammern tunlichst ihren Vorsitzenden, bei der Staatsanwaltschaft ihren Abteilungsleitern anpaßten, denn sie brauchten deren gute Beurteilung, um zum Richter oder Staatsanwalt auf Lebenszeit gemacht zu werden. Beim Amtsrichter war jetzt Schluß, aber wer weiter nach »Oben« kommen will, muß oder wird jedenfalls in der beschriebenen Weise fortfahren. Der Weg zum Stuhl eines Präsidenten eines Oberen Bundesgerichts ist noch weit, der Amtsrichter ist in der Besoldungsstufe R1, es geht, glaube ich, bis R9. Zum Schluß wollte die Referendarin natürlich wissen, mit welchem leibhaftigen Präsidenten ich denn mal zu tun gehabt hätte. Ich konnte stolz sagen, es war Walter Fürst, der Präsident des Bundesverwaltungsgerichts, das damals noch in Berlin saß. Der Präsident war ein angenehmer Herr, der mir, als ich aus der Justizpressestelle ausschied, zu meiner größten Überraschung einen herzlich gehaltenen Abschiedsbrief schrieb. Die Referendarin sagte: »Nun denn, diesem netten Herrn war das Glück offensichtlich hold gewesen, so daß er in der Lage war, sich nach dem langen Weg zu seinem Präsidentenstuhl seine Unabhängigkeit zurückzuerobern. Freuen wir uns darüber gemeinsam!«

Eines beliebigen Morgens klingelt in meinem kleinen Zimmer im Kriminalgericht, in dem mir die Akten vorgelegt werden und in dem ich die Hauptverhandlungen vorbereite, das Telefon. Ich höre Hustenanfall, dann die Worte: »Hier Bezirksstadtrat für ...«, wieder Hustenanfall. Ich frage: »Dort Bezirksstadtrat, Bezirksstadtrat für was?« Anrufer sagt: »Bin hier im Bezirk für die Schulen verantwortlich ...«, erneuter Hustenanfall. Ich sage: »Nun, für die Gesundheit ja offensichtlich nicht, nicht mal für die eigene. Sie haben einen schrecklichen Raucherkatarrh, rauchen Sie nicht so viel, seien Sie Vorbild für die Schüler!«

In diesem Moment konnte man hören, daß das Telefon auf »leise« zurückgeschaltet wurde, vorher war am anderen Ende der Leitung, das konnte man trotz des schrecklichen Hustens bemerken, auf »laut« geschaltet gewesen. Offenbar sollten die Getreuen alle mithören, wie der Bezirksstadtrat dem Amtsrichter Bescheid stößt, was nun leider oder gottlob, so viel konnte man schon sagen, mißlang. Ich hatte allerdings auch Bescheid gestoßen, hatte am Vortag der Stadtoberinspektorin, die von jenem Bezirksstadtrat als Zeugin in die Hauptverhandlung entsandt worden war, auf ihre schnippische Frage, was man denn meiner Meinung nach hätte tun sollen, gesagt: »Beamtenhintern mal hoch aus dem Beamtensessel und zu der Angeklagten hingegangen und dort nach dem Rechten gesehen!«

Bei der Angeklagten handelte es sich um eine Libanesin mit sieben Kindern zwischen drei und fünfzehn Jahren, die vom Schulamt angezeigt und von der Staatsanwaltschaft nun angeklagt war, nicht dafür gesorgt zu haben, daß die Kinder, soweit schulpflichtig, regelmäßig zur Schule gingen. In der Hauptverhandlung hatte sich herausgestellt, daß die Frau, deren Mann ausgewiesen worden war, mit den Kindern nicht nur völlig überfordert war, sondern vor allem auch, daß sie fast kein Wort Deutsch verstand, mehr noch: daß sie die Brandbriefe des Schulamts auch dann nicht verstanden hätte, wenn die in Arabisch abgefaßt gewesen wären, die Frau war Analphabetin. Ich bestätigte dem Bezirksstadtrat meine Meinung über den Beamtenhintern, worauf jener, soweit das der Raucherkatarrh zuließ, ins Telefon rief: »Wie reden Sie mit uns? Und wie reden Sie überhaupt auch mit mir?« Ich sagte: »Ich rede drastisch, aber zutreffend, so mache ich es immer ...« Er rief: »Aber nicht mit mir, ich bin schließlich B4 ...«

Das war ein Eigentor, denn ich hatte dadurch die einmalige Gelegenheit, ihm vorzurechnen, daß ich mich nicht wundere, daß Berlin so pleite sei. Sieben Bezirksstadträte in jedem der damals noch dreiundzwanzig Bezirke, also 7 mal 23 mal B4, macht B 644. Die Antwort ging im durch Empörung noch gesteigerten Husten unter. Ich schrieb der Kollegin, die ich in jener Sache zu vertreten hatte, einen Vermerk in die Akten: »Heute rief der Bezirksstadtrat hier an, er hustete fürchterlich, sagte, er sei B4 und war sehr sehr beese.«

Biskaya

Kurz nachdem sich die DDR der Bundesrepublik eingegliedert hatte, gründete man in Berlin ein neues Strafverfolgungsamt. Dieses Amt nannte sich »Staatsanwaltschaft II bei dem Landgericht« im Gegensatz zur »normalen« Staatsanwaltschaft, die jetzt als »Staatsanwaltschaft I« firmierte. »Römisch Zwei« hatte vielfältige Aufgaben. Ich hoffe, ich beschreibe sie damit richtig, daß ich sage, sie sollte Straftaten verfolgen, die aus Anlaß oder als direkte Folge der Eingliederung begangen wurden oder begangen worden waren, was ich hier mal »Eingliederungskriminalität« nenne, und solche Straftaten, die zu Zeiten der DDR begangen worden sein sollten und dort und überhaupt unverfolgt geblieben waren, was ich hier mal »Regierungskriminalität« nenne, wobei natürlich mit »Regierung« die Regierung der eingegliederten DDR gemeint ist.

Ich hatte als »normaler« Strafrichter, also als Strafrichter des Amtsgerichts, mit dieser Kriminalität wenig zu tun. Ich erinnere mich allerdings an einige Straffälle der »Eingliederungskriminalität«. In diesen Fällen ging es darum, daß beim Umtausch von Ost-Mark in West-Mark im Trüben gefischt worden war, wobei das vor allem deshalb möglich und reizvoll war, weil es verschiedene Umtauschkurse gab. Diese Fälle gingen verhältnismäßig reibungslos über die Bühne. Sie waren von »Römisch Zwei« exzellent aufgeklärt und aufbereitet worden, so daß man in der Hauptverhandlung die Schandtat gestand und erwartungsgemäß wegen des Geständnisses erträgliche Strafe erhielt. So waren es alle zufrieden.

Von der »Regierungskriminalität« hatte ich nur einen Fall. Das waren ja meistens Sachen, die zu den großen Strafkammern des Landgerichts gingen, bedeutende Leute, bedeutende Straftaten, Honecker, Krenz, Mauerschützen, Rechtsbeugung ... Ich war nicht besonders traurig, daß das an mir vorbeiging. Wie man es nimmt, allerdings. Einerseits doch eine sehr sehr interessante Materie, nicht jeden Tag wird eine Regierung vor das Strafgericht gezogen, obwohl es ganz sicherlich viele Regierungen verdient hätten. Der Umstand, daß da also nicht mit überkommenen Maßstäben zu messen war, hätte mir schon gefallen. Andererseits: Ich war damals und bin auch heute noch in Sachen jener »Regierungskriminalität« in fast jeder Beziehung anderer Meinung als die, wie die Juristen so zu sagen pflegen, herrschende Ansicht, einer Meinung zudem, die auch nicht im geringsten eine Chance gehabt hätte, sich durchzusetzen.

Eines Tages kam zu mir eine ziemlich bekannte amerikanische Journalistin. Sie wollte sich über die »Regierungskriminalität« informieren. Warum sie ausgerechnet zu mir kam, hatte sicherlich den Grund, daß ich im Kriminalgericht den Ruf hatte, einerseits, natürlich gute Laune vorausgesetzt, keine Scheu und vor allem auch keine Angst zu haben, mich zu äußern, und andererseits so zu sprechen, daß auch der Nichtjurist, ja recht eigentlich gerade der, verstehen könne, was gemeint sei, welcher Umstand bei Juristen beklagenswerterweise und bekanntermaßen nicht sehr weit verbreitet ist. Die Frau fragte mich, was ich von der »Regierungskriminalität« halte. Ich sagte ihr, daß ich fast nichts davon halte, und erklärte ihr, warum und weshalb nicht. Da sagte die Frau, sie finde meine Gründe für diese Meinung plausibel.

Die Frau war baß erstaunt darüber, daß nicht etwa das geltende bundesrepublikanische Recht auf das Verhalten der DDR-Größen angewendet werde, sondern das Recht der vergangenen DDR. Wie denn, fragte sie, wie ist das denn möglich? War es denn nicht, wie immer und immer wieder bis zum Überdruß hinausposaunt wurde, gerade das Schreckliche an der DDR, daß sich die Regierung an Recht und Gesetz, das sie selbst geschaffen hatte und das sonst für alle galt, selbst nicht gebunden gefühlt hatte? Ja, sagte ich, genau so war es, ein Rechtsstaat in unserem Sinne war die DDR ganz sicher nicht. Die Politik war stärker als das Gesetz. Die Politik war dem Gesetz übergeordnet, und zwar sozusagen vom System her. Nicht im Schlaf hätte man in der DDR daran denken dürfen, von der Regierung zu verlangen, vielleicht sogar einzuklagen, daß auch sie sich an das halte, was sie selbst postuliert hatte. Absolut ein Ding der Unmöglichkeit wäre das gewesen, und dies nicht nur deshalb, weil es keine unabhängigen Gerichte gab. Der Vorrang der Politik gegenüber dem Gesetz war geradezu das Charakteristikum der DDR und muß selbst als Bestandteil des dort geltenden Rechts betrachtet werden, und zwar sogar als ein besonders eiserner Bestandteil. Die Staatsführung der DDR hatte auch nie einen Hehl daraus gemacht, daß die DDR etwas ganz anderes sei als ein westlich-bürgerlicher Rechtsstaat. Hinzu kommt natürlich noch, daß die Gesetze der DDR ganz anders zu lesen und auszulegen sind, als das heute vom westlichen Blickwinkel aus geschieht. So hat die DDR etwa die Wahlen zur Volkskammer immer als frei und geheim bezeichnet, was den westlichen Beobachter natürlich lachen machte. Ja, die Frau und ich waren uns einig. Aber ich konnte die Frau natürlich so nicht gehen lassen. Ich rief den Chef von »Römisch Zwei« an, erzählte ihm von meiner Besucherin und bat ihn, sie zu empfangen. »Römisch Zwei« lachte: »Ich kenne deine Ansichten. Also ist es tatsächlich notwendig, daß die Frau zu uns kommt. Schick sie zu mir, ich werde alles richtigstellen und die Frau ganz gewiß von der richtigen Ansicht überzeugen. Das bin ich ihr und eigentlich auch dir schuldig ...«

Der Fall, in dem ich mit der »Regierungskriminalität« zu tun hatte, war, wenn man das so sagen darf, ein hübscher Fall. Er ist mir ganz genau ins Gedächtnis gekommen, als bei einer meiner Lesungen von »Recht so«, meiner Urteilssammlung, eine kleine sehr nette ältere Dame auf mich zutrat und sagte: »Erinnern Sie sich an mich? Ich war Ihre Schöffin in dem Fall mit dem General aus dem Osten. Oder war der Oberst oder Generaloberst? Nun, was weiß ich, was der genau war, jedenfalls war er was Höheres im Ministerium für Staatssicherheit, fast so viel wie der mit dem Doppelnamen, der mit dem Strauß so gut gekonnt hatte und der nach dem Ende der DDR an den Tegernsee nach Bayern sozusagen ins Asyl ging und der in unserem Fall als Zeuge benannt war, den Sie aber zur Enttäuschung der Presse und auch des Staatsanwalts nicht zur Hauptverhandlung geladen hatten und von dem Sie sagten, als der Staatsanwalt nach den Gründen dafür fragte, den wollten Sie auf gar keinen Fall in Ihrem Sitzungssaal haben, da sei Ihnen unser Angeklagter, auch wenn der Oberst oder Generaloberst oder womöglich noch etwas Schlimmeres gewesen sei, denn doch viel sympathischer ...« Ich unterbrach die Frau und sagte: »Wie? So hätte ich gesprochen?« Die Frau antwortete: »Ja, mindestens so ... Waren auch alle nicht nur amüsiert, sondern auch einverstanden, auch der Staatsanwalt, ein feiner Herr aus Kiel oder Hannover übrigens, und sogar der Angeklagte ...«

Ja, ich erinnerte mich tatsächlich, nicht nur an die Schöffin, auch an den Fall. Wirklich, der Fall war ein hübscher, jedenfalls, wenn man diesen Ausdruck für Strafsachen vielleicht denn doch nicht benutzen sollte, er war kurios. Dem Angeklagten wurde die Straftat der Untreue oder Unterschlagung vorgeworfen. Das Geschehen, das dem zugrundelag, gab er auch zu, insofern war es, nebenbei bemerkt, schon aus diesem Grunde richtig, keine Zeugen zu laden, also auch nicht jenen Herrn vom Tegernsee in meinen Sitzungssaal zu bitten. Es ging bei der angeblichen Straftat des Angeklagten im wesentlichen darum, daß der Angeklagte Ende November 1989 in seinem Büro im Ministerium für Staatssicherheit einen Anruf vom »Genossen Minister« erhielt, in dem ihn dieser bat, vielleicht auch befahl, einige Wertgegenstände vor den aufrührerischen Massen in Sicherheit zu bringen, und zwar in die besondere politische Einheit Westberlin alias Berlin (West), wobei man sich vielleicht daran erinnern mag, daß der Osten immer von Westberlin, der Westen dagegen immer von Berlin (West) sprach, worin beide einen immensen Unterschied sahen. Der Angeklagte, der, das merkte man auch jetzt noch, immer folgsam gewesen war, holte daraufhin aus dem Zimmer des »Genossen Minister« zwei Koffer ab, beide prall gefüllt mit Schmuck, Ringen, Armbändern und Armreifen, Armbanduhren und Taschenuhren, und brachte die Koffer dann über die damalige Staatsgrenze von Lichtenberg nach Charlottenburg. Als man das in der Hauptverhandlung hörte, wollte man natürlich wissen, warum denn der »Genosse Minister« so viel Schmuck und Uhren bei sich gehabt habe. Der Angeklagte sagte dazu in bewährter Tradition, er wisse dazu nichts zu sagen, einen Chef, dazu noch einen Minister, frage man doch nicht, man nehme dessen Anordnungen entgegen und führe sie aus, so sei es doch wohl in allen Behörden, ob nun in Lichtenberg oder Charlottenburg oder sonstwo. Vom Angeklagten war also nichts zu erfahren, aber irgendwie kam dann doch heraus, daß Schmuck und Uhren wohl als Prämien für besonders verdiente Mitarbeiter des Ministeriums gedacht waren. Diese Erkenntnis machte lachen, als man die Sachen in »Augenschein« nahm. Juristen betrachten ja nicht einfach, sie »nehmen in Augenschein«. Es war nämlich so, daß die beiden Koffer beschlagnahmt worden waren, so daß man jetzt deren Inhalt auf dem Richtertisch ausbreiten konnte. Da sah man nun, daß es sich bei den Sachen nicht im geringsten um wenigstens einigermaßen erträgliche Gegenstände handelte, sondern eher um solche, die man in Kaufhäusern am Hermannplatz und heute auch am Alexanderplatz auf sogenannten Grabbeltischen zu finden pflegt. Noch komischer war, daß neben den beiden Koffern auch noch eine ungefüge Standuhr für wert befunden worden war, vom unsicheren Osten in den sicheren Westen gebracht zu werden.

Von diesem bedeutenden Fall ist mir ebenfalls noch besonders in Erinnerung, daß in der Anklageschrift unter anderen auch ein »Herr Lehmann« oder »Herr Schmidt« als Zeuge aufgeführt war, der mir besonders illuster erschien. Der Mann war als »Militäroberstaatsanwalt der Deutschen Demokratischen Republik außer Diensten« und zugleich auch als Korvettenkapitän oder gar Admiral bezeichnet. Ich sagte zum Staatsanwalt: »So etwas oder auch nur annähernd Vergleichbares sieht man nicht alle Tage. Sollten wir den nicht wenigstens herholen? Schon aus verzeihlicher Neugier, wenn Sie gestatten, denn es wäre doch wirklich interessant zu erfahren, ob der Mann sich nach der Wende mehr nach seiner juristischen oder mehr nach seiner seemännischen Seite gewendet hat. Oder wissen Sie da zufällig Näheres über Ihren illustren Zeugen?« Der »feine Herr aus Kiel oder Hannover« lächelte: »Alles möglich, aber ob der Mann heute Staatsanwalt etwa in Cottbus oder Neubrandenburg ist, oder ob er für die Nato durch die Biskaya schifft, das weiß ich leider auch nicht.« Wir haben den Angeklagten übrigens, wie uns schien, zu seiner eigenen Überraschung freigesprochen, auf die Berufung der Staatsanwaltschaft wurde das Urteil des Schöffengerichts allerdings aufgehoben und der Angeklagte zu der Freiheitsstrafe von einem Jahr und acht Monaten mit Strafaussetzung zur Bewährung verurteilt, die auch bei uns schon beantragt worden war. Das allerdings interessierte mich nicht besonders, ich hätte viel lieber erfahren, wie und wohin sich der illustre Zeuge Lehmann, Schmidt oder Krüger bei der »Wende« gewendet hatte.

Helga, Haft und gut geschlafen

Die Angeklagte Helga war trotz ordnungsgemäßer Ladung zur Hauptverhandlung nicht gekommen. Das konnte ich überhaupt nicht leiden. Ich pflegte zu sagen, man könne von vielen Angeklagten vielleicht wirklich nicht viel verlangen. Aber daß sie zu ihrer Hauptverhandlung vor dem Strafgericht erscheinen, darauf müsse ich bestehen. Manche Kollegen setzen in einem solchen Fall einfach einen neuen Termin zur Hauptverhandlung an und verfügen dann, daß die Polizei den Angeklagten oder die Angeklagte zu dem neuen Termin vorführe. Sie sagen, sie wählten zunächst die Vorführung, weil die gegenüber dem Haftbefehl das mildere Mittel sei. So sehe es das Gesetz vor. Erst wenn sich herausstelle, daß die Vorführung nicht ausreiche, dürfe man zum Haftbefehl greifen.

Die Vorführung geht so vor sich, daß ein Vorführungsbefehl geschrieben und an die Polizei geschickt wird und daß die Polizei dann am frühen Morgen des neuen Verhandlungstages zur Wohnung des oder der Angeklagten fährt und hofft, daß sie den Angeklagten oder die Angeklagte antrifft und mitnehmen kann. Diese Hoffnung trügt häufig. Viele Leute wissen, daß sie an dem bestimmten Tag geholt werden, und sind klug genug, dann nicht zu Hause zu sein. Ich wollte einmal eine Frau vorführen lassen. Die war schon ziemlich alt, da dachte auch ich mir, erst mal das ganz milde Mittel anwenden. Aber auch diese alte Frau war nicht zu Hause, als die Polizei kam. Sie war aus Oberschlesien, da kommen bekanntlich ganz besonders kluge Leute her. Sie stammte sogar aus einer Obersteigerfamilie, und die Kenner wissen, daß ein Obersteiger etwas ganz Besonderes ist oder wenigstens war, denn ich glaube, so etwas gibt es gar nicht mehr. Als ich die Frau schließlich doch im Gerichtssaal hatte und sie fragte, wo sie denn gewesen sei, als die Polizei mit dem Vorführungsbefehl vergebens gekommen war, sagte sie: »Ich habe die ganze Zeit bei meiner Tochter auf der Besuchsritze geschlafen. Ich wußte doch, daß die Polizei kommen werde.«

Ich habe also immer gleich einen Haftbefehl erlassen. Das geht so vor sich, daß der Haftbefehl geschrieben und an die Polizei geschickt wird und daß die Polizei dann irgendwann hinfährt und den Angeklagten oder die Angeklagte abholt und zum Gericht bringt. Irgendwann ist jeder mal anzutreffen, jedenfalls im Normalfall. Bei Gericht wird den Verhafteten dann der Haftbefehl verkündet, wobei sie Gelegenheit haben, sich vor dem Richter zu äußern. Die Verhafteten müssen übrigens unbedingt noch vor Ablauf des nächsten Tages dem Richter vorgeführt werden. Wird also jemand am Montag um Null Uhr festgenommen, muß er spätestens am Dienstag um 24 Uhr vor dem Richter stehen, sonst muß er freigelassen werden. Diese Vorführungsfrist wird eigentlich immer eingehalten, auch am Sonnabend und am Sonntag und an den Feiertagen ist gerade für die Haftsachen immer ein Richter im Dienst.

Ich habe immer überall Bescheid gesagt, man solle mich sofort benachrichtigen, wenn jemand auf Grund eines von mir ausgestellten Haftbefehls festgenommen worden sei. Ich eilte dann auch meist sofort herbei, um die Sache in die eigenen Hände zu nehmen und nicht das Risiko einzugehen, daß mir ein Kollege den Mann oder die Frau in einer scheinbar milden Anwandlung wieder gehen läßt. Das kommt nämlich gar nicht so selten vor. Der Haftbefehl bleibt dann zwar bestehen, seine Wirkung wird aber ausgesetzt. Man nennt diese Verfahrensweise, man gewähre Haftverschonung, und das ist dann wieder einmal das angeblich vorgeschriebene »mildere Mittel«. Von dieser Art Milde halte ich gar nichts. Bei mir kamen fast alle erst mal in das Gefängnis, und das hatte auch seine sehr guten Gründe, wobei ich ausdrücklich sage, daß die Gründe vor allem von den Angeklagten selbst sehr häufig eingesehen wurden.

Zurück zu Helga. Die netten Damen vom Vorführzimmer Altbau 164 rufen mich per Telefon: »Die Akten sind bereits hier. Sollen wir Helga schon für Sie vorführen lassen?« Ich komme so schnell wie möglich, da steht Helga schon und guckt. Sie weiß noch nicht so ganz, wie sie gucken soll. Sie beguckt mich erst mal und versucht dadurch herauszufinden, ob es besser sei, sich traurig oder keß oder betrübt oder gleichgültig oder sonstwie zu präsentieren. Als ich denke, wir hätten uns gegenseitig lange genug betrachtet, sage ich: »Sie wissen bestimmt schon, warum Sie festgenommen und hergebracht worden sind.« Helga antwortet: »Herr Richter, is mir leider bewußt.«

Das fängt gut an, die Frau ist offensichtlich nicht dumm und kann sich sogar treffend ausdrücken. Ich sage: »Sie haben schon mehrere Ladendiebstähle begangen. Diesmal sollen Sie gleich fünf Flaschen Schnaps gestohlen haben.« Die Frau antwortet: »Stimmt, da hab ick fehljegriffen.« Ich sage: »Gut, daß Sie das einräumen. Somit brauchen wir zur Hauptverhandlung keine Zeugen. Es trifft sich gut, daß ich morgen ohnehin Hauptverhandlungen habe. So können wir Ihren Fall einschieben. Wann genau, weiß ich noch nicht, aber Sie werden morgen jedenfalls rechtzeitig aus dem Gefängnis vorgeführt werden.« Die Angeklagte schaut zugleich erstaunt und bestürzt und sagt: »Aus dem Jefängnis vorgeführt? Hör ick recht? Soll det etwa heißen, det ick jetzt rinkomme? Det is aber ein Schock!« Ich lasse der Angeklagten Zeit, sich von dem »Schock« zu erholen. Nach kurzer Pause ist es soweit, sie hat sich gefaßt. Zutraulich beugt sie sich zu mir über den Richtertisch und flüstert verschwörerisch: »Herr Richter, lassen Se mir loofen! Ick zahl 'ne Buße, det ick draus lerne.« Unter lautem Wehgeschrei wird sie abgeführt.

Am nächsten Tag ist die Hauptverhandlung. Die Angeklagte wird vorgeführt, sie ist ruhig und gelassen. Ich frage sie zur Begrüßung, wie sie denn geschlafen habe. Sie sagt: »Herr Richter, Sie werden lachen, jut!«

Die Angeklagte ist mir übrigens als eine sehr nette Frau in Erinnerung geblieben. Sie hatte einen scheußlichen Mann zu Hause und drei auch schon scheußliche Söhne, die die Frau als Magd mißbrauchten und alles Geld versoffen, so daß die Frau schließlich die Lebensmittel zusammenstehlen mußte und selbst zur Säuferin wurde. Sie hatte offensichtlich tatsächlich in dieser Nacht zum ersten Mal seit langem gut geschlafen.

Wunderheiler

Manchmal bezeichnete ich mich als »Wunderheiler«. Als Beweis für die Fähigkeit des Wunderheilens schildere ich hier zwei Vorfälle, die nur Beispiele für viele ähnliche Vorfälle sind. Der eine Vorfall beginnt an einem beliebigen Tage im Sitzungssaal. Um 9 Uhr 15 wird in das Beratungszimmer ein Anruf durchgestellt. Ich höre jemanden sagen: »Bin ick da richtich? Ick habe um 9 Uhr 45 bei Ihnen 'ne Verhandlung.« Ich sage: »Da müssen Sie sich aber beeilen.« Ich höre: »Nee, ick kann nich, ick bin fiebrig krank.«

Das kennt man von Sitzungstagen, und so sage ich wahrheitsgemäß: »Das kenne ich, Fieber, das eine halbe Stunde vor der Verhandlung ausbricht.« Ich höre: »Nee, nee, nee, bei mir nich, ick war jestern ooch schon beim Doktor deswejen.« Ich sage: »Dann geben Sie mir doch mal bitte die Telefonnummer des Arztes!« Ich höre: »Telefonnummer? Die kenn ick nich von dem ...« Ich sage: »Nun, dann wenigstens seinen Namen und seine Adresse!« Ich höre: »Warten Se, der heißt ... Nee, kann ick momentan nich mit dienen.«

Das kenne ich schon, auf so etwas bin ich vorbereitet, und so sage ich routiniert: »Wer unentschuldigt einer Hauptverhandlung fernbleibt, wird, jedenfalls bei mir, mit einem Haftbefehl geholt und erwartet den nächsten Termin im Gefängnis.« Ich höre: »Wat, so hart sind Sie? Na denn sage ick Ihnen jetzt mal die reine Wahrheit. Ick kann nich kommen, ich hab keen Fahrjeld, und Sie werden doch von mir nich verlangen, det ick zum Jericht schwarz fahre.«

Ich frage den Angeklagten: »Wo sind Sie denn jetzt?« Ich höre: »Neukölln, Hermannplatz.« Ich sage: »Kein Problem. Sie gehen die Hasenheide entlang bis zum Südstern, dann Urbanstraße bis Hallesches Tor, Potsdamer Platz, durch den Tiergarten bis Schloß Bellevue, rechts über die Spree, das Gefängnis lassen wir noch links liegen, schon sind Sie in der Turmstraße. Jetzt ist es mittlerweile 9 Uhr 25, um 11 Uhr 30 können Sie spätestens im Sitzungssaal 672 sein.« Der Angeklagte erscheint früher als erwartet, wir scheiden nach der Hauptverhandlung in voller Harmonie und beide bei bester Gesundheit.

Diese Heilung war einfach. Schwieriger war der Fall jener

etwa Sechzigjährigen, die zum Entsetzen ihres Mannes und ihrer Tochter seit einiger Zeit mit Straftaten in Erscheinung trat. Die Frau beging mehrere Ladendiebstähle, ohrfeigte die Nachbarin, beschimpfte den Briefträger ... Mehrfach war sie deswegen schon mit Geldstrafen belegt worden, in den beiden letzten Verfahren hatte sie sogar schon je einen Monat Freiheitsstrafe bekommen, mit Strafaussetzung zur Bewährung zwar, aber ich hatte ihr beim letzten Mal unmißverständlich gesagt, daß sie bei der nächsten Straftat unweigerlich ins Gefängnis komme. Sie hatte gesagt: »Sehe ich nicht ein, Herr Richter, ich bin krank.« Ich hatte geantwortet: »Sie sind keineswegs krank, sondern Sie sind ganz einfach zänkisch und unzufrieden, ganz unverständlich, weil Sie einen so liebevollen Mann und eine so liebevolle Tochter haben.«

So schöne Worte, jedoch vergeblich. Noch in den Bewährungszeiten fuhr die Frau »schwarz« Autobus und trat, als sie dabei gestellt wurde, dem Kontrolleur schmerzhaft an die Schienbeine. Am Tage der Hauptverhandlung wegen des neuen Falls kamen zuerst Mann und Tochter der Angeklagten und auch noch zwei nette Enkelkinder, alle sehr betrübt, fast verzweifelt. Der Mann sagte, seine Frau spiele jetzt auch noch gehbehindert. Sie habe einen Arzt gefunden, der ihr alles glaube und ihr eine »Gehhilfe« verschrieben habe, mit der sie jetzt gleich hier erscheinen werde. Er bitte um etwas Geduld, denn mit so einer »Gehhilfe« gehe es nur sehr langsam voran.

Die Tür des Sitzungssaals geht auf und herein schleppt sich die Angeklagte, ein Bild absoluten Jammers. Die Gesichtszüge sind von tiefem Leid geprägt, sie ziehen sich bei auch nur der kleinsten Bewegung schmerzhaft zusammen. Gestützt auf einen Apparat aus Chromstangen, die ihr nach vorn und zur Seite Halt geben sollen, und versehen mit kleinen Rädern, die nur millimeterweises Vorankommen gestatten. Sie sagt ächzend: »Ich bleibe stehen, ich kann mit dem Apparat ja nicht sitzen.« Ich sage: »Mir scheint, demnächst werden sie aber sitzen müssen. Ihren Apparat da können Sie jedoch ins Gefängnis mitnehmen.«

Das war herzlos gesagt, ich gebe es zu. Und ich gebe auch zu, daß ich immer noch viel herzloser in meinen Äußerungen wurde. Als ich schließlich sagte: »Wissen Sie, was Sie sind? Sie sind eine Simulantin, die ihrer Familie das Leben zur Hölle macht«, da rief ihr Mann, dem ich ersichtlich aus dem Herzen gesprochen hatte, von hinten: »Na, siehste, das ist genau das, was wir dir schon seit Jahren sagen!« Das war offensichtlich zuviel für die Angeklagte. Sie verlor die Kontrolle über sich, nahm ihre »Gehhilfe«, hob sie hoch und schleuderte sie auf die Erde. Dann stampfte sie mit großen kräftigen Schritten zur Tür hinaus.

Nachdem die Angeklagte sich vor dem Sitzungssaal im Kreis der Familie lange und ergiebig und von der Justiz völlig ungestört ausgeweint hatte, ging die Sache schnell zu Ende. Ich weiß nicht mehr, was wegen der neuen Straftaten herauskam, aber ich erinnere mich, daß alle sehr zufrieden waren, auch die Gerechtigkeit. Zum Schluß der Verhandlung kam ein Junge nach vorn, nahm die »Gehhilfe« an sich und sagte: »Oma, ich fahr jetzt mit deiner Maschine, du brauchst sie ja nicht mehr!«

Spezial-Methoden

Die Hauptverhandlung war am ersten Tag nicht zum Ende gekommen, sie mußte unterbrochen werden und wurde nun fortgesetzt. In diesem Fortsetzungstermin war es endlich soweit, daß auch der Staatsanwalt einer Einstellung des Verfahrens zustimmte. Einstellung des Verfahrens heißt Beendigung des Verfahrens ohne Urteil. Das ist zulässig und steht in § 153 Strafprozeßordnung (StPO), und genau nach dieser Vorschrift sollte hier verfahren werden. Mit dieser Verfahrenseinstellung, die man kurz Einstellung wegen Geringfügigkeit nennt, müssen indessen sowohl der Angeklagte als auch der Staatsanwalt einverstanden sein, denn beide verzichten auf ein Urteil, auf das sie beide sozusagen Anspruch haben. Man kann sich das so vorstellen, daß der Angeklagte darauf verzichtet, eventuell freigesprochen zu werden, und daß der Staatsanwalt darauf verzichtet, den Angeklagten, den er ja schließlich angeklagt hat, verurteilt zu sehen. Der Angeklagte und sein Verteidiger hatten bereits am ersten Tag zugestimmt, der Staatsanwalt aber hatte seine Zustimmung kategorisch verweigert. Offensichtlich hatte er die zehn Tage zwischen dem ersten und dem zweiten Verhandlungstag jedoch dazu benutzt, sich die Sache noch einmal gründlich durch den Kopf gehen zu lassen, und vielleicht hatte er sie auch mit diesem oder jenem Kollegen besprochen. Jetzt, am zweiten Tag, gab er seine Zustimmung. Sehr glücklich sah er dabei aber nicht aus.

Nun ja, ein besonders gutes Gefühl hatte auch ich dabei nicht, den Angeklagten ohne Bestrafung davonkommen zu lassen. Schließlich war es doch wohl tatsächlich so, daß er gewußt hatte, daß die Hotelbestätigungen, die er nach Rußland, Kasachstan, Usbekistan geschickt hatte, damit man dort mit ihnen bei den deutschen Konsulaten Einreisepapiere erlange, gefälscht waren. Aber ein Richter muß auch pragmatisch sein können. Eine Verurteilung des Angeklagten, das hatte sich am ersten Verhandlungstag herausgestellt, schien auf unabsehbare Zeit fast unmöglich. Eine Reihe von Zeugen war einfach nicht greifbar. So bestand die Gefahr, daß sich das Verfahren jahrelang, vielleicht auch noch aufwendig, hinziehen werde und schließlich gar mit Freispruch mangels ausreichender Beweise oder, noch schlimmer, durch Verjährung ende.

Gegen solches Unwohlsein hilft § 153a StPO. Nach dieser Vorschrift wird zwar das Verfahren auch ohne Urteil beendet, aber nicht ganz so sang- und klanglos wie bei § 153 StPO. Auf das kleine »a« kommt es an. Verfährt man nach »klein a«, so wartet man mit der Einstellung des Verfahrens, bis der Angeklagte nachweist, daß er den durch seine Straftat eingetretenen Schaden ausgeglichen oder auch, was sehr häufig der Fall ist, eine Buße gezahlt hat. Da in unserer Strafsache hier ein direkter Schaden nicht eingetreten war, kam also nur eine Buße in Frage. Bevor ich mit der Sache in die Hauptverhandlung gegangen war, hatte ich, eingedenk einerseits der Schwierigkeiten mit den Beweisen, andererseits des Interesses des Angeklagten an einem baldigen Ende des Verfahrens, der Staatsanwaltschaft und dem Verteidiger bereits vorgeschlagen, dem Angeklagten eine Buße von 25000 DM abzuknöpfen und das Verfahren einzustellen. Der Verteidiger war sofort darauf eingegangen, er hatte mitgeteilt, der Angeklagte sei natürlich unschuldig, werde aber lieber die 25000 DM zahlen, als jahrelang unter dem Damoklesschwert des laufenden Strafverfahrens zu leben. Das war klug von Verteidiger und Angeklagtem. Nun also im Fortsetzungstermin stimmte der Staatsanwalt doch zu. Er sagte Ja zur Einstellung des Verfahrens ohne Urteil, mit den 25000 DM Buße, die der Angeklagte zahlen solle, sei die Sache auch für ihn einigermaßen zufriedenstellend erledigt. Das war eine späte Einsicht, aber eine späte Einsicht ist besser als keine Einsicht, und der Staatsanwalt hatte ja eigentlich auch zu Recht Bedenken.

Als der Staatsanwalt jetzt in der Hauptverhandlung sein Ja gibt, freue ich mich natürlich über diese Wendung des Geschehens, auch Verteidiger und Angeklagter sind erleichtert. 25000 DM sind zwar vielleicht auch für den Angeklagten nicht ganz wenig Geld, aber das Verfahren ist damit, wie gesagt, wenigstens zu Ende. Der Verteidiger fragt: »Und wohin soll die Buße bis zum 15. September gezahlt werden?« Ich sage: »Was heißt 15. September? Wir haben heute den 15. März! Das ist doch ein guter Tag, um 25000 DM zu zahlen. Heute soll er zahlen! Zahlt er heute, ist die ganze Sache heute zu Ende. Das macht doch allen Freude, Ihnen ganz sicherlich auch, Herr Verteidiger.«

Der Verteidiger schaut irritiert und sagt: »Nun, es ist doch nicht nur zulässig, sondern hier in Moabit auch allgemein üblich, daß man dem Angeklagten sechs Monate Zeit gibt, die Buße zu zahlen. Ich schlage also vor, das Verfahren heute nach § 153a StPO vorläufig einzustellen. Es kann am 15. September dann endgültig eingestellt werden, wenn der Angeklagte die Buße gezahlt hat.«

Solcher Vortrag ist mir nicht unbekannt. Ich pflege dann zu sagen und sage auch hier: »Ja, wenn der Angeklagte die Buße gezahlt hat ... Und was wird sein, wenn er sie dann nicht gezahlt hat?« Der Verteidiger antwortet, immer noch etwas erstaunt: »Eine müßige Frage, Herr Richter, der Angeklagte wird ganz sicherlich zahlen.« Und der Angeklagte nickt eifrig und sagt: »Ja budu platitz.« Die Dolmetscherin sagt: »Er sagt, er werde zahlen.«

Ich möchte aber trotzdem vom Verteidiger hören, was geschehen wird, wenn der Angeklagte dann doch nicht zahlt. Der Verteidiger weiß natürlich genauso gut wie ich, daß das schrecklich ist. Wenn der Angeklagte nicht zahlt, fängt nämlich alles wieder von vorn an. Alles, was bisher geschehen ist, ist dann für die Katz, nicht mehr zu verwerten. Das nenne ich Mißgeschick. Ist mir früher auch passiert, aber nicht oft, denn bald hatte ich meine Spezial-Methode entwickelt. Ich halte den Anwesenden darüber einen kleinen Vortrag: »Meine Herrschaften! Ich kenne das, da versprechen die Angeklagten die Zahlung, manche sogar hoch und heilig. Aber sind sie dann erst mal aus dem Gerichtssaal hinaus, besinnen sie sich eines Besseren oder, besser gesagt, eines Schlechteren, und sie zahlen nicht. Ich kenne die Briefe von Kollegen und Kolleginnen, die dann fast flehentlich an die Angeklagten schreiben, man habe doch zahlen wollen, habe das versprochen und nun solle man das doch auch bitte, bitte tun ... Solche Brief haben die gegenteilige Wirkung. Und sind auch jämmerlich, so schreibt ein Richter nicht. Jedenfalls ich nicht. Damit verschwendet man richterliche Zeit und Autorität ...«

Dieser Vortrag verfehlte seine Wirkung nie, auch heute nicht. Und so freue ich mich, als der Verteidiger sagt: »Das hört sich gut an. Aber nun lassen Sie hören, wie Sie es machen!« Ich lasse hören: »Meine Herrschaften! Normalerweise lasse ich jetzt alle Zustimmungserklärungen protokollieren. Im Protokoll steht dann also, der Staatsanwalt, der Verteidiger, der Angeklagte seien damit einverstanden, daß das Verfahren ohne ein Urteil ende, wenn zuvor die Buße gezahlt worden sei. Und dann unterbreche ich normalerweise die Hauptverhandlung und gebe dem Angeklagten die Gelegenheit, das Geld zu holen. Sie wissen, wir haben es in diesem Verfahren ja auch schon so gemacht, ganz alte Prozeßregel, man kann die Hauptverhandlung einfach fortsetzen, wenn das spätestens am elften Tag geschieht. Fortsetzen! Also nicht neu anfangen! Und wenn das Geld dann am Fortsetzungstermin da ist, dann stelle ich das Verfahren ein. Ist das Geld aber nicht da, setze ich das Verfahren fort, bis ich ein Urteil sprechen kann.«

Der Verteidiger ist sichtlich beeindruckt, denn er sagt: »Das ist effektiv, etwas, was man bei der Justiz leider selten antrifft. Und es ist auch für uns günstig, wenn so verfahren wird, wenn sich die Sache also schnell erledigt und sich nicht hinschleppt.« Und er fährt fort: »Also dann ist es jetzt so, daß der Angeklagte bis zum elften Tag Zeit hat, die Buße zu überweisen?« Ich sehe mich gezwungen, meine Spezial-Methode noch weiter zu erläutern, und sage daher: »Nein, auch das nicht. Wenn der Angeklagte das Geld überweist, erfahre ich das bei der Trägheit der Aktenvorgänge nie und nimmer rechtzeitig. Deswegen mach ich das seit Jahren so, daß die Angeklagten das Geld zu mir in den Sitzungssaal bringen. Was sagen Sie nun?«

Der Verteidiger fragt: »In bar?« Ich antworte: »Ja, in bar, ausschließlich in bar. Gerade hier im Kriminalgericht ist jedes andere Zahlungsmittel suspekt. Stellen Sie sich doch einmal vor, ein Scheckbetrüger brächte mir einen Scheck. Das wäre schon lustig ... Also nur Bargeld! Und jetzt schlage ich vor, weil wir heute morgen alle so friedlich beisammen sind und uns über die vom Staatsanwalt spät, aber nicht zu spät erteilte Zustimmung freuen, daß wir die Sache auch heute noch abschließen. Also, jetzt ist es 10 Uhr 30 geworden, der Angeklagte geht jetzt zur Bank oder zu seinem Tresor oder zu seiner Frau und holt die 25000 DM und bringt das Geld bis, sagen wir, 12 Uhr zu uns. Zwischendurch verhandle ich noch zwei Ladendiebstähle, das ist, Sie werden staunen, Herr Verteidiger, mein eigentliches Lieblingsmetier.«

Verteidiger und Angeklagter beraten sich leise, Angeklagter geht ab, Verteidiger bleibt, setzt sich bequem hin, will sehen, wie er sagt, warum Ladendiebstähle, die allgemein als langweilig gelten, meine Spezialität sind. Er wird nachher sagen: »Sie haben Recht, langweilig sind die keinesfalls, müssen es jedenfalls nicht sein.« Um 11 Uhr 40 geht die Tür auf, der Angeklagte übergibt dem Verteidiger einen Umschlag, und der Verteidiger zählt dem Protokollführer 25000 DM in die Hand. Ich diktiere den Einstellungsbeschluß: »Das Verfahren wird eingestellt, nachdem der Angeklagte die ihm auferlegte Buße gezahlt hat (§ 153a StPO). Die Kosten des Verfahrens fallen der Landeskasse zur Last, jedoch hat der Angeklagte keinen Anspruch auf Ersatz seiner notwendigen Auslagen.« Ich gucke befriedigt in die Runde, alle gucken zufrieden zurück, so daß ich sagen kann: »Na, sehen Sie, erledigt, geht doch alles, wenn man ein bißchen nachdenkt, und wenn man will. Wünsche allen einen schönen Tag!« Da tritt der Angeklagte heran. Er sagt zum Protokollführer: »Ich bitte noch um eine Quittung!« Der Protokollführer kennt das schon und sagt: »Bei uns gibt es keine Quittungen. Wir sind ein Amtsgericht und daher vertrauenswürdig. Was wäre das für eine Welt, in der man nicht einmal einem Amtsgericht vertrauen könnte.« Seine Rede ist für alle, außer natürlich für mich, unerwartet, trifft aber ersichtlich auf allgemeine Zustimmung, so daß der Protokollführer fortfährt: »Ich habe die Zahlung im Protokoll vermerkt, gehe jetzt zur Kasse und bin bald zurück.«

Meine Spezialmethode sprach sich herum. Karin Hendrich schrieb mal im »Berliner Kurier« eine hübsche Glosse darüber: »Prozeß bei Richter Warnstädt? Erste Tür links, und nehmen Sie gleich Geld mit!« Mit Genugtuung vernahm ich, daß einige Kollegen die Methode übernommen hatten, mit Gelächter, daß ein Kollege die Ansicht verbreitete, er könne sie nicht billigen, weil ein Amtsrichter nach der Haushaltsordnung nicht berechtigt sei, Geld einzunehmen.

Wenn ich schon dabei bin: Als ich mit meiner »Spezial-Methode« anfing, war das auch für manche Damen und Herren an der Kasse neu, so neu, daß manche sich weigerten, das Geld anzunehmen, weil keine Einzahlungsaufforderung oder ähnliches vorlag. Damit war wohl gemeint, daß man dem Angeklagten erst schreiben müsse, er solle kommen und zahlen. Komme der Angeklagte einfach und zahle, dann fehle da etwas, so gehe es nicht.

Mein langjähriger Protokollführer Dr. Meyer hatte zu meiner Spezial-Methode seine eigene Spezial-Methode entwickelt, den Widerstand der Kasse zu überwinden. Wie er das machte, behielt er für sich. Es gelang ihm offenbar aber immer, das Geld loszuwerden. Einmal machte ich mir einen grausamen Spaß. Ich schickte den Referendar mit dem Geld zur Kasse. Als der Referendar zurückkam, sagte er betrübt: »Hier ist das Geld, die nehmen es mir nicht ab. Es fehle, so sagen sie, eine Einzahlungsaufforderung oder ähnliches.« Ich muß offensichtlich einen besonders grausamen Tag gehabt haben, denn ich sagte nun zur Referendarin: »Gehen Sie mit, unterstützen Sie den Herrn Referendar mit Ihrem Können, denken Sie dabei auch an die Waffen des Weibes! Setzen Sie beide alles ein, die Bürokratie ist zwar stark, aber nicht unbesiegbar. Hier ist das bei der Kasse einzuzahlende Geld.« Nach geraumer Zeit kamen beide zurück. Die Wangen waren gerötet, mir schien, auch die Augen, aber beide bestritten, geweint zu haben. Jedoch das Geld, das hatten sie noch. Der Protokollführer lachte, er verriet den beiden seine Methode nicht. Ich wollte den Spaß voll auskosten, und so gingen wir jetzt zu dritt zur Kasse, die beiden Referendare und ich, gemeinsam und schweigend. Hinter der Kassenscheibe ein böses Gesicht, es sagt: »Herr Warnstädt, ich habe das doch Ihren Referendaren schon zweimal ganz genau erklärt, ich nehme das Geld nicht, wir brauchen ...« Ich schreibe das Aktenzeichen auf einen kleinen Zettel und werfe dann Zettel und Geld über die Scheibe, und dann gehen wir, ohne uns umzusehen, hinaus und schweigend davon. Als am nächsten Tag der Einzahlungsbeleg von der Kasse zu uns kommt, sagen die Referendare: »So viel haben wir in unserer ganzen Verwaltungsstation nicht über die Verwaltung gelernt.« Nach diesem kleinen Vorfall kam es an der Kasse zu keinen Schwierigkeiten mehr.

Man wird verstehen, daß ich von allen Bußgeldern, die ich einzog, kein einziges bei der Justizkasse ließ. Alles Geld, und das war insgesamt nicht gerade ganz wenig, ging an gemeinnützige Einrichtungen weiter, an den Bach-Chor an der Kaiser-Wilhelm-Gedächtniskirche, an die Kantorei der Auen-Kirche, an die Gesellschaft für Sterbegleitung, an die Freiabonnements für Gefangene und bis zu dessen endgültigem Tod an das Metropoltheater, dem hoffentlich unvergessenen Berliner Operettenhaus. Die gingen alle mit dem Geld sorgfältiger um als der total überschuldete Staat, jedenfalls nahmen sie es bereitwilliger entgegen.

Haft und Haftentlassungen

Morgens beim Frühstück lese ich in einer meiner Morgenzeitungen, diesmal »Berliner Zeitung« , Nummer 168, Dienstag, 22. Juli 2003, Seite 15: »Dieb brach zweimal in dieselbe Kita ein. Gleich zweimal brach ein 30jähriger Mann ... in einen Kindergarten in Lichtenberg ein. Gegen 18.10 Uhr war die Polizei zum ersten Mal alarmiert worden. Der Einbrecher hatte ... einen tragbaren Safe ... zum Abtransport bereitgestellt. Die Polizisten nahmen den Mann fest, ließen ihn aber wieder frei. Fünf Stunden später mußte die Polizei erneut zu der Kita ausrücken. Ein Fenster war geöffnet worden, der tragbare Safe verschwunden. Der 30jährige wurde in der Nähe festgenommen. Den Safe hatte er noch bei sich.«

Lese ich so etwas, habe ich prachtvolle Laune, denn ich denke dann an die lustige Szene, die uns ein kleiner dünner Jüngling einmal in einer Hauptverhandlung wider Willen bereitet hat. Der Jüngling war am Donnerstag, am Freitag, am Sonnabend immer in derselben Gegend immer von Polizisten desselben

»Abschnitts« bei Einbrüchen geschnappt worden. Er war jedes Mal wieder freigelassen worden. Als ich die Anklageschrift in den drei Fällen erhielt, hatte ich ihn sofort festsetzen lassen, so wie es sich bei vernünftiger Ansicht darüber, welchen Sinn ein Strafprozeß habe, gehört.

Obwohl das eigentlich klar sein sollte, führe ich hier aus, der Strafprozeß dient in erster Linie der Erziehung. Der Täter soll im Strafprozeß lernen, daß sein Verhalten nicht geduldet wird und sich auch nicht lohnt. Und obwohl auch das eigentlich wieder klar sein sollte, führe ich hier aus, Erziehung muß in erster Linie konsequent sein, konsequent vor allem darin, nichts durchgehen zu lassen, ohne den Täter zur Rede zu stellen. Erst danach kommt alles andere, Verständnis, Strafe, Strenge, Nachsicht, Milde ... Der Täter muß zur Rede gestellt werden, unbedingt, das ist völlig unverzichtbar. Und das darf nun nicht etwa irgendwann stattfinden, sondern muß so schnell wie nur irgend möglich geschehen. In der Juristensprache gibt es das schöne Wort »unverzüglich«, es bedeutet »ohne schuldhafte Verzögerung«, das ist hier genau richtig. Natürlich ist die Dauer eines Strafprozesses abhängig von dem Umfang der Ermittlungen, aber es ist ja leider festzustellen, daß heutzutage selbst Verfahren, die man in Stunden, wenn nicht Minuten abwickeln könnte, Wochen und Monate dauern, ohne daß dadurch etwa mehr Gerechtigkeit in die Sache hineinkäme, im Gegenteil, ein sämiger Verfahrensablauf, wie er heute leider gang und gäbe ist, ist das Schlimmste, und zwar für beide Seiten, für Staatsanwalt sowohl als auch für den Angeklagten. Beweismittel sind kein Rotwein, der mit der Zeit immer besser wird, und auch die Darstellung des Geschehens durch den Verdächtigen und durch die Zeugen hat ganz zweifelsohne desto mehr Kraft, je eher sie geäußert werden kann. Oder ein anderes Beispiel: Ich hatte kurz nach dem Mauerfall an einem Wochenende Bereitschaftsdienst. Mir wurden haufenweise Ladendiebe vorgeführt. Nach einigem Widerstand der Justizmaschinerie konnte ich erreichen, daß die meisten Sachen auf der Stelle entschieden wurden. Soweit ich mich erinnere, habe ich bis zum Nachmittag an die dreißig Hauptverhandlungen durchgeführt. Alle waren es zufrieden, es geht also, wenn man will.

Als ich mit dem kleinen dünnen Jüngling, den ich in diesem Sinne zu seinem Strafprozeß hatte holen lassen, in der Hauptverhandlung war, fragte ich ihn, was er sich denn dabei gedacht habe, daß er nach jedem Einbruch wieder frei davongehen durfte. Ich habe des Jünglings Antwort protokollieren lassen. Der Jüngling sagte: »Beim ersten Mal dachte ick, det is'n Irrtum. Beim zweiten Mal hielt ick det für komisch und habe jelacht. Beim dritten Mal dachte ick, die müssen ja ziemlich doof sein.«

Der Jüngling war übrigens gar nicht böse, daß er geholt worden war. Er fand das ganz richtig, zumal er auch alsbald mitbekam, daß ich mir dabei etwas gedacht hatte und daß ich ihn nicht einfach im Gefängnis schmoren ließ. Ich habe während meiner ganzen Amstrichterzeit praktisch jeden Morgen immer alle meine Gefangenen vor meinem inneren Auge Revue passieren lassen, also jeden Morgen eine Haftprüfung vorgenommen. Ich versuchte mich immer in die Leute, die ich hatte einsperren lassen, hineinzuversetzen, um festzustellen, welche Wirkung die Untersuchungshaft auf sie habe, bei jedem Einzelnen. Bei einigen Gefangenen, also vor allem bei den schon Eingeübten, eilte es nicht so sonderlich, bei manchen aber mußte die Hauptverhandlung ganz ganz schnell stattfinden, um nicht das Gegenteil des Erziehungsziels zu bewirken. Viele Verteidiger, das kann ich ohne weiteres sagen, fanden meine Methode des konsequenten, aber im Ergebnis maßvollen Einsperrens sinnvoll, wenn es auch längst nicht alle ausdrücklich sagten. Für die Verteidiger war die Methode nämlich genauso befriedigend wie für mich, denn in der Hauptverhandlung konnte gerade dadurch häufig festgestellt werden, Ziel erreicht, jetzt genug, Angeklagter, wenn schon verurteilt werden muß, so doch jetzt wieder hinaus aus dem Gefängnis, hinein ins manchmal recht feindliche Leben. Manchmal war die Strafe durch die Untersuchungshaft sogar bereits verbüßt. War das nicht der Fall, verhielt es sich jedoch wirklich sehr häufig so, daß nur deshalb gewagt werden konnte, die Vollstreckung des Strafrests zur Bewährung auszusetzen, weil die Untersuchungshaft ersichtlich Eindruck gemacht hatte.

Nichts ist schöner, als einen Gefangenen zu allseitiger Zufriedenheit aus dem Gefängnis zu entlassen. Diese allseitige Zufriedenheit wurde in letzter Zeit durch die Art und Weise des Entlassens manches Mal gestört. Das Entlassen ging Jahrzehnte völlig reibungslos vonstatten. Der Richter verkündet den

Entlassungsbeschluß, der Protokollführer schreibt die »Entlassungsanordnung«, der Richter unterschreibt sie, und der Wachtmeister geht dann mit ihr und dem Gefangenen durch die geheimen und unterirdischen Gänge zurück ins Gefängnis. Dort werden dann die Entlassungsformalitäten erledigt, Austragung aus dem Gefangenenbuch, Ausstellen der Entlassungsbescheinigung, Herausgabe der »Habe« des Gefangenen, Wintermantel, Sommerkleid, Geld, je nachdem. Wie gesagt, das ging immer reibungslos, aber in der letzten Zeit kam es zu Reibungen zwischen mir und einigen Verteidigern. Immer häufiger wurde verlangt, der Gefangene sei sofort, auf der Stelle, noch im Saal zu entlassen. Werde der Gefangene, wenn auch nur zu den Entlassungsformalitäten, gegen seinen Willen, der allerdings häufig nur der Wille des Verteidigers war, ins Gefängnis zurückgebracht, so handele es sich um Freiheitsberaubung. Wäre das nicht ausgemachter Unfug, müßte ich seit langem im Gefängnis sitzen, denn ich habe mich kaum je nach dieser Ansicht gerichtet.

Die »Saalentlassung« kam auf in den Fällen, in denen es sich bei den Gefangenen um Ausländer ohne gesicherte Aufenthaltsgestattung handelte. Diese Ausländer können sich nämlich ihrer gerade wiedergewonnenen Freiheit oft nicht lange erfreuen. Am Gefängnistor wartet die Polizei und holt sie im Auftrag der Ausländerbehörde ins Abschiebegefängnis. Dazu kann man nur sagen, warum denn nicht, sofern nur die Anordnung der Ausländerbehörde rechtmäßig ist. Ist sie das, würden die Gefangenen bei »Saalentlassung« dann eben demnächst nicht am Gefängnistor, sondern an der Tür des Sitzungssaals von der Polizei abgeholt werden. Ist die Anordnung der Ausländerbehörde jedoch nicht rechtmäßig, so scheidet jegliche Festnahme aus, an allen Toren und Türen, wo auch immer.

Konnte man bei den Entlassungen mancher Ausländer immerhin noch verstehen, warum »Saalentlassung« stattfinden sollte, so hat sich aber mittlerweile die »Saalentlassung« überallhin ausgebreitet, ist also wieder so etwas geworden, worüber man gar nicht mehr nachzudenken scheint. Meine Wachtmeister meldeten mir eines Tages einen Mann, der mich unbedingt sprechen wollte. Ich erfuhr von ihm, daß er gerade in der Kirchstraße »saalentlassen« worden war. Höre ich oder schreibe ich auch nur das Wort »Kirchstraße«, fällt mir sofort immer zweierlei Merkwürdigkeit ein. Die eine Merkwürdigkeit ist die, daß an dem Gerichtsgebäude dort ein Mann mitgewirkt hat, der vor vielen Jahren dadurch bekannt wurde, daß er Geschäfte mit dem Senat von Berlin gemacht hatte, die den Senat bei deren Bekanntwerden zum Rücktritt und ihn selbst ins Gefängnis brachten. Daß die Justiz sich in das Ge bäude hineingemietet hat, kann man, muß man aber nicht als eine Art von Resozialisierung ansehen. Die andere Merkwürdigkeit ist die, daß in dem Gebäude neben den Verkehrsstrafrichtern des Amtsgerichts Tiergarten und neben der Amtsanwaltschaft Berlin auch noch das Verwaltungs- und das Oberverwaltungsgericht Berlin ihren Sitz haben. Die beiden Verwaltungsgerichte saßen früher in der Hardenbergstraße. Die dortigen Gebäude gehören der Stadt Berlin und stehen seit dem Auszug der Gerichte leer. Ich möchte nicht wissen, wieviel überflüssiger Mietzins für die beiden Verwaltungsgerichte nun seit Jahren in der »Kirchstraße« gezahlt wird.

Dort in der »Kirchstraße« also war der Mann, der mich sprechen wollte, »saalentlassen« worden. Der Mann sagte mir, er habe seine Entlassung für falsch gehalten, sich aber gegen die Richterin nicht durchsetzen können. Ich kannte die Richterin, konnte mir das deshalb ohne Schwierigkeit vorstellen. Sie war noch sehr jung, vielleicht sogar zu jung, und solche sind meist Widerspruch besonders abgeneigt. Die Entlassung in der »Kirchstraße« war tatsächlich falsch, der Mann sah das völlig richtig. Es gab nämlich zwei Haftbefehle gegen ihn, einen ersten in dem Verfahren jener Richterin, einen zweiten Haftbefehl von mir. Den ersten Haftbefehl hatte die Richterin in ihrer Verhandlung jetzt also aufgehoben, ob richtig oder falsch, weiß ich nicht, aber jedenfalls war es falsch, den Mann zu entlassen, denn es bestand ja, wie gesagt, auch noch mein Haftbefehl, auf Grund dessen der Mann festzuhalten war. Auf meinen Haftbefehl hatte die Kollegin also nicht geachtet. Vielleicht hatte man das ihr allerdings auch gar nicht gesagt. Es ist ja nämlich gar nicht gesagt, daß die Kommunikation im Zeitalter der Kommunikation unbedingt klappt. Die im großen und ganzen doch eher altmodische Justiz kann da wirklich keine Ausnahme machen. Der Mann kannte natürlich den zweiten Haftbefehl und wußte daher, daß seine »Saalentlassung« falsch war.

Er wußte auch, daß der zweite Haftbefehl von mir war, und er kannte mich und dachte wohl, ich werde es ihm verübeln, wenn mein Haftbefehl durch seine »Saalentlassung« so mißachtet werde. Dem wollte der Mann entgehen, und so war er, da er bei der Richterin kein Gehör gefunden hatte, aus der »Kirchstraße« zum Gefängnis geeilt, gleich um die Ecke, berühmte Adresse: Alt-Moabit 12 a, und wollte hinein. Na, da könnte ja jeder kommen! Einfach am Gefängnistor klingeln und sagen, man möchte hinein! Unglaublich! So geht es nun wirklich nicht! Nun, der Mann wußte sich zu helfen. Er ging nochmals um zwei Ecken, ließ sich bei mir melden und berichtete mir seine Notlage. Das hat mir gut gefallen.

Kürzlich erzählte ich diese Geschichte in einer ganz anderen Hauptverhandlung dem Rechtsanwalt Walter V., nicht ganz ohne Hintersinn, denn ich wußte, daß Walter V. ein unbedingter Verfechter der »Saalentlassung« ist. Als sich die Entlassung »seines« Angeklagten abzeichnete, sagte ich zu dem Rechtsanwalt: »Sie kennen meine Meinung zur ›Saalentlassung‹. Sie bestehen doch aber wohl ganz sicherlich trotzdem auf ihr, ich vermute aus ideologischen Gründen.« Der Rechtsanwalt entgegnete lächelnd: »Ja, auch aus ideologischen Gründen ...«

Ich sage zu Protokollführer und Wachtmeister: »Meine Herren, heute also ausnahmsweise auch bei mir ›Saalentlassung‹, speziell für den von mir besonders geschätzten Rechtsanwalt V.!« Der Rechtsanwalt lächelt, verabschiedet sich und verläßt mit dem Angeklagten den Sitzungssaal. Nach einigen Minuten kehrt er mit dem Angeklagten zurück und sagt lachend: »Mein Mandant wünscht, ins Gefängnis zurückgebracht zu werden, möchte von dort aus entlassen werden.« Der Rechtsanwalt Walter V. und ich scheiden fröhlich, weil wir es beide schön finden, eine Ideologie zu haben und trotzdem lachen zu können.

Willkommen

Ich habe fast mein ganzes Leben in der Öffentlichkeit gearbeitet und mich immer dazu bekannt, »im Namen des Volkes« schließe ein, öffentlich Rechenschaft zu legen, wenn gewünscht. Und es wurde gewünscht, und ich gab schon während meiner Hauptverhandlungen Auskunft, indem ich meine Gedanken offen ausbreitete. Einmal hatte sich ein höherer Beamter der Stadt Berlin über mich beschwert. Er fühlte sich durch eine meiner Bemerkungen über seine verqueren Ansichten zur Eingliederung von Ausländern, die in der Hauptverhandlung zur Sprache kamen, beleidigt. Er hatte gesagt, Ausländer betrieben hier in Deutschland eine »schleichende Landnahme«, ich hatte zu dieser Bemerkung etwas geäußert, das so zutreffend war, daß es jener, wie gesagt, nicht hinnehmen mochte. Der Amtsgerichtspräsident, bei dem solche Beschwerden eingehen, rief mich an und sagte vorsichtig, er wisse, daß es problematisch sei, Richter über etwaige Bemerkungen, die sie bei der Entscheidung in der Hauptverhandlung gemacht hätten, zu befragen. Ich sagte sofort: »Bei mir kein Problem! Wieso problematisch? Ich bin dem Volk, in dessen Namen ich arbeite, rechenschaftspflichtig. Soll ich davon nun ausgerechnet den Amtsgerichtspräsidenten ausnehmen?«

Meine Offenheit führte mir viel Publikum und Presse zu, ungewollt, aber nicht unwillkommen. Gewollt habe ich grössere Öffentlichkeit eigentlich nur dreimal, wenn ich mich recht erinnere. Einmal ging es um das Metropol-Theater Berlin. Dieses traditionsreiche Berliner Operettentheater, ein Staatstheater, war im Einigungsvertrag dem wiedervereinigten Berlin übergeben worden, was natürlich völlig falsch war, weil das Theater, wie auch alle anderen großen Kultureinrichtungen Berlins, Einrichtungen für das ganze Land sind, keine lokalen Ereignisse, die die Stadt Berlin auch nur einigermaßen unterhalten könnte. Als ich merkte, daß der Senat vorhatte, sich aus der unbestreitbaren Finanzklemme dadurch zu befreien, das Theater – trotz gegenteiliger Behauptungen – zu schließen, entschloß ich mich zu einem Warnruf. Als Kunstform dafür wählte ich eine Todesanzeige und ging mit dieser zum »Tagesspiegel«. Dieses nach wie vor vorwiegend West-Berliner Blatt sollte es sein, denn auch bei dem Senat handelte es sich damals um einen vorwiegend West-Berliner Senat. Der »Tagesspiegel« reagierte so, wie ich es fast erwartet hatte. Er wollte die Anzeige nicht. Jedenfalls keinesfalls auf der Seite mit den Todesanzeigen, das würde die Gefühle trauernder West-Berliner verletzen. Allenfalls könne die Anzeige auf der

Seite mit den Theateranzeigen erscheinen, der »Trauer-Balken« und die »Trauer-Schrift« könnten allerdings auch dort nicht zugelassen werden. Nach zermürbenden Verhandlungen kam es zu einem Kompromiß, so daß meine Anzeige schließlich in der Ausgabe vom 19. April 1998 mit »Trauerbalken« und in »Trauer-Schrift« auf der Theateranzeigenseite erschien: »Hiermit gebe ich den Tod des Metropol-Theaters Berlin bekannt, im 100. Jahr seines Bestehens ermordet vom Senat von Berlin, fünf Jahre nach der Ermordung des Schillertheaters. Rüdiger Warnstädt. Statt Blumen: abwählen!« Auf die Anfrage des »Vereins der Freunde des Metropol-Theaters« gab der Senat nochmals eine Garantie-Erklärung für das Theater ab, um es dann ungeachtet dessen kurze Zeit später doch zu schließen. Mittlerweile ist es soweit gekommen, daß selbst das Gebäude, der ehemalige Admiralspalast mit dem historisch wertvollen Theatersaal, wohl nicht mehr vor der Abrißbirne zu retten sein wird.

Das zweite Mal, in der ich Öffentlichkeit bewußt haben wollte, bestand darin, daß ich einer aus Hamburg zureisenden Justizsenatorin, die dort gerade gescheitert war und nun mit großen, allerdings hohlen Worten heransegelte, in einem Offenen Brief zurief, sie werde auch hier scheitern. Das war voreilig. Denn noch bevor die Frau hier scheitern konnte, war sie wieder nach Hamburg verschwunden, wo sie dann alsbald ein zweites, endgültiges Mal abgewählt wurde.

Der spektakulärste Fall, in dem ich die Öffentlichkeit suchte, ist eigentlich der erste Fall. 1980 gestattete die Sowjetunion ihren jüdischen Staatsbürgern, die das unbedingt wollten, die Ausreise. Aus welchen Gründen auch immer, die Sowjetunion stellte dabei die Bedingung, daß die Menschen nach Israel gingen. Eine ganze Reihe dieser Menschen wollte nun zwar auf jeden Fall die Sowjetunion verlassen, aber dann auf keinen Fall in Israel wohnen. Man kann das verstehen. Sie hatten bisher in Moskau, Minsk, Kiew, Riga gewohnt, in kühlen Großstädten Europas, der heiße Orient war nichts für sie. Was also tun? Die Leute versuchten sich zu helfen. Sie gingen erst mal nach Israel, machten sich von dort aber alsbald nach Europa auf. Einige erschienen auch in West-Berlin, große Stadt, dachten sie vermutlich, die wird sie aufnehmen, zumal sie des Deutschen mächtig waren, jedenfalls in der Ausprägung des Jiddischen.

Willkommen in Berlin! Der Bürgermeister freut sich über die Rückkehr von Juden in die Stadt Er begrüßt sie, heißt sie herzlich willkommen. Ja, denkste! Der Innensenator verhängt einen Einreisestop für Juden aus der Sowjetunion, die nach ihrer Ausreise schon in Israel gewesen sind, und sagt, die »Aufnahmekapazität ist beschränkt«. Ich frage mich, was oder wer ist da beschränkt? »Der Abend« fordert zur Stellungnahme auf. Damals gab es, nebenbei bemerkt, in Berlin noch zwei Abendzeitungen, im Osten die »BZ am Abend« und im Westen eben den »Abend«, und in dem konnte man am 24. September 1980 auf Seite 1 unter der Überschrift »Erster Brief: Skandal« lesen: »Gestern forderten wir in der Spalte ›Guten Morgen‹ unsere Leser auf, zum Einreisestop für Juden Stellung zu nehmen. Als erster Brief erreichte uns eine Stellungnahme von Rüdiger Warnstädt, Amtsrichter im Kriminalgericht, dessen Inhalt wir hier abdrucken: ›Natürlich, die Aufnahmekapazität ist begrenzt, die Totschlagekapazität war unbegrenzt. Jahrelang wurden fromme Sprüche geklopft, da ging es um die toten Juden. Jetzt, wo Lebendige kommen, sieht alles ganz anders aus. Ein Skandal ersten Ranges, entlarvend, eklig und dazu auch noch dumm. Berlin war durch jüdischen Geist groß. Seit dessen Vernichtung haben wir die heutige Provinzialität. Herzlich Ihr Rüdiger Warnstädt‹«.

Einige Zeit später trudelten bei mir einige Anklagen gegen solche Juden ein. Ihnen wurde Betrug am Sozialamt vorgeworfen. Die Leute hatten bei ihrer Ankunft in Berlin aus verständlichen Gründen verschwiegen, daß sie bereits in Israel gewesen waren, hatten gesagt, sie seien aus der Sowjetunion über Wien oder über Budapest nach Berlin gekommen. So ließen sie sich hier wohl oder übel als Aussiedler mit Sozialhilfeanspruch behandeln. Ich bitte die Staatsanwaltschaft um Verständnis für die Lage dieser Menschen und um Zustimmung zur Einstellung des Verfahrens, denn, so schreibe ich ihr, im Falle der Verurteilung drohe möglicherweise doch sogar Ausweisung, dem Ausländeramt sei das ohne weiteres zuzutrauen. Das könne aber doch nicht wahr und gewollt sein. Die Staatsanwaltschaft besteht jedoch auf Verurteilung, läßt mich aber wissen, daß sie, wenn ich ihrem Strafantrag in der Hauptverhandlung entspräche, auf Rechtsmittel verzichten werde und daß, davon könne man als sicher ausgehen, allein auf

Grund meiner Verurteilung mit unangenehmen Maßnahmen des Ausländeramts nicht zu rechnen sei. Das ist immerhin etwas Erwägenswertes, so etwas nennt man Pragmatismus, die Angeklagten und ihre Verteidiger sehen das ebenso. So verurteile ich die Angeklagten antragsgemäß, kleine Freiheitsstrafe mit Strafaussetzung zur Bewährung. Es soll Ruhe eintreten, der ganze Unfug damit beendet sein. Nachdem in der Hauptverhandlung nicht nur der Staatsanwalt, sondern auch die Angeklagten und die Verteidiger auf Rechtsmittel verzichtet haben und das Urteil somit rechtskräftig geworden ist, gehe ich zu den Angeklagten, reiche ihnen die Hand und sage: »Das ist unser Willkommensgruß für Sie, so machen wir das hier. Sie werden noch allerhand erleben, machen Sie sich darauf gefaßt. Ich grüße Sie gleichwohl sehr herzlich!«

Geraume Zeit später treffe ich mit einem alten Freund zusammen. Der ist Staatsanwalt, aber ein besonderer. Schritt für Schritt ist er weitergekommen, nicht durch bloßes Dasitzen, was ja oft die beste Garantie für das sogenannte Fortkommen ist, sondern durch Leistung, die man einfach nicht übersehen konnte, was einen wie mich freut. Und ich freute mich auch, als dieser Mann später das Bundesverdienstkreuz bekam, obwohl ich Orden normalerweise als Blech betrachte. Wie es eben so ist, wir sprechen über alte gemeinsame Zeiten bei der Staatsanwaltschaft, und dann kommt das Gespräch immer auf jenen alten Herrn, der früher unser beeindruckender Abteilungsleiter war. Ich sage beiläufig: »Na, so besonders gut konnte der mich nicht leiden ...« Mein Freund antwortet: »Das kannst du so nicht sagen, einmal hat er dich gegen erheblichen Widerstand davor geschützt, mit einem Strafverfahren bedacht zu werden.« Da bin ich denn doch ein bißchen erstaunt und frage: »Strafverfahren gegen mich? Ist ja unerhört? Weswegen denn?« Ich höre mit Erstaunen: »Wegen Verfolgung Unschuldiger. Das hast du aber auch geradezu herausgefordert. Als du die Juden, die damals aus der Sowjetunion über Israel nach Berlin kamen, verurteilt hast, hast du dich in den Urteilen darüber ausgelassen, daß man die Leute eigentlich nicht hätte verurteilen dürfen.« Ich sage: »Ja, der Ansicht bin ich auch heute noch.« Er sagt: »Du hast aber verurteilt, und deine Bemerkung, man hätte eigentlich nicht dürfen, kann, falls man dich nicht kennt und nicht weiß, wie du dich auszudrücken beliebst, oder wenn man dich nicht leiden kann, falsch ausgelegt werden. Aber unser ›alter Herr‹ hat die Sache ja gestoppt.«

Da muß ich aber doch tief Luft holen und sagen: »Ist ja wirklich unerhört. Diese Justiz, die kaum einen Nazi-Juristen verurteilt hat, an mir wollten die sich also vergreifen ...« Mein Freund sagt ruhig: »Ja, genau das hat unser ›alter Herr‹ auch gesagt und dich gerade damit geschützt.« Ich sage: »Danke, aber nun ist er im Ruhestand, jetzt wird es für mich gefährlich, denn ich sehe keine Chance, daß ich mich ändere.« Mein kluger Freund schließt das Gespräch mit den Worten: »Änderung nicht nötig, jetzt übernehme ich deinen Schutz. Aber bedenke, ich gehe im August 2002 in den Ruhestand, du erst im Januar 2003. Die fünf Monate dazwischen mußt du schon sehr auf dich aufpassen ...«

Schnörkellos natürlich

Am Telefon der Präsident des Amtsgerichts: »Herr Warnstädt, Sie werden in 14 Tagen fünfzig Jahre alt ...« Ich sage: »Stimmt, aber machen Sie sich auf keinen Fall irgendwelche Umstände damit, ich habe auf meine Geburtstage nie Wert gelegt.« Der Präsident sagt: »Darum geht es nicht. Es geht um Ihr Zeugnis. Wie Sie womöglich gar nicht wissen, erhält jeder Richter regelmäßig ein Zeugnis, alle fünf Jahre, es sei denn, er will weiter nach ›oben‹ kommen, dann kann er auch zwischendurch ein Zeugnis verlangen, aber das ist ja bei Ihnen bekanntlich nicht der Fall. Ich weiß wirklich nicht, was da schiefgelaufen ist, aber Sie sind jetzt schon zehn Jahre bei uns und haben noch kein einziges Zeugnis bekommen. So ist es jetzt unbedingt erforderlich, über Sie ein Zeugnis zu erstellen, und die Sache eilt nun sogar, weshalb ich Sie auch anrufe. Wie gesagt, in 14 Tagen werden Sie Fünfzig, und mit Fünfzig kann man ablehnen, überhaupt ein Zeugnis zu bekommen. Lehnten Sie ab, so müßten wir das Zeugnis quasi auf der Stelle erstellen. Bei unserer Arbeitsbelastung, die ja jeder kennt, ist das indes fast unmöglich. So darf ich doch davon ausgehen, daß Sie einverstanden sind, das Zeugnis auch nach Ihrem Fünfzigsten zu erstellen, daß Sie also von Ihrem Ablehnungsrecht keinen Gebrauch machen.« Ich sage: »Ja, ich mache Gebrauch davon.«

Die Stimme des Präsidenten klingt etwas erstaunt, als er fragt: »Wie, Sie lehnen ab?« Ich sage: »Ja, ich lehne ab, ich brauche das Zeugnis nicht. Ich weiß auch ohne Zeugnis, was ich kann und was ich nicht kann.« Da ich vermute oder sogar merke, daß der Präsident durch diese Gesprächswendung wenn auch nur ganz leicht ärgerlich ist, möchte ich ihn aufheitern und füge schnell hinzu: »Ich verzichte ganz formell auf das Zeugnis, und Sie können dadurch doch sicherlich dann auch darauf verzichten.« Ich sehe durchs Telefon den Präsidenten den Kopf schütteln, als er sagt: »Aber, aber, Herr Warnstädt, das geht doch nicht. Da könnte man uns Vorwürfe machen. Was sollten wir denn zur Begründung dessen sagen, daß wir dann über Sie überhaupt niemals ein Zeugnis erstellt hätten?« Obwohl diese Frage merkbar eine der Fragen ist, auf die man eine Antwort nicht erwartet, sage ich doch: »Schreiben Sie doch einfach, Sie wüßten auch ohne Zeugnis, was Sie an mir haben. Und ich füge dem dann hinzu, daß auch ich weiß, was Sie an mir haben.« Der Präsident hat offenbar in seine gewohnte Stimmung zurückgefunden und beendet das Gespräch souverän, indem er sagt: »Fürwahr, fürwahr, es hat uns in der Tat im Laufe der Jahre keinesfalls verborgen bleiben können, was wir an Ihnen haben, um in diesem Fall mal eine Ihrer Formulierungen zu benutzen.«

Wenige Tage nach diesem Gespräch erscheint der Präsident in meinem Sitzungssaal, um sich für das Zeugnis ein Bild auch von meiner Arbeit im Gerichtssaal zu machen, zuvor hatte er sich schon Akten bringen lassen, um zu sehen, ob und wie ich schreiben kann. Erscheinen Gerichtspräsidenten im Verhandlungssaal, um Richter, oder Ober- oder gar Generalstaatsanwälte, um Staatsanwälte bei ihrer Arbeit zum Zwecke des Zeugnisgebens zu beobachten, so nennt man diesen Vorgang »Überhören«. Ich habe nie jemanden gefunden, der mir erklären konnte, was mit diesem »Überhören« gemeint ist. Ich weiß bis heute nicht einmal, was wer oder wer was überhört oder ob der Beobachtete oder der Beobachter überhört, wobei letzteres eigentlich nicht sein kann, denn ich nehme an, daß der gerade nichts überhört, jedenfalls nichts Unangenehmes. Der Präsident blieb lange bei mir, und ich glaube fast, er machte mir beim Abschied ein Kompliment, als er sagte, ich mache zwar fast alles anders, als er es gewohnt sei, er habe bei mir aber einen interessanten Tag verbracht. In dem schriftlichen Zeugnis hieß es dann dazu: »Des Richters Verhandlungsführung erstarrt nie in Routine, wirkt vielmehr frisch und lebendig. Durch seine freundliche, aufgeschlossene, mitunter humorvolle Art gelingt es ihm, in den zu vernehmenden Personen eine etwa vorhandene Befangenheit abzubauen ... Dabei gerät jedoch nie in Vergessenheit, daß die Beteiligten vor einem Strafgericht stehen.«

Eigentlich fand ich es recht merkwürdig, daß ich nach zwanzig Jahren im Justizberuf und nach zehn Jahren Amtsrichterdasein noch ein Zeugnis erhalte, das heißt, ein amtliches Zeugnis, denn sonst wird man ja, wenn man so in der Öffentlichkeit arbeitet, ständig und immer wieder von allen und jedem beurteilt. Eine Zeitlang dachte ich daran, das Zeugnis, das also das letzte amtliche war, das ich überhaupt je erhalten habe, an die Tür meines Sitzungssaals zu heften: »Hier bedient Sie ...«, habe das aber dann doch unterlassen, man soll nichts übertreiben.

Das Zeugnis schreibt sich natürlich auch über meine schriftlichen Urteile aus, und zwar in dem Sinne, daß sie etwas Besonderes seien. Es heißt dort: »Des Richters schriftliche Urteile verraten ein gesundes strafrichterliches Judiz, entsprechen allerdings in Form und Inhalt im allgemeinen nur wenig dem herkömmlichen Bild. Der Richter wählt in ihnen Formulierungen, die aufgrund ihrer Farbigkeit und Anschaulichkeit zwar von den Verurteilten ohne Schwierigkeiten verstanden werden dürften, jedoch weniger juristischem als journalistischem Stil entsprechen.« Ich weiß nicht genau, aber ich könnte mir vorstellen, daß diese Ausführungen später mit dazu beigetragen haben, wenigstens achtzig meiner vielleicht achttausend Urteile öffentlich, in meinem Buch »Recht so«, zugänglich zu machen.

Ich hatte mich, als ich das Zeugnis bekam, entschlossen, es als uneingeschränktes Lob anzusehen und nicht auf Orakel hin zu untersuchen oder untersuchen zu lassen. Was das Orakel angeht, so gibt es nämlich weitverbreitet eine Zeugnis-Orakelei. Die besteht darin, daß in dem Zeugnis so geschrieben wird, daß man zunächst einmal denkt, das ist aber schön, und sich freut. Der Kenner aber weiß, in Zeugnissen, übrigens nicht nur in solchen bei der Justiz, werden die Worte und

Sätze in einer Art Geheimsprache so gewählt, daß der mit der Orakelei Vertraute sofort erkennt und übrigens auch erkennen soll, was in Wahrheit gemeint ist. Das ist dann oft das schiere Gegenteil dessen, was der Gutgläubige oder der in dieser Geheimsprache Ungeübte dem Zeugnis entnehmen zu können meint. Da wird gelobt, aber das Lob ist gar kein Lob, es ist vielmehr hinterhältige Gemeinheit. Jeder kennt die Zeugnis-Wendung »... er bemühte sich«. Die Hinterhältigen schreiben und lesen das als »... aber er schaffte es nicht«. Diese Variante ist noch recht leicht zu durchschauen, denn wenn jemand etwas wirklich geschafft hat, brauchte man sein Bemühen doch nicht so herauszustellen.

In einem Zeugnis, das irgendein Oberstaatsanwalt während meiner Zeit als Probe-Staatsanwalt mir zu geben sich nicht hat enthalten können, stand der Satz: »Bei seinen Mitarbeitern ist er beliebt und geschätzt, seinen Vorgesetzten gegenüber verhält er sich natürlich und korrekt.« Ich fand das schön, stolz zeigte ich es den Kollegen. Einer klärte uns auf: »Weit gefehlt, da ist fast nichts positiv. Ja, bei den Mitarbeitern, da ist der Warnstädt beliebt und geschätzt. Stimmt doch, ist er ja, bei mir auch. Aber bei den Vorgesetzten, bei denen eben nicht, das sind ja keine Mitarbeiter. Sonst würde es heißen, bei seinen Mitarbeitern und bei seinen Vorgesetzten ...«

Ich höre das mit Erstaunen, glaube zu verstehen, versuche mich zu trösten, indem ich sage: »Aha, schade, muß mich demnächst darum etwas mehr kümmern. Aber daß ich mich den Vorgesetzten gegenüber natürlich und korrekt verhalte, darüber darf ich mich doch nun wenigstens uneingeschränkt freuen. Denn was wäre denn schöner als natürliche Korrektheit oder korrekte Natürlichkeit.« Unser Mentor seufzt: »Mein Gott, ist der Warnstädt zurückgeblieben. Natürlichkeit ist doch das Letzte, was hier verlangt wird. Wer sich Vorgesetzten gegenüber natürlich benimmt, benimmt sich natürlich falsch. Aber verzweifle nicht, du benimmst dich wenigstens trotz alledem noch korrekt, das heißt, man kann deine Natürlichkeit irgendwie denn doch noch ertragen.«

Ich habe diese Hinterhältigkeit nie mitgemacht. In den Zeugnissen für meine Referendare habe ich ihnen klipp und klar gesagt, was ich von ihnen halte. Aber auch schon vor dem Zeugnis habe ich damit nicht hinter dem Berg gehalten, auch damit nicht, daß ein Referendar klugerweise auf gewisse Eigenheiten des Ausbilders eingehen sollte. Was das angeht, so kenne ich die meisten meiner Eigenheiten und breitete sie auch hemmungslos aus, so daß man sich einrichten konnte. Man wußte, daß ich es nicht aushalten kann, wenn »König« nicht »Könich« gesprochen wird, wie es richtig ist, sondern »Könick«, wie es falsch ist und wie es sich wohl gerade deswegen immer weiter ausbreitet. Wer das nicht verstehen kann, gehe mal zum Bahnhof Zoologischer Garten und höre sich an, wie es sich anhört, wenn angesagt wird, daß der Regionalexpreß »Einundzwanzickzweiunddreißick fünfundzwanzick« Minuten Verspätung hat. Und man hört das immer und immer wieder, denn viele Züge haben »ständick« Verspätung, wobei man allerdings manchmal Glück hat und zusätzlich erfährt, daß die Verspätung nur »voraussicktlick« eintreten werde. Meinen Referendaren konnte auch nicht verborgen bleiben, daß ich meine, es sei eine Bildungslücke, wenn man in der ehemaligen Hauptstadt Preußens nicht alle ehemaligen Hauptstädte der ehemaligen preußischen Provinzen kennt. Und sie wußten auch, daß es hier »Sonnabend« heißt und nicht »Samstag« und daß ich mich jeden Sonnabend freue, daß »Tagespiegel«, »Berliner Morgenpost« und »Berliner Zeitung« tatsächlich noch immer am Sonnabend und nie am Samstag erscheinen.

Fallen mir Zeugnisse, die ich Referendaren gegeben habe, in die Hände, so fallen mir die Referendare fast immer gleich dazu ein, weil ich eben keine orakelhaften Zeugnisse geschrieben habe. So ersteht vor meinem inneren Auge beispielsweise der Referendar, dem ich bescheinigt habe, daß er »steifleinern« sei. Der Referendar tat so, als verstehe er gar nicht, was ich meinte, aber seine Freundin rief mich an und sagte, sie sei froh, das nun zwischen ihm und ihr endlich diese von ihr schon lange kritisierte unangenehme »Steifleinernheit« mit Erfolg diskutiert werde. Ich weiß auch noch, wie die Referendarin aussah, der ich ins Zeugnis schrieb: »Der persönliche Umgang mit der Referendarin kann ganz entspannt sein, manchmal stört allerdings eine gewisse demonstrative Damenhaftigkeit«. Herr Reuter ruft an, der Referendargewaltige des Gerichts: »Damit wir uns nicht mißverstehen, meinen wir dasselbe? Mir fallen bei Ihrer Bemerkung einige Damen meines Tennisclubs ein ...« Einem Referendar bescheinigte ich beneidenswerte Intelligenz. Ganz nebenbei erfahre ich am letzten Tag der Ausbildung, daß sein Vater Vorsitzender Richter am Kammergericht sei. Ich frage: »Warum haben Sie mir das nie gesagt? Ist doch ganz interessant, das zu erfahren, außerdem wissen Sie doch, daß ich neugierig bin.« Er sagt: »Ich dachte, besser nicht. Ich weiß doch, was Sie vom Kammergericht halten.« Wenn das nicht beneidenswerte Intelligenz ist! Der Mann ist mittlerweile mein besonderer Freund und bearbeitet als Rechtsanwalt alle meine Rechtssachen und auch die meiner Freunde und Freundinnen.

Als ich eines Morgens den Gerichtssaal betrat, saß da eine junge Dame, brütete vor sich hin und verbreitete unsäglichen Mißmut. Ich war nicht überrascht, man hatte mich vorbereitet. Die Frau war bislang bei einem Kollegen zur Ausbildung gewesen, es war aber ganz und gar nicht gut gegangen mit den beiden, es soll schließlich sogar häufig beidseitig sehr laut geworden sein. Der Referendargewaltige des Gerichts schickte die Referendarin nun zu mir, vielleicht vor allem deshalb, weil er wußte, daß der Kollege und ich auch nicht auf gutem Fuß miteinander standen. Die Referendarin blickte kurz auf, und man sah ihr an, daß sie bei meinem Anblick dachte: »Ach du lieber Gott, schon wieder so eine grauhaarige juristische Existenz, komme also vom Regen in die Traufe, kann ja heiter werden ...«

Es wurde auch heiter. Drei oder vier Monate später schrieb ich ihr ins Zeugnis: »Die Referendarin ist eine besonders helle Berlinerin in dem angenehmen Sinne. Sie hat eine schnelle Auffassungsgabe, kann zwischen den Zeilen lesen und hinter die Worte hören, womit beim Amtsrichter in Strafsachen schon fast alles gewonnen ist. Binnen kurzem konnte sie in und nach den Hauptverhandlungen überraschend zutreffend Entscheidungsvorschläge machen. Ihre schriftlichen Arbeiten zeigten nicht ganz diese Qualität, aber das ist zum einen Übungssache und wohl zum andern auch Produkt der üblichen Ausbildung, die sich im allgemeinen ja weniger durch Hinführen zu Treffsicherheit und vernünftiger Umsicht als vielmehr durch sogenannte Examenserfordernisse auszeichnet ... Ihre Leistungen bewerte ich mit einem ›Gut‹.«

Eines Tages überwand sich der Kollege, bei dem die Referendarin, wie gesagt, zuvor gewesen war, und kam zu mir und fragte mich, wie ich denn mit ihr ausgekommen sei. Ich zeigte dem Kollegen kommentarlos das Zeugnis. Beim »Gut« angekommen, blickte er mich strafend an, las aber weiter. Als er den letzten Satz des Zeugnisses gelesen hatte, verließ er grußlos mein Zimmer. Der letzte Satz lautete: »Im persönlichen Umgang ist die Referendarin schnörkellos und immer angenehm.« Mit seinem gruß- und wortlosen Abgang bewies der Kollege Größe, jedenfalls Beherrschung, denn unser Umgang miteinander war zwar auch immer schnörkellos, aber nie angenehm.

Haftverschonung

Eine rauhe Stimme sagt am Telefon: »Meinen Namen brauche ick Ihnen gar nicht nennen, Sie kennen mich sowieso nich, und da is ooch jar keen Anlaß, det ick Ihnen persönlich kennenlernen muß ...« Ich frage: »Warum rufen Sie mich denn da an?« Die rauhe Stimme sagt: »Kennen Sie Sven Baumeister und seine neue Freundin Beate Serkel? Für die rufe ick an, gegen die soll wat bei Ihnen vorliegen.«

Man ahnt, der Anrufer ist Sven Baumeister selber. Ein paar Tage vorher hatte ein Rechtsanwalt angerufen und sich nach dem Verfahren erkundigt. Ich hatte ihm gesagt, daß ich dabei sei, gegen beide Angeschuldigte Haftbefehl zu erlassen. Der Sven Baumeister, den ich noch nicht kannte, hatte bei vielen Vorstrafen eine so deutliche Strafe zu erwarten, daß nicht zu erwarten war, daß er zur Hauptverhandlung kommen werde, und die Beate Serkel, die ich gut kannte, hatte mich früher schon mal sitzen lassen, das vergißt man nicht. Ich sage dem »Unbekannten«: »Was da vorliegt, darf ich Ihnen eigentlich gar nicht sagen. Aber ich mache bei Ihnen mal eine Ausnahme. Sollten Sie die beiden zufällig sehen, so sagen Sie ihnen doch bitte, daß es sein könnte, daß ein Haftbefehl besteht. Ich mache einen nützlichen Vorschlag: Die beiden kommen am nächsten Freitag Punkt Neun zu mir in den Sitzungssaal 672.« Der »Unbekannte« sagt: »Aber werden die da nicht gleich am Eingang verhaftet?« Ich sage: »Vielleicht, Herr Baumeister, vielleicht auch nicht. Jedenfalls, bringen Sie Beate mit!«

Die beiden kommen. Punkt Neun gucken sie durch die Tür.

Ich winke sie herein. Sie treten ein und nehmen sofort im »Kasten« Platz. »Kasten« nenne ich den Spezialplatz für Gefangene. Er ist mit einer kleinen Barriere versehen, und hinter ihm ist eine Tür. Geht man durch diese Tür, kommt man in eine andere Welt. Kein Ausgang mehr, nur noch verschlossene Türen, Gänge von links, Gänge von rechts, Stufen rauf, Stufen runter und schließlich am Ende des Hauptgangs, in den alles mündet, das große Tor, nicht das von Kiew und auch nicht die Hohe Pforte, sondern die Eisentür des A-Flügels von Moabit, hinter der das Gefängnis beginnt, im Amtsjargon genannt Justizvollzugsanstalt, abgekürzt JVA Moabit.

In diesem »Kasten« also nehmen meine morgendlichen Besucher unaufgefordert Platz, womit sie zu erkennen geben, sie sind im Bilde. Beide blicken mich erwartungsvoll an, ich sage: »Noch nicht, nur Geduld ... Ich habe erst noch ein paar kleinere Hauptverhandlungen, danach sind Sie dann dran.« Die beiden nicken, sie gucken, sie hören zu, zum ersten Mal nehmen sie an einer Verhandlung teil, ohne daß sie die Angeklagten sind, und man merkt, sie folgen dem Geschehen mit Interesse. Manchmal begegnen sich unsere Blicke, aber wir sagen kein Wort zueinander. So geht das bis in die Mittagsstunden. Dann bin ich fertig und wende mich ihnen zu. Sie gucken mich an, ich gucke sie an, sie haben so eine Situation noch nicht erlebt, ich aber auch nicht, was die beiden allerdings nicht wissen. Sie fragen: »Müssen wir jetzt hierbleiben?« Aber sie ahnen schon, sie müssen nicht. Was sie jedoch müssen, ist, nächsten Freitag wiederkommen, wieder Punkt Neun, Sitzungssaal 672.

Die Sache ist in das Gewand der Haftverschonung gekleidet. Sitzt jemand in Untersuchungshaft oder soll jemand in Untersuchungshaft kommen, so kann der Richter anordnen, daß die Untersuchungshaft beendet wird oder denn doch gar nicht erst beginnt, wenn es scheint, daß der Fortgang und der Sinn des Verfahrens auch ohne weitere Haft gesichert sind, wenn man insbesondere annehmen kann, daß der Beschuldigte ganz sicherlich zur Hauptverhandlung kommen werde. Manchmal wird den Beschuldigten in diesem Fall eine Kaution abgeknöpft, immer aber müssen sie sich ein bis zwei Mal die Woche bei der Polizeistation melden, die dann eine Strichliste führt und Bescheid sagt, wenn die Leute sich nicht melden, woraufhin die Haftverschonung dann widerrufen wird und alles wieder von vorn losgeht. Bei mir gab es wenig Haftverschonung. Ich fand es immer besser, wenn nun schon mal Untersuchungshaft angeordnet war, sie auch zu vollziehen. Zum einen pflegt die Untersuchungshaft ja nicht ohne zwingende Gründe angeordnet zu werden, und zum andern habe ich sie auch immer dazu benutzt, den Leuten den Ernst der Lage einzubleuen. Für diese harte Haltung wollten mich manche schelten, was sich allerdings sofort änderte, wenn sie erfuhren, daß ich sozusagen als Ausgleich dafür in fast jedem Fall so schnell wie nur irgend möglich in die Hauptverhandlung gegangen bin. Tatsächlich, damit waren viele einverstanden, denn nur in der Hauptverhandlung erfährt man, woran man ist, und das ist ja doch ein ganz besonderer Wert, der fast jedem einleuchtet. Habe ich ohnehin überhaupt wenig Haftverschonungen ausgesprochen, so niemals eine gegen Kaution. Geld für Freiheit, das fand ich himmelschreiend ungerecht denen gegenüber, die, aus welchen Gründen auch immer, nicht so viel Geld haben, um sich damit freikaufen zu können.

Also, Sven und Beate kamen nicht ins Gefängnis, ich verkündete ihnen zwar den Haftbefehl, gab ihnen aber unter der Bedingung Haftverschonung, daß sie nächsten Freitag wieder erschienen. Und sie kamen, setzten sich in ihren »Kasten« und sagten brav: »Guten Morgen, Herr Richter, da sind wir.« Am dritten und vierten Freitag hatte sich die Sache schon so eingespielt, daß »Fräulein Diana«, wie ich meine liebenswürdige Protokollführerin nannte und nennen durfte, unaufgefordert ins Protokoll aufnahm: »Wieder erscheinen Sven Baumeister und Beate Serkel, wünschen dem Richter einen Guten Morgen und sagen, daß sie am nächsten Freitag wiederkommen.« Am fünften oder sechsten Freitag stand der Hauptverhandlungstermin fest. Die beiden wurden gleich mündlich geladen, Papier überflüssig, und Beate sagte: »Wieder ein Freitag, sogar der dreizehnte, bringt uns bestimmt Glück.«

Als die Hauptverhandlung am Dreizehnten vorbei ist, tritt Baumeister noch mal an den Richtertisch heran: »Darf ich Sie noch etwas fragen?« Ich sage: »Natürlich, aber ich dachte eigentlich, Sie hätten alles verstanden ...« Er sagt: »Habe ich auch, aber mich interessiert: Machen Sie das immer so mit den Haftbefehlen und dem Melden bei Ihnen im Sitzungssaal und überhaupt?« Ich sage: »Nein, das habe ich zum ersten Mal so gemacht. Es schien mir in Ihrem Fall das Richtige zu sein. Ich darf behaupten, daß es meine Spezialität ist, jeden Fall und jede Person speziell zu behandeln.« Baumeister denkt nach und sagt dann: »Hat uns gut gefallen, Ihre Spezialität.« Ich sage: »Mir auch, kommen Sie bald wieder!« Da mischt sich Beate ein und ruft von der Tür: »Na, det nu lieber doch nich!«

Mentalitäten

Eine gewisse Art von Straffällen tauchte immer wieder auf, ich nannte sie »Schalterfälle«. Jeder kennt so etwas. Ein Mann will am Fahrkartenschalter des Bahnhofs Zoologischer Garten eine Fahrkarte kaufen, aber es gelingt ihm einfach nicht. Der Mann gerät in Wut und der Kaufversuch endet in einer Flut von Schimpfwörtern, mit der der Mann die Schalterfrau überzieht.

Hatte ich »Schalterfälle«, so fiel mir immer Tucholsky ein: »Ein deutsches Schicksal – vor dem Schalter zu stehen, ein deutsches Ideal – hinter dem Schalter zu sitzen.« Nun, Schalter gibt es überall auf der Welt, und vor ihnen zu stehen, ist wohl überall nicht gerade das angenehmste. Ob deutsche Schalter besonders unangenehm sind, weiß ich nicht, man kommt mit ihnen eben nur am häufigsten in Berührung. Einmal stand ich vor dem Schalter eines Reisebüros der australischen Hauptstadt Canberra. Ich wollte nach Sydney und fragte und fragte und hakte nach und hakte nach, ganz so, wie ich es aus Deutschland gewöhnt bin, wo man nichts freiwillig bekommt, wo man sich alles vom Schalter erkämpfen muß. Da griff ein Freund ein. Der ist Antipode, aber auch Kenner der Deutschen, denn er lebt seit langem in Deutschland. Der sagte zu mir: »Laß ab! Dies ist kein deutscher Schalter, hier kämpft man nicht. Die Frau hat dir alles gesagt, was sie weiß. Weiteres Fragen ist nicht nur überflüssig, sondern sogar falsch, wird nicht verstanden, wird als völlig unangebrachte Kritik aufgefaßt.«

Richtig, das hätte ich wissen müssen: Im britischen Kulturkreis kritisiert man nicht. Gefällt einem etwas nicht, schweigt man, das ist beredt genug. Ich wurde kürzlich daran erinnert, als ich – übrigens zum ersten Mal in meinem Leben – ein Konzert des Philharmonischen Orchesters Berlin in der Pause verließ. Da hatte der Engländer Roger Norrington, genauer: Sir Roger Norrington, Mozart dirigiert, und ich fürchtete, da noch eine weitere Mozart-Sinfonie auf dem Programm stand, auch für den zweiten Teil des Abends Schlimmes, was allerdings der überhaupt nicht wird verstehen können, der nie Otmar Suitner oder Rolf Reuter hat Mozart dirigieren hören. Beim Hinausgehen fiel mir ein, daß ich vor Jahren mal mit Engländern Colin Davis, genauer: Sir Colin Davis, habe Mozart dirigieren hören und danach spontan sagte: »An Colin Davis merkt man, daß Engländer nichts für Mozart sind, daß Mozart nichts für Engländer ist.« Alle erschraken, so etwas sagt man nicht in Gegenwart von Engländern, nie und nimmer. Aber nun war es geschehen, so sind die Deutschen eben, ihre Unverblümtheit ist auch so einer der Gründe, warum man die Deutschen in England eigentlich nicht ausstehen kann, was der gemeine Deutsche allerdings, nebenbei bemerkt, nicht auch nur im geringsten zu ahnen scheint. Nach meiner zugegebenermaßen unüblichen, jedoch zutreffenden Bemerkung geschah etwas, was beinahe noch ungewöhnlicher war als meine Bemerkung selbst. Einer der Engländer antwortete, überging meinen Fehltritt also nicht mit dem eigentlich üblichen tödlichen Schweigen. Er sagte: »I don't agree in the least.« Nachdem man mir das mit »damit bin ich aber überhaupt nicht einverstanden« übersetzt hatte, wußte ich, daß meine Mozart-Bemerkung tief getroffen hatte, denn schärfer kann ein Engländer in Worten nicht erwidern.

Mein Freund hatte mit seiner Bemerkung über britische Schalter also recht, aber auch seine Einschätzung der deutschen Schalter war zutreffend: an deutschen Schaltern wird gekämpft. Der, der hinter dem Schalter sitzt, übt Macht aus, will Macht ausüben.

In dem Fahrkartenschalter-Fall vom Bahnhof Zoologischer Garten hatte einer meiner beiden Schöffen das klar erkannt. Als wir uns bei der Beratung fragten, warum denn der Angeklagte so aus der Fassung geraten konnte, daß er vor dem Schöffengericht landete, sagte der Schöffe: »Die Frau hinter dem Schalter wollte einfach ihre Macht ausspielen.« Als ich dem Schöffen daraufhin mein Tucholsky-Zitat aufsagte, war er von Tucholsky, von dem er bislang noch nicht einmal den Namen gehört hatte, begeistert.

Unser Angeklagter war rund vierzig Jahre alt, gebürtiger Ägypter, zwar schon zwanzig Jahre in Deutschland, aber seine Explosion zeigte, daß er immer noch kein Mittel gefunden hatte, die Schaltermacht zu überwinden. Das muß man nämlich richtig lernen, vielleicht sogar von Kindesbeinen an. Wehe dem, der's nicht kann, der hat viele unfrohe Stunden, denn Schalter gibt es mehr als genug. Es gibt aber auch viele Möglichkeiten, die Schaltermacht zu überwinden. Ich habe darin Erfahrung, denn zum einen arbeitete ich fast mein ganzes Leben in einer größeren Beamtenansammlung, und mehr oder weniger ist jeder Beamte sozusagen sein eigener Schalter. Und zum anderen lebte ich im Osten und im Westen Deutschlands, vornehmlich in Berlin, da gab es auf engem Raum Ost- und Westschalter sogar gleichzeitig.

Im April 1986 machte ich mich mit drei Freunden von Berlin (West) / Westberlin nach Kühlungsborn auf, damals DDR, Bezirk Rostock, heute Bundesland Mecklenburg-Vorpommern. Man konnte damals als »Westler« über das Reisebüro der DDR, vermittelt durch das DER-Reisebüro, Wochenreisen in die DDR buchen, nach Wernigerode, nach Stralsund, nach Bad Schandau, nach Friedrichroda und eben auch nach Kühlungsborn. Wir vier kamen mit der S-Bahn vom Westen zum Bahnhof Friedrichstraße. Ich hatte als erfahrener »Ost«-Reisender die Papiere besorgt und verteilte sie jetzt an meine Mitreisenden, denn nun war es soweit, wir mußten an die Einreise-Schalter, um, wie das so schön bezeichnend heißt, abgefertigt zu werden. Es war Sonnabend, eine Riesenschlange schob sich langsam den Schaltern der Grenzorgane zu. Da sehe ich, wie einer meiner mitreisenden Freunde kreidebleich wird. Er sucht aufgeregt alle seine Taschen durch und, immer hektischer werdend, dann auch noch die Erde ab. Er gesteht, er habe die Einreisepapiere verloren. Jeder erschrickt, aber jedem ist auch klar, kein Wunder bei der Aufregung und bei dem Gedränge, und außerdem ist der Mann auch noch Künstler und als solcher jedem Papierkram sozusagen schon von Natur aus abhold.

Nun ist alles aus, Kühlungsborn im Eimer, natürlich für alle vier, denn man kann ja schlechterdings nicht einen zurücklassen. Für zwei, einer davon der Künstler, war das besonders traurig, denn sie waren aus Baden-Württemberg, und für solche, die zuvor noch nie »Kühlungsborn« gehört hatten, war dies die exotischste Reise, die man sich vorstellen kann, vergleichbar mit Mond oder Sibirien oder zumindest Wladiwostok. Bei »Wladiwostok« kann ich nicht unterdrücken zu erzählen, daß ich mich jedesmal, wenn mir in einer Hauptverhandlung einer sagte, er sei »aus dem Osten«, sagen hörte: »Also, Sie sind aus Wladiwostok!« Wladiwostok nämlich, das ist für mich richtiger Osten, nicht etwa Kühlungsborn, Finsterwalde oder gar Friedrichshain, was ja gern und falsch »Osten« genannt wurde und, man glaubt es kaum, zuweilen auch heute noch so genannt wird. »Wostok« ist übrigens russisch und heißt zu deutsch »Osten«.

In mir gibt es einen Ruck, Kühlungsborn darf nicht sterben. Ich lasse meinen Blick über all die Amtspersonen schweifen, die dort die Massen beaufsichtigen, und fasse einen »VoPo«, wie die »Westler« damals die Volkspolizisten nannten, instinktiv als Opfer ins Auge. Ich sage zu meinen Freunden: »Bleibt abseits, wartet, ich versuch es, aber ich muß allein sein.« Ich hole tief Luft, raffe alle meine Schaltererfahrungen zusammen, schreite zu meinem »Opfer« und sage: »Guten Morgen, Herr Offizier!« Der Mann schaut auf, er ist überrascht. Bevor er sich erholt, sage ich schnell: »Herr Offizier, Sie haben hier viel zu tun, das sehe ich. Aber schenken Sie mir doch bitte trotzdem einen Moment Ihrer Aufmerksamkeit!« Ich merke, der Mann hört zu, ich setze nach: »Bei uns ist ein dummes Problem entstanden, aber ich bin sicher, Herr Offizier, Sie können es lösen.« Der Mann sagt in dem melodisch fließendem Sächsisch, das ich so liebe: »Nu, worum handelt's sich denn?«

Den hatte ich gepackt durch Unterwürfigkeit. Ich hatte, ohne daß es mir weh tat, ohne Wenn und Aber seine Schaltermacht anerkannt, sogar noch erhöht, denn er war wahrscheinlich gar kein Offizier, das hatte sogar ich als völlig unmilitärischer Mensch erkannt. Der Zustand, in den ich ihn gebracht hatte, gefiel ihm, ich war auf dem richtigen Weg, und so führte mich »mein Offizier« in eines dieser geheimnisvollen Verließe der Abfertigungshalle, von denen man die Türen sah, aber immer nur rätseln konnte, was denn wohl dahinter sei. In dem Verließ saß ein anderer Uniformmensch. War meiner Offizier, so mußte das der Oberoffizier sein. Für den mußte ich mir jedoch gar nichts Schmeichelndes einfallen lassen, denn »mein Offizier« schilderte dem »Oberoffizier« unser Problem so wohlwollend, daß unsere kleine Reisegruppe alsbald an der ganzen Warteschlange vorbei war und noch den Zug nach Kühlungsborn erreichte. Wir hatten wunderschöne Tage in Kühlungsborn, wenn auch am dritten Tag Tschernobyl ausbrach.

JVA und LZA

Es gibt zwei Wörter, die für mich ganz besonders den Inbegriff des Bürokratendeutsch verkörpern. Das eine Wort ist Justizvollzugsanstalt, abgekürzt JVA, für Gefängnis, und das andere ist Lichtzeichensignalanlage, abgekürzt LZA. Ich bin immer hingerissen, wenn ich lese »die LZA strahlte rotes Licht ab«. Und wenn ich diesen Satz im Gerichtssaal hörte, dann fragte ich immer, was das denn sei, eine »LZA«, die da abstrahle. Es fand sich immer einer, der mir erklärte, mit »LZA« bezeichne man amtlich eine Verkehrsampel. Es fand sich aber nie einer, der mir erklärte, warum man denn auch amtlich nicht einfach Verkehrsampel sagen könne. Vielleicht, so vermute ich, ist der Grund der, daß der Satz »die Ampel zeigt Rot« so gar nichts hermacht im Vergleich zu »die Lichtzeichensignalanlage strahlt Rot ab«. Bei Leuten, die wenig im Kopf haben, muß immer was her, was was hermacht. Ich erinnere mich mit Mißvergnügen an einen Herren Beamten, der mir davon sprach, warum es nötig sei, diese oder jene Gebühr »anzuheben«. Als ich ihn fragte, warum er denn nicht schlicht sage, die Gebühr werde »erhöht«, hielt er mich für so dämlich, daß er mir den Unterschied zwischen »anheben« und »erhöhen« erklären wollte.

Zeigt eine Ampel Rot, so bedeutet das nach der Straßenverkehrsordnung (StVO) bedingungslos »Halt«. Für Autos und Motorräder ist das ohne weiteres einzusehen, sie entfesseln ungeheure Kräfte, denen nur durch bedingungsloses Einhalten von Regeln ein gewisser Einhalt geboten werden kann. Anders Fußgänger! Fußgänger sind nicht gefährlich, es ist vielmehr für sie gefährlich. Sie sind allein durch ihren Aufenthalt auf der Straße gefährdet. Besonders an den Straßenkreuzungen ist das der Fall, egal, ob da »Rot« oder »Gelb« oder »Grün« abgestrahlt wird. Die Ampeln sind häufig so geschaltet, daß die Fußgänger bei »Grün« höchstens die Mittelinsel erreichen und dann dort dem Verkehrsgebraus vorn und hinten lebensgefährlich ausgeliefert sind. Kommt dann nach einiger Zeit »Grün«, rasen sie erleichtert los und haben Glück, wenn sie von den Autos, die jetzt noch vorbeirasen, nicht erfaßt werden, von denen nämlich, die – Wortschöpfung des Bayerischen Obersten Landesgerichts – bei »Spätgelb« noch über die Ampel gefahren sind, ganz zu schweigen von denen, die bei »Rot« rüberfahren und von denen es immer mehr gibt.

Das muß man sehen, daß »Grün« allein dem Fußgänger keine Sicherheit gibt. Ich habe mir deshalb angewöhnt, dann die Straße zu überqueren, wenn kein Auto kommt, einerlei, welche Farbe »abgestrahlt« wird. Ich nenne das materiale Sicht der Dinge und finde es geradezu hanebüchen, wenn Leute an der Ampel stehenbleiben, nur weil »Rot« ist, aber weit und breit kein Auto zu sehen. Kommt dann »Grün«, gehen sie los, gucken nicht links oder rechts, es ist ja »Grün«. Kommt dann ein »Spätgelber« oder gar ein »Roter«, sind sie überrascht, verletzt oder tot. Einmal dachte ich, ich hätte eine Staatsanwältin beim morgendlichen Gang vom U-Bahnhof Turmstraße durch den Kleinen Tiergarten zum Kriminalgericht von meiner materialen Sicht der Dinge so überzeugt, daß ich sie an der Wilsnacker Straße einfach am Arm nahm und mit ihr über die Fahrbahn ging. Fast auf der Fahrbahnmitte bemerkte sie das »Rot«. Sie riß sich los, rannte zurück und sagte zu mir vorwurfsvoll: »Aber hören Sie, Ihre materiale Sicht zeigt vielleicht die Unabhängigkeit des Amtsrichters, aber ich bin Staatsanwältin, noch dazu für Straßenverkehrsdelikte!«

Stehen indes kleinere Kinder an der Ampel, bleibe ich meist brav stehen, es sei denn, ich habe die Gelegenheit, meine materiale Sicht der Dinge kindgerecht auszubreiten. Das ist schon vorgekommen, aber meist fehlt denn doch die Zeit dafür, obwohl die »Rot«-Phasen für Fußgänger üppig bemessen sind.

Eines Abends war ich auf dem Weg zu Freunden in der Sächsischen Straße. An der Kreuzung der Düsseldorfer mit der Emser Straße strahlte die LZA für mich rotes Licht ab. Obwohl weit und breit kein Auto kam, blieb ich folgsam stehen.

Laut sagte ich zu meinem Begleiter: »Wir verzichten hier auf die materiale Sicht der Dinge, wir achten Geßlers Hut, denn neben uns steht ein Vater mit zwei unmündigen Kindern. Die würden uns nicht verstehen, wenn wir jetzt bei ›Rot‹ über die Straße gingen.« Da sagt der Vater der zwei unmündigen Kinder aus der Dunkelheit heraus: »Ich verstehe Sie schon, und an Ihrer Bemerkung erkenne ich Sie auch, Sie sind Herr Warnstädt vom Amtsgericht Tiergarten.«

Man wird verstehen, daß ich immer darauf geachtet habe, mit dem motorisierten Straßenverkehr so wenig wie möglich in Berührung zu kommen, und in Moabit wollte ich schon gar nichts mit den Verkehrsstrafsachen zu tun haben. Es gibt in Moabit/ Kirchstraße dafür dankenswerterweise Spezialkollegen, und die scheinen mit dem Gegenstand ihrer Arbeit offenbar alle zufrieden. Um so besser, ging der Kelch an mir vorüber. Aber manchmal muß man einspringen. Ich denke, ich war zwei Mal dran, jedenfalls sind mir zwei Gastspiele dort in der Kirchstraße in Erinnerung geblieben, und ich darf annehmen, den anderen Beteiligten auch.

Der eine Fall liegt schon lange zurück, mir ist aber alles noch wie heute. Es ging um Sachbeschädigung (§ 303 StGB) und um Unfallflucht (§ 142 StGB). Ein Ehepaar war am Sonnabend-Morgen mit dem Auto aus Rudow nach Neukölln gekommen, um auf der Karl-Marx-Straße einen Einkaufsbummel zu machen. Als sie zu ihrem Auto zurückkommen, müssen sie feststellen, daß der linke Seitenspiegel ihres Autos beschädigt ist. Bevor noch Verzweiflung ausbrechen kann, naht Trost in Gestalt eines alten Mannes. Der alte Mann hat einen Zettel in der Hand, und zwischen ihm und dem Rudower Ehepaar entwickelte sich ein Gespräch, das man in der Hauptverhandlung ganz gut rekonstruieren konnte. Der alte Mann sagte: »Ein VW-Bus war es. Die sind beim Ausparken gegen Ihren Spiegel gefahren und dann auf und davon. Ich habe hier die Autonummer notiert, warte schon gute zwei Stunden auf Sie.« Das Rudower Ehepaar antwortete: »Das ist wirklich schön von Ihnen. Und daß Sie so lange gewartet haben ...« Der alte Mann unterbricht und sagt: »Ja, das hat mich geschlagene zwei Stunden gekostet, in denen ich vielleicht ...« Das Rudower Ehepaar wittert offenbar eine Geldforderung und sagt schnell: »Sie hätten Ihren Zettel ja aber auch einfach hinter unseren Scheibenwischer klemmen können.« – »Nein«, sagt da der alte Mann, »in dieser Gegend hier nicht. Sie wissen wohl nicht, wieviel Türken hier wohnen.« Als da das Rudower Ehepaar fragt: »Also waren es Türken?« sagt der alte Mann: »Nein, Türken waren es nicht, ich meine nur so. Es war ein mittleres blondes Ehepaar.«

Die Polizei wird gerufen und kommt. Der Fall wird aufgenommen. Man ermittelt per Funk den Halter des »schädigenden Kraftfahrzeugs«. Es ist eine junge Frau aus Lichtenrade. Ein zweiter Funkwagen wird benachrichtigt. Der rast zur Wohnung der Halterin nach Lichtenrade. Er trifft die Halterin an oder auch nicht, was weiß ich, jedenfalls zähle ich in der Hauptverhandlung, in die ich also hineinspringen muß, zwölf Personen, die sich da vor mir und dem Staatsanwalt, dem Protokollführer und dem Wachtmeister versammeln:

Zunächst sind da die beiden Angeklagten, ein mittleres blondes Ehepaar aus Bielefeld, das sich das Auto während eines Berlin-Besuchs von seiner Tochter in Lichtenrade, die auch erschienen ist, ausgeliehen hatte und das sofort laut verkündet, es habe von der ihm zur Last gelegten Zerstörung des Autospiegels nichts, aber auch überhaupt nichts bemerkt, alles sei pure Verleumdung. Mit jedem der beiden Angeklagten ist ein Verteidiger erschienen. Beide Angeklagte waren offensichtlich rechtsschutzversichert, indes waren beide Verteidiger aus Berlin, nicht etwa aus Bielefeld angereist, was immerhin auch möglich gewesen wäre. Dann das Ehepaar aus Rudow, dessen Einkaufsbummel so schmerzlich hatte enden müssen. Dann der alte Mann mit dem Zettel und schließlich sage und schreibe vier Polizisten, nämlich die beiden, die in Neukölln den Unfall aufgenommen, und die beiden, die dem »schädigenden Fahrzeug« nachgestellt hatten.

Ich sitze versteinert. Lange Zeit und noch länger. Als das lange Schweigen selbst mir unerträglich wird, hebe ich zu einer meiner zugleich beliebten und gefürchteten Reden an. Ich sage: »Kann das denn wahr sein? Träum ich oder wach ich? Kostenpunkt 112,60 DM und deswegen das hier ... In welche Welt bin ich geraten? Ist das hier Wahnsinn? Sieht keiner die Schiefigkeit, die schon darin liegt, daß so ein Ehepaar aus Rudow nicht einmal am Sonnabend-Vormittag mit der U-Bahn, die für vieles Geld gebaut worden ist, zum Einkaufsbummel auf den Neuköllner Boulevard fahren kann, sondern auch dann und unbedingt in seinem Auto kommen muß, wenn die Straßen doch noch voller sind als gewöhnlich mit jenem lackierten Blech, das sich Auto nennt und auch noch stinkt?«

Ich wäre gern so fortgefahren, aber ich sah in den Gesichtern, daß man nach dieser Rede eine Pause brauchte. Alle verließen den Saal, ich blieb allein zurück. Nach einiger Zeit kam der Wachtmeister, den kannte ich, der war mir gewogen, er schätzte solche Reden, er hielt sie wie ich für zuweilen dringend notwendig. Er sagte: »Stimmt ja alles, was Sie eben gesagt haben, alles ganz und gar auch meine Meinung. Aber soll ich Ihnen erzählen, was draußen los ist? Die haben sich alle zusammengetan, die Angeklagten, die Zeugen, auch die aus Rudow, selbst der Staatsanwalt steht dabei. Ich hörte jemand sagen, was ist denn das für einer, der Richter, wo lebt denn der, was macht denn der sonst. Und ein Verteidiger hat gesagt, er habe von Ihnen schon gehört, aber Sie, er müsse sagen Gott sei Dank, noch nie gesehen. Und der andere Verteidiger hat hinzugefügt, hoffentlich kommt der jetzt nicht öfter hierher, der hat ja gar kein Verständnis für uns.«

Mein zweites Einspringen beim Verkehrsstrafgericht war nur kurz. Als ich im Sitzungssaal erschien, war nur die Protokollführerin da, sie sagte: »Na, so etwas habe ich noch nicht erlebt. Als man hörte, daß Sie kommen, hat der Staatsanwalt zum Rechtsanwalt gesagt, er empfehle, den Einspruch gegen den Strafbefehl zurückzunehmen. Noch sei der Führerschein nicht eingezogen, aber wer Sie kenne, wisse, daß das gleich geschehen werde. Hier ist die Rücknahmeerklärung. Es sind schon alle gegangen, ich soll Sie schön grüßen, vom Staatsanwalt und auch vom Rechtsanwalt.« Auch vom Rechtsanwalt? Ja, wirklich, es ist derjenige, der in irgendeiner Hauptverhandlung bei mir vorgetragen hatte, viel sei zu Gunsten des Angeklagten, seines Mandanten, leider nicht vorzutragen, aber so viel sei denn doch gestattet: Sein Mandant habe kein Auto und bitte bei mir deshalb um mildernde Umstände.

Schein-Kenner

Da sagt der Staatsanwalt doch tatsächlich mitten in der Hauptverhandlung zu mir: »Sie sind als eingefleischter Junggeselle bekannt. Was wissen denn Sie von der Ehe ...« Ich erwidere auf diese seltsame Bemerkung: »Haben Sie mal daran gedacht, daß ich vielleicht deshalb so eingefleischt bin, weil ich so viel von der Ehe weiß?«

Es ging wieder einmal um Ehen, genauer gesagt um eine Ehe zwischen einem oder einer Deutschen und einem Ausländer oder einer Ausländerin. Solche Ehen sind in Deutschland unerwünscht. Das ist altes Erbgut. Die Deutschen wollen unter sich bleiben. Im alten Reichs- und Staatsangehörigkeitsrecht von 1913 verlor eine deutsche Frau, die einen Ausländer heiratete, ihre deutschen Rechte, und noch heute darf keiner deutscher Staatsangehöriger werden, bevor er nicht seine bisherige Staatsangehörigkeit aufgegeben hat. Vom Ausländeramt werden »gemischte Ehen«, sofern für den ausländischen Ehepartner eine Aufenthaltsgenehmigung beantragt wird, mißtrauisch betrachtet. »Scheinehen«, sagt man, könnten das sein, Ehen nur zu dem Zweck geschlossen, die Aufenthaltsgenehmigung zu erschleichen.

Nun ist es allerdings so, daß man sich nicht wagt, solche Ehen einfach als nicht existent anzusehen, denn dann käme man mit Artikel sechs des Grundgesetzes in Konflikt, der die Ehe, auch die mit einem ausländischen Partner, unter den besonderen Schutz der Verfassung stellt. So macht man es eben anders; soll etwas Unangenehmes erreicht werden, entwickelt ja sogar die Bürokratie Phantasie. Man geht meist so vor, daß man zunächst einmal die Aufenthaltserlaubnis erteilt, daß man aber zugleich die Ehepartner beobachten läßt, ob sie zusammenwohnen, einen gemeinsamen Hausstand führen. Denn das, so die durch nichts als durch Mißgunst gestützte Ansicht des Amts, sei unabdingbare Voraussetzung einer Ehe, alles andere lediglich Manipulation, Betrug, strafbarer Schein.

Man beginnt mit Ermittlungen. Aber was sind das für Ermittlungen! In mehreren Fällen habe ich sie als Schnüffeleien bezeichnet, die auch nur anzuhören eine Zumutung sei. So kam man im Morgengrauen und durchstöberte die Wohnungen, um nach Spuren für die An- oder, besser, Abwesenheit des Ehepartners zu suchen. Man durchsuchte alles, machte selbst vor der Schmutzwäsche nicht Halt. Fand man keine Frauenwäsche, war der Mann verdächtig, fand man keine Männerwäsche, war die Frau verdächtig, aber verdächtig waren ohnehin alle beide, weil eben »gemischt« verheiratet. In dieser Trübsal tröstete manchmal unfreiwillige Komik. In einem Fall fand man zwar einen Mann im Bett, aber es war nicht der bewußte. Ganz schlimm das! Fehltritte sind in einer »gemischten« Ehe nicht nur besonders verwerflich, sondern für den Status der Beteiligten sogar gefährlich. In einem anderen Fall wurden einer Portiersfrau Fotografien der Eheleute gezeigt. Die Portiersfrau, die sagen sollte, ob sie die beiden kenne, zeigte auf das Bild der Frau und sagte: »Ja, die Frau wohnt Seitenflügel, dritte rechts. Aber zu die kommt nie een Mann, die is 'ne Lesbe, die olle Sau ...«

Führten die »Ermittlungen« zu der Ansicht, die Eheleute wohnten nicht zusammen, wurden sie ins Büro bestellt. Dort wurde ihnen eröffnet, daß die Aufenthaltserlaubnis nur gegeben oder verlängert werde, wenn man versichere, man führe einen gemeinsamen Hausstand. Nun, in dieser Zwangslage, wer unterschriebe da nicht! Die Sache ging dann regelmäßig so weiter, daß die falschen Erklärungen der Ehepartner als Verstoß gegen das Ausländergesetz gewertet wurden. Erschleichen der Aufenthaltserlaubnis, also Straftat und damit genügend Grund, die Aufenthaltserlaubnis endgültig zu verweigern. Fürwahr: ein ganz und gar unwürdiges Verfahren.

Als sich wieder einmal jemand als besonderer Kenner von billigenswerten und nicht billigenswerten Ehegründen aufspielte, half ich mir dadurch aus der unangenehmen Lage, daß ich den »Kenner« fragte: »Wenn Sie schon so ein Kenner sind, so sagen Sie mir doch bitte, warum Philipp der Zweite von Spanien und Maria von England die Ehe geschlossen haben. Und vor allen Dingen auch: wann? Ich meine, das sollte ein Kenner wie Sie doch wissen! Sie schweigen? Sie wissen es nicht?«

Mit der Kennerschaft des Herrn war es damit ein für alle Mal vorbei. Im übrigen: Philipp und Maria haben nicht einen einzigen Tag einen gemeinsamen Hausstand geführt, sie hätten beim hiesigen Ausländeramt also nicht die geringste Chance gehabt.

Zweites Parkhaus

Das war ein richtiges Mißverständnis. Ich hatte damals im Erweiterungsbau C des Kriminalgerichts das Zimmer C 023. Das Zimmer hatte zwei Besonderheiten. Zum einen lag es direkt am Eingang. Das führte dazu, daß man viel Besuch bekam, manchmal ein bißchen viel, aber ich denke, Besuch ist immer was Besonderes, sogar unerfreulicher. Zum andern, und das war ein rechter Nachteil, das Zimmer war laut. Nur das Zimmer nebenan war noch lauter. Das hatte man einem Kollegen gegeben, von dem man wohl nicht ahnte, daß er mal zum Staatssekretär der städtischen Justizverwaltung auf- oder, wie man es nimmt, absteigen werde. Dieses andere Zimmer lag direkt neben der Herrentoilette, die Wände dünn, die Spülung daher wie direkt am Schreibtisch. Die Spülung hörte ich bei mir nicht, dafür ging mein Zimmerfenster auf den Parkplatz. Schlimm genug, aber es kam noch schlimmer. Man fing nämlich an, mit viel Krach und Staub und sicherlich auch mit viel Geld das »Zweite Parkhaus« zu bauen, aus welcher Bezeichnung sich ja schon ergibt, daß es auf dem riesigen Gelände bereits irgendwo ein anderes Parkhaus gegeben haben muß.

Dank meiner besonderen Lage blieb nicht unbemerkt, daß ich das Baugeschehen aufmerksam beobachtete. Und nun das Mißverständnis. Der damalige Vorsitzende des Richterbunds, der oft des Wegs kam, dachte wohl, ich fiebere wie alle anderen der Eröffnung des »Zweiten Parkhauses« entgegen, und lud mich ein, für das Vereinsblättchen ein »Zweites Parkhaus-Grußwort« zu schreiben. Ich war überrascht, nahm aber an, zumal ich damals noch Mitglied des Deutschen Richterbunds, Landesverband Berlin, war. Ich gestehe, daß ich in meinem mittlerweile langen Leben in sechs Vereinen gewesen bin. Kommt die Rede darauf, bin ich immer etwas beschämt und betreten, wegen Tucholsky. Man versteht, was ich meine, wenn man mal wieder nachliest, was der über Vereine und Vereinsmeierei geschrieben hat.

Als ich in meine ersten Vereine eintrat, die Jungen Pioniere und die Freie Deutsche Jugend, kannte ich Tucholsky allerdings noch nicht. Insofern bin ich, was das angeht, entschuldigt. Den dritten Verein jedoch, den hätte ich unbedingt lassen sollen. Indessen gibt es schlimmere Fehltritte als eine Mitgliedschaft im ADAC. Strafmildernd mache ich dazu geltend, daß meine Zeit dort nur kurz war. Der Eintritt fiel zusammen mit dem Kauf eines Spar-Volkswagens, das war 1966, sechs Jahre später gingen Auto und ADAC-Mitgliedschaft dahin, alles also nur noch Historie. Mein vierter Verein war die FDP. Brachte es dort bis zum Ortsgewaltigen von Steglitz und durfte, mußte auf Konto FDP einige Zeit bei zwei FDP-Justizsenatoren den »Sprecher« machen. Das ist auch schon lange vorbei, habe ab 1979 Grün gewählt. Der fünfte Verein war jener Deutsche Richterbund, Landesverband Berlin, den sechsten und letzten, den hätte Tucholsky mir vergeben. Es war der »Verein zur Rettung des Metropol-Theaters«. Genützt hat er aber auch nichts, Theater tot, Operette tot, nur die Mörder leben noch, sind noch unter uns.

Bei dem Richterbund habe ich nicht eine einzige Versammlung mitgemacht, bin auch schon lange wieder raus, was mich indessen lange Zeit nicht davor schützte, mit dem Vereinsblättchen weiter verfolgt zu werden. Das hatte allerdings den kleinen, sehr kleinen Vorteil, daß ich immer darüber unterrichtet war, wie denn der immer wieder neue Justizsenator oder die, was häufiger der Fall war, immer wieder neue Justizsenatorin hieß, dem oder der der Vereinsvorstand Antrittsbesuch machte. Und ich erfuhr auch immer, wieviel weiteres Personal der Richterbund diesmal forderte, damit die Justiz ihre Aufgaben erfüllen könne, was offensichtlich immer nur eine Frage der Quantität ist. Aber vielleicht meinte man auch, daß sich die Qualität von selbst verstehe, so daß man darüber kein Wort verlieren müsse. Ich habe zu solchen Personalforderungen immer eine Anleihe bei Heiner Müller aufgenommen und gesagt: »Zehn Richter sind zehn Mal so dumm wie ein Richter«, über welchen Ausspruch es sich auch für den lohnt etwas länger nachzudenken, dem Müller aus guten Gründen im allgemeinen nicht so besonders gut gefällt.

Dieser Richterbund war mir von Beginn an eigentlich nicht besonders sympathisch. Ich hatte immer den Eindruck, daß es sich dabei um so einen typischen Honoratiorenverein handelte. Ich zerfiel mit ihm in Zusammenhang mit der Heimkehr der DDR, fast hätte ich gesagt, ins Reich, also mit der Vereinigung der beiden Deutschlands. Da hörte ich, als sich die

Übernahme des Ostens durch den Westen abzeichnete, einen westlichen Gerichtspräsidenten von einem »Herrn Präsidenten des Stadtgerichts Berlin, Herrn Doktor« Soundso reden, den er besuchen werde, da veranstaltete »unser« Richterverein eine Zusammenkunft mit dem Ost-Verein und servierte dabei kleine Häppchen, was ich allerdings sowieso unausstehlich finde, und da hörte ich die damalige Justizsenatorin devot, wie mir schien, von einem »Herrn Justizminister der DDR« sprechen, mit dem »die nächsten Schritte erörtert werden« müßten. Das ärgerte mich alles maßlos, nicht etwa, weil ich gegen Gespräche gewesen wäre, ganz im Gegenteil. Es ärgerte mich, weil das alles plötzlich so ungebrochen daherkam, wo man doch noch gestern keinen guten Faden an »denen von drüben« gelassen hatte. Ich machte meinem Ärger Luft, und alle waren beese.

Zu ernster Trübung zwischen mir und dem Richterbund war es allerdings schon wegen des »Zweiten Parkhaus-Grußworts« gekommen. Ich hatte also die Einladung angenommen, ein Grußwort zu schreiben. Am 20. November 1987 fand ich auf der »M. S. Goddess on the Yangtse River« die Muße und die Muse, die gewünschte Begrüßung zu Papier zu bringen. Als ich aus China – dort, wo das »Zweite Parkhaus« entstand, sagte man damals »Rotchina« – zurückkam, waren allerdings die, die mein Grußwort gelesen hatten, beese, wenigstens verschnupft. Ich sagte und sage mir, viel Verschnupfung, viel Ehr, hier der Brief:

»Sehr geehrter großer Vorsitzender! Mitten im Reich des ganz großen Vorsitzenden, mitten auf dem Changjiang, kommt mir unsere Verabredung in den Sinn, zur Eröffnung des zweiten Parkhauses in Moabit eine Glosse für unser Vereinsblatt zu schreiben. Ich wollte damit auch keineswegs bis zum dritten, vierten oder weiteren Parkhaus warten, hatte vielmehr schon mit meinen ›Trübsinnigen Betrachtungen eines aus dem Zimmer C 023 blickenden älteren Herren‹ begonnen, dann aber aufgehört. Warum aufgehört? Zur Satire gehört Humor, und der verging mir mehr und mehr, je länger ich aus C 023 auf das Parkhaus blickte. Und noch etwas: Ich bin Lokalpatriot. Es gab eine Zeit, da war Berlin vorneweg. Das war, bis die Nazis kamen. Die Nazis trieben weg oder schlugen tot, was nicht in ihrem Sinn oder gegen sie, also besonders intelligent oder integer war. Und sie schickten in den Kriegstod, was besonders gesund und kräftig war. Das traf ganz Deutschland, aber in Berlin endete das Elend nicht mit Nazis und Krieg, denn nun wurde abgesaugt: Siemens nach München, AEG, die Eisenbahn und alle Banken nach Frankfurt/Main, die Post nach Darmstadt, die Lufthansa nach Köln, die Regierung nach Bonn (Rheinland), die großen Verlage und die Max-Planck-Gesellschaft verstreut in viele Ort, vor allem in die gar nicht mehr so ›heimliche Hauptstadt‹, bekannt ja schon früher als Hauptstadt der alten Bewegung und vielleicht heute schon auch Hauptstadt neuer Bewegung. In Berlin blieb nur ein Rest, und dieser Rest baut Parkhäuser, und er wird weiter und weiter Parkhäuser bauen, so lange, bis auch der Letzte in Bielefeld, Itzehoe und Straubing erkannt haben wird, wie zurückgeblieben das ist. Ich bin sicher, das allerletzte Parkhaus wird von der Berliner Verwaltung gebaut werden.«

Der Brief schließt mit »herzlichen Grüßen vom Changjiang«, der mittlerweile total vernichtet ist, allerdings gänzlich ohne Mitwirkung der Berliner Verwaltung, was hier als Trost mitgeteilt sei.

Sofa

Berlin hat zwölf Amtsgerichte. Elf haben einen Direktor, eines hat einen Präsidenten. Dieses eine ist das Amtsgericht Tiergarten, aber sein »Präsident des Amtsgerichts« ist zugleich auch der Präsident für alle Amtsgerichte.

Das Amtszimmer des Präsidenten ist im Kriminalgericht Moabit. In dem Amtszimmer sitzen die Besucher des Präsidenten auf einem Sofa, das Sofa ist hell und freundlich, das macht eine schöne Atmosphäre. Auf ihm saß ich zu meinem Abschiedsbesuch. Auch ohne das schöne Sofa wäre die Atmosphäre freundlich gewesen, denn dieser mein letzter Präsident und ich, wir kennen uns lange, wir haben etwa zur selben Zeit studiert, und wir waren gemeinsam Zeitungspacker im Ullsteinhaus. Ich mochte ihn immer, auch jetzt, Präsident hin, Präsident her. Fragten Kollegen mich auf dem Gerichtsflur: »Was halten Sie denn von den neuen Plänen des Präsidenten, ist das nicht wirklich wieder einmal nicht zu billigen?«, dann sagte ich: »Ich liebe meinen Präsidenten und billige daher alles, was er macht und was er nicht macht.« Die Kollegen winkten dann ab und gingen schnell weiter.

Das erste Mal saß ich 1969 auf dem Präsidenten-Sofa. Ich kam zum Antrittsbesuch als Proberichter, Gerichtsassessor hieß das damals. Das Sofa war schwer und schwarz und so auch die Stimmung. Der damalige Präsident blickte mich zwei Minuten lang schweigend an und verabschiedete mich dann. Ich weiß nicht mehr, wie er hieß.

Das zweite Mal saß ich 1977 auf dem Sofa. Als Leiter der Justizpressestelle war ich vom Senator für Justiz zum Präsidenten geschickt. Der Senator, gefeierter Professor, Verfasser von dreihundertvier wissenschaftlichen, politischen oder wissenschaftlich-politischen Veröffentlichungen, hatte zu mir gesagt: »Versuchen Sie doch mal, ihn umzustimmen, ich habe zu diesen Berliner Justizgrößen so gar keinen geistigen Kontakt ...« Es ging ums Fernsehen. Ich glaube, es war das ZDF. Das machte wohl eine Sendereihe »Wir stellen unsere Arbeitsstätten vor«. So oder in diesem Sinne sollte das Kriminalgericht von einem Rechtsanwalt vorgestellt werden, der tatsächlich dort in dem Kriminalgericht häufig auftrat und dabei viel von sich reden machte. »Nein«, sagte der Präsident, »nein und nochmals nein. Das geht nicht. Dieser Mann kann nicht die Berliner Justiz repräsentieren. Ich bin es allen hier im Kriminalgericht Tätigen schuldig zu verhindern, daß dieser Mann als Justizrepräsentant auftritt. Ich habe hier das Hausrecht, für einen Film mit diesem Mann gebe ich die Drehgenehmigung nicht.«

Da ließ sich nichts machen, der Film platzte. Nun hätte der Senator natürlich den Präsidenten anweisen können, dem ZDF die Drehgenehmigung zu erteilen. Ich schlug ihm das auch vor, er machte es aber nicht. An einem Film »Kriminalgericht Moabit, vorgestellt von Rechtsanwalt Otto Schily« war der Senator nicht interessiert, wenn wohl auch aus anderen Gründen nicht als der damalige Präsident.

Als ich die nächsten Male auf dem Sofa saß, ging es um Beschwerden. Zunächst mal um zwei Beschwerden eines Oberstaatsanwalts gegen mich als Amtsrichter. Der Herr war mir aus meiner Staatsanwaltschaftszeit in Haß verbunden und ließ auch jetzt, Jahre später, darin nicht ab. Er hatte zwei ihm untergebene Staatsanwälte veranlaßt, kurz hintereinander zwei Dienstaufsichtsbeschwerden gegen mich zu erheben. Aus der Kantine, die wie überall auch im Kriminalgericht der Brennpunkt der Nachrichten ist, berichteten mir meine Vertrauten, jener Oberstaatsanwalt plane einen dritten Schlag. Da setzte ich mich auf das Sofa des Präsidenten und beschwerte mich meinerseits gegen die Beschwerden. Zwar war der Präsident ganz auf meiner Seite, aber um sicher zu gehen, daß solcher Unfug aufhöre, ging ich zum Generalstaatsanwalt. Ich fragte den, ob er wisse, was da von einem Gewissen unternommen werde, ich nähme an, davon erfahre er gar nichts. Als ich nun erfahren mußte, er wisse doch, verließ ich hoheitsvoll das Zimmer und sagte: »An den Beschwerden ist nichts dran, fragen Sie meinen Präsidenten! Ich war gekommen, um Ihnen mein Beileid zu den Rechtskenntnissen jener Herren auszudrücken, ich glaube fast, ich muß Sie jetzt einbeziehen.«

Von der Staatsanwaltschaft kam weder die dritte Beschwerde noch überhaupt je wieder eine. Aber eines Tages lief die eines hohen Senatsbeamten ein. Der hatte in seinem Kurort den »Tagesspiegel« gelesen und darin eine Meldung gefunden, wonach ich eine bestimmte Äußerung des Herrn über »schleichende Landnahme« von Ausländern als »präfaschistisch« bezeichnet haben sollte. Die Sache ging langwierig durch die Zeitung, weil weder der Beamte noch ich widerrief. Der Präsident quälte sich neben dem schwarzen Sofa mehr als ich mich auf ihm, was daran lag, daß er jenem Senatsbeamten eng verbunden war. Viel wichtiger als das ist mir heute von der Sache in Erinnerung, daß ich den recht jungen Angeklagten, der unschöne Äußerungen über Ausländer gemacht hatte, ins Theater schickte, und zwar ins »Grips« zu »Voll auf der Rolle« von Leonie Ossowski. Von dem Angeklagten wurde mir danach berichtet, daß er in dem ganzen Verfahren am meisten davon beeindruckt war, daß ich die Theaterkarten aus eigener Tasche bezahlt hatte.

Eines Tages wurde mir ohne jede Ankündigung ein Untermieter in mein ohnehin kleines Aktenbearbeitungszimmer beigegeben. Als ich zum Dienst erschien, stand da ein zweiter Schreibtisch und saß an ihm ein junger Proberichter, der sagte: »Guten Morgen, darf ich rauchen?« Ich sagte: »Guten Morgen, nein!« Kurze Zeit später auf dem immer noch schwarzen Präsidenten-Sofa sagte ich: »Das geht nicht, keinesfalls. Wenn Raumnot, dann muß man sich was einfallen lassen.« Der Präsident fragt: »Haben Sie Vorschläge?« Ich sage: »Immer. Hier der erste. Ich arbeite nur an den Tagen, an denen der junge Kollege Sitzung hat und also nicht in meinem Zimmer ist. Und dann noch Sonnabend und Sonntag. Für Sonnabend und Sonntag brauche ich einen Registrator und einen Wachtmeister. Wenn das nicht gehen sollte, so könnten Sie mir eine Baubude mieten, die kann hier auf dem Hof stehen, ich bin flexibel. Aber viel, viel besser ist, Sie ermitteln die Kollegen, die ein Zimmer ihrer Wohnung als Arbeitszimmer von der Steuer absetzen. Wer absetzt, braucht im Gericht doch kein Zimmer.«

Die Worte »Steuer« und »absetzen« lassen den Präsidenten aufblicken und sagen: »Das geht schon gar nicht, da steht doch das Steuergeheimnis entgegen.« Während wir noch völlig gegensätzlich über das angebliche Steuergeheimnis diskutieren, lasse ich meinen Blick über das schöne große Präsidentenzimmer schweifen und sage dann so vor mich hin, als spräche ich nur mit mir: »In diesem schönen großen Zimmer könnten mindestens vier Proberichter sitzen, nur das schwarze Sofa, das müßte denn doch wohl hinaus, wäre auch nicht schade drum ...« Am nächsten Morgen war der Proberichter, der, außer daß er rauchen wollte und daß er überhaupt da war, eigentlich ganz nett war, wieder weg, allerdings auch mein Besucher-Aschenbecher, den hatte er wohl als Andenken mitgenommen.

Als ich das letzte Mal beim Präsidenten war, bei meinem Abschiedsbesuch, war da, wie gesagt, ein ganz anderer Präsident mit einem ganz anderen Sofa. Ich erschien mit meinem mittlerweile berühmten Holzstuhl und holte mir darauf sein Autogramm. Das schwarze Sofa war nicht mehr da. Ich weiß nicht, ob es die Müllabfuhr oder der Teufel geholt hat, ist ja auch egal, jedenfalls ist es weg.

II. Damals, bei uns daheim

Flak und Frad

Mein eigentliches Leben begann in Strzygy. Strzygy ist ein Dorf und liegt in Polen, man spricht es etwa Schigi aus. Nach Strzygy kam ich mit gut fünf Jahren, Mitte 1943. Davor war ich in Berlin, wo ich Anfang 1938 geboren worden war. Aus dieser ersten Berliner Zeit ist natürlich wenig zu berichten, die üblichen Kindergeschichten lasse ich natürlich weg, sie sind eben die üblichen Kindergeschichten. Aber eine Geschichte will ich doch erzählen. Sie befaßt sich mit Mitläufertum und paßt daher gut in jene Zeit, in der es ja, wie man später so eindringlich hörte, kaum echte Nazis gab, höchstens Mitläufer.

Ich war fünf Jahre, hatte aber einen Freund, der war schon elf Jahre alt. Ich war auf diesen Freund besonders stolz, ob dazu Berechtigung bestand, weiß ich nicht, denke eher, daß der Altersunterschied dagegen spricht, ist jedenfalls doch recht auffällig. Der Freund trug den typisch berlinischen Namen René und eines Tages kam René zu uns, um mich abzuholen. Er sah auf dem Küchentisch 3 Mark 62 liegen und sagte, das nehmen wir und gehen Bier trinken. Ich war sofort begeistert. René war der Ansicht, in unserer Gegend kriegen wir kein Bier. So fuhren wir mit der Straßenbahn in eine andere Gegend. Wir kamen an eine größere Straßenkreuzung, die schien unserem Vorhaben günstig, denn an jeder der vier Ecken befand sich eine Kneipe. In allen vier Kneipen gab man uns jedoch zu unserem Mißvergnügen kein Bier. An einem Kiosk trösteten wir uns dann mit diverser Limonade. Plötzlich standen wir vor dem Kaufhaus Karstadt am Hermannplatz, einem riesigen Gebäude, von dem der heutige Bau nur einen dürftigen Eindruck vermittelt. Bei der Größe des Kaufhauses nimmt es nicht wunder, daß René und ich uns bei dem Bummel durch das Haus aus den Augen verloren, jedenfalls war René plötzlich weg. Heute vermute ich, daß er sich mit dem Restgeld aus dem Staube gemacht hatte. Ehe ich noch so recht meine brenzliche Lage begriffen hatte, stand ein Mann vor mir und sagte: »Wo ist denn deine Mutter? Hast du sie verloren?« Das war ein Mann, der in unserem Nachbarhaus wohnte. Manchmal ist Berlin glücklicherweise doch nur ein Dorf. Ich räumte ein, daß ich allein dort war. René und damit auch das Geld verschwieg ich instinktiv. Ich versuchte, dem Mann weiszumachen, daß ich mich auf einem ganz normalen Kaufhausbummel befände, an dem doch nichts Auffälliges zu finden sei. Dieser Versuch fiel wohl doch eher kläglich aus, denn ich war merkbar froh, daß der Mann mich an die Hand nahm und nach Hause brachte. Dort waren meine Abwesenheit wie auch das Verschwinden der 3 Mark 62 noch gar nicht aufgefallen. Aber nun setzten Ermittlung und Aufklärung ein. Immer wieder sollte ich sagen, was ich mir denn dabei gedacht habe, so einfach mitzulaufen. Ich weiß nicht, was ich dazu gesagt habe. Was soll man dazu auch sagen, ich war eben einfach mitgelaufen. Durch diesen Vorfall ist mir im Laufe der Jahre immer klarer geworden, daß mit Mitläuferschaft untrennbar Nichtnachdenken verbunden ist. Wer nachdenkt, läuft nicht mit, niemals.

In Berlin fielen Mitte 1943 schon kräftig Bomben. Recht oft mußten wir in den Luftschutzkeller gehen, häufig wurden wir mitten in der Nacht aus dem Schlaf gerissen. Ich erinnere mich an dumpfe Geräusche, die so klangen, als ob auf eine halb mit Sand gefüllte Konservendose geschlagen werde. Diese Geräusche machte die »Flak«, die schoß auf die bombenabwerfenden Flugzeuge, von denen man bei der Vorbereitung des Kellergangs im Radio die Meldung gehört hatte: »Über Braunschweig befindet sich ein größerer feindlicher Bomberverband im Anflug auf die Reichshauptstadt ...«

»Flak« war die Abkürzung für Fliegerabwehrgeschütze. Bei der ebenso aus der Nazi-Zeit stammenden, aber dessen ungeachtet auch heute noch verwendeten Abkürzung »Krad« für Kraftrad, also Motorrad, werde ich immer an »Flak« erinnert. Höre ich das schreckliche »Krad«, pflege ich mich dadurch zu rächen, daß ich erzähle, ich führe für mein Leben gern »Frad«, also Fahrrad.

Wegen der Bombardierungen verließen wir Berlin. Wir fürchteten Ausbombung, so hieß das damals, wenn einem das Haus über dem Luftschutzkeller weggebombt wurde, wobei man von Glück sprechen konnte, wenn nicht gleich bis in den Keller hindurch ausgebombt wurde, was man in juristischer Sprache als eine qualifizierte Ausbombung bezeichnen könnte. Wir kamen der Ausbombung zuvor. Kaum waren wir weg, ereilte uns in jenem Strzygy die Nachricht, wir seien in Berlin ausgebombt. Das war die schlechte Nachricht. Auf sie folgte die tröstliche Mitteilung, es seien ein Teewagen und ein Radiogerät aus der sonst total ausgebrannten Wohnung gerettet worden. Und nicht genug damit: Jedes ausgebombte Familienmitglied hatte sozusagen zur Schmerzlinderung Anspruch auf ein halbes Pfund Konfekt kostenfrei. Wir haben das Konfekt aus der Kreisstadt von Strzygy abgeholt. Der Teewagen und das Radio kamen eines Tages mit der Post. Man hätte sich den Transport sparen können. Ein Teewagen war nicht so der rechte Gebrauchsgegenstand für Strzygy, und das Radio war nutzlos, in Strzygy gab es keine Elektrizität. Beide bei der Ausbombung geretteten Gegenstände fielen bei unserem Verschwinden aus Strzygy unter die Polen, wenn nicht gar unter die Russen. Egal, Polen und Russen sind beides slawische Völker, und da die gern und viel Tee trinken, kann der Teewagen denn doch noch von Nutzen gewesen sein. Und was das Radio angeht, so ist in Strzygy unter dem nach dem deutschen Abzug dort ausbrechenden Sozialismus ganz gewiß bald die Elektrizität eingekehrt.

Ein ganz hübsches Dorf

Dieses Strzygy ist ein kleines ganz hübsches Dorf in Polen, die nächste größere Stadt ist Rypin. Das ganze Gebiet liegt südlich der ehemals preußischen Provinz Ostpreußen in Richtung Warschau und ist altes polnisches Gebiet. Als bei der dritten Polnischen Teilung 1795 dem Königreich Polen durch Rußland, Österreich und Preußen endgültig der Garaus gemacht wurde, kam das Gebiet zur neuen preußischen Provinz Südpreußen, in deren Provinzhauptstadt Warschau übrigens E.T.A. Hoffmann eine Zeitlang als Jurist bei der Provinzialverwaltung gearbeitet hat. Dieses Südpreußen ging schnell vorüber. Beim Wiener Kongreß wurde ein neues Königreich

Polen gegründet, das unter dem Namen Kongreßpolen in die Geschichte eingegangen ist, das aber im Grunde gar kein richtiger polnischer Staat war, denn König von Polen wurde in Personalunion der russische Zar. Dies wiederum war der Grund, warum das Gebiet in Deutschland Russisch-Polen genannt und mit besonderem Hochmut als besonders rückständiges Gebiet betrachtet wurde. Von 1919 an gehörte das Gebiet, also auch Strzygy, zur neugegründeten Republik Polen. Seit 1939 war es von den Deutschen besetzt und nun also auch von uns. Das sollte jetzt dauerhaft deutsch werden, was daraus hervorgeht, daß es nicht zum Generalgouvernement Polen kam, sondern der neugegründeten Provinz Danzig-Westpreußen zugeschlagen wurde. Die Namen wurden verdeutscht. Wir sagten zwar immer Strzygy, aber offiziell hieß das Dörfchen jetzt Striegerbrück. Rypin wurde Kreisstadt und hieß amtlich nun Rippin. Wir bekamen in Strzygy ein schönes gelbes Lehmhaus. Das war ein besonderes Haus, denn es lag direkt am Dorfplatz und hatte den Briefkasten. Die Polen, die darin gewohnt hatten, waren vertrieben, vielleicht auch erschossen worden. In Rypin, so hörte ich damals, soll in dem Keller eines Hauses, in dem die Polen erschossen wurden, das Blut knietief gestanden haben. Auch der Pfarrer von Strzygy war erschossen worden. Er soll sich geweigert haben, seine Kirche und sein Pfarrhaus zu verlassen. Aber man brauchte nun mal das Pfarrhaus. In ihm befand sich jetzt der Polizeiposten mit meinem Onkel an der Spitze. Diesem Onkel, eigentlich aber seiner Frau, meiner leiblichen Tante, war es zu verdanken, daß wir der Ausbombung in Berlin zuvorgekommen waren und jetzt in dem gelben Lehmhaus mit Briefkasten wohnen durften.

Den Deutschen ging es dort sehr gut. Sie brauchten nur wenig zu tun, denn alle hatten mehrere Dienstboten. Mehrere Dienstboten zu haben, war sogar ein sehr menschlicher Akt. Denn wenn jemand als Dienstbote an Ort und Stelle unterkam, wurde er nicht »ins Reich« verschleppt. Das weiß ich von der damals siebzehnjährigen Zala. Polen küssen auch in schlechten Zeiten. Zala küßte mich immer und immer wieder, und ich küßte sie zurück, so gut es ging. Das war Liebe, aber meiner Mutter küßte Zala, so oft es irgend ging, die Hände. Das war Dankbarkeit, Zala konnte in Strzygy bleiben, mußte nicht ins Reich zu Siemens oder BASF.

Wir waren neben dem Onkel und der Tante die einzigen richtigen Deutschen in Strzygy, wir waren »Reichsdeutsche«, wir standen ganz oben. Darunter standen die »Volksdeutschen«. Das waren Leute, die 1918 die deutsche Staatsangehörigkeit hatten. Bei der Neugründung Polens 1919 optierten sie, wie man das nannte, für Polen, 1939 erkannten sie diese Entscheidung als fehlerhaft und entdeckten und bekannten nunmehr ihr Deutschtum. Mein Großvater mütterlicherseits lebte mit seiner Familie 1918 in Bromberg, damals eine Regierungshauptstadt in der preußischen Provinz Westpreußen. Als bei Ende des Ersten Weltkriegs aus Bromberg Bydgoszcz wurde, konnte er als deutscher Staatsbürger wählen, ob er sich zu Deutschland oder zu Polen bekenne. Mein Großvater war preußischer Beamter und wählte daher für sich und seine Familie Deutschland. So kam meine Mutter nach Berlin.

In dem östlichen Gebiet dort an der Weichsel unterschieden sich die Leute früher gar nicht so sehr danach, ob sie deutsch oder polnisch waren. Viele konnten in der preußischen Zeit ohnehin beide Sprachen sprechen oder sich jedenfalls in einem Sprachgemisch beiden Volksgruppen verständlich machen. Wasserpolnisch nannte man dieses Sprachgemisch. Das Wort hört sich hübsch an, war aber beileibe nicht hübsch gemeint. Die Bewohner dort unterschieden sich vielmehr danach, ob sie katholisch oder evangelisch waren. Evangelisch hieß deutsch, katholisch polnisch. Ich kannte eine Familie aus der Gegend, die nach dem Zweiten Weltkrieg von dort in die Gegend um Bielefeld kam. Sie war entsetzt: Alle katholisch hier, so viel Polen mitten in Deutschland, kann doch nicht wahr sein! Ich erfuhr das alles und noch mehr sehr früh von meiner Mutter, die war Expertin. Sie war in der preußischen Kreisstadt Gnesen evangelisch, also deutsch, geboren worden, aber sie sagte, sie habe immer gewußt, daß Gnesen eigentlich Gniezno war und polnisch, sogar sehr polnisch, weil sehr katholisch, in Gnesen hat das Oberhaupt der polnischen Katholiken seinen Sitz.

Unter den »Volksdeutschen« standen die »Eingedeutschten«. Dieser Ausdruck ist kein Witz, es gab ihn tatsächlich, und es gab ganz sicherlich auch diverse und ausführliche juristische Ausführungsvorschriften dazu. Juristen schrecken vor nichts zurück. Derjenige Jurist, der die Nürnberger Rassegesetze kommentiert hatte, wurde später bekanntlich sogar Ministerialdirektor in Bonn. Bei den »Eingedeutschten« handelte es sich um ehemalige Polen, die jedoch in gewissem Sinne als zum Herrenvolk der Deutschen gehörig betrachtet wurden, wenngleich sie natürlich auch nicht den Rang von »Volksdeutschen« oder gar »Reichsdeutschen« beanspruchen konnten, das versteht sich. Ob das alles Kollaborateure waren, weiß ich nicht. Vielleicht hatten einige sich diesen Status auch nur auf gerissene Weise verschafft, denn sonst hätten sie zu den Polen gehört, und die Polen standen ganz ganz unten. Die Polen hatten entweder Dienstboten zu sein oder verschleppt oder tot. Allerdings hörte man damals auch zuweilen noch von einer weiteren Spezies von Polen, das waren Partisanen, die sich dort in der Gegend herumtrieben und gefährlich waren.

In Strzygy kam ich zur Schule, das heißt, Strzygy selbst hatte keine Schule, die Schule befand sich im drei Kilometer entfernten Nachbarort Summin, eingedeutscht Sömmern. Eines Tages – es war Ende September 1944 – begegneten wir auf einem kleinen Spaziergang einer Kutsche. In ihr saß der Lehrer von Summin. Er hielt an und musterte mich. Dann sagte er zu meiner Mutter: »Ihren älteren Sohn kenne ich ja schon, der geht bei mir in die dritte Klasse. Aber was ist mit dem Kleinen da? Muß der nicht auch zur Schule? Wann ist denn der geboren?« Abgesehen davon, daß ich Ausdrücke wie »der Kleine« überhaupt nicht ausstehen konnte, wußte ich, jetzt ereilt mich das Schicksal. Uns war wohl klar, daß ich eigentlich schon Anfang September mit der Schule hätte beginnen müssen. Aber meine Mutter rechnete fast täglich mit der Möglichkeit, daß wir unser schönes gelbes Haus in Strzygy würden verlassen müssen, und meinte, es lohne sich nicht, mich noch nach Summin in die Schule zu bringen. Die Rote Armee war nämlich bei Warschau schon an das rechte Weichselufer herangerückt, und Strzygy lag schließlich auch, wenn man so sagen darf, rechtsweichselisch und so nah an Warschau, daß manchmal bereits Kanonenlärm zu hören war.

Vor der Schule gab es nun aber kein Entrinnen mehr. Am nächsten Morgen wurde ich von meiner Mutter an der einen Seite, von meinem aus dem Kriegsgebiet zu Besuch gekommenen Vater an der anderen Seite ergriffen und gegen meinen heftigsten Widerstand nach Summin in die Schule geschleift.

Der Lehrer, dem das alles zu verdanken war, begrüßte mich und sagte zu den in dem einzigen Klassenraum versammelten Schülern und Schülerinnen: »Mal sehen, ob unser Neuer schon was weiß.« Und mich fragte er sodann freundlich: »Weißt du denn schon, wie unser Führer heißt?« Zu meiner Schande muß ich gestehen, ich wußte es.

Rückzug

Am Abend des 5. oder 6. Januar 1945 kehrten wir auf einem Pferdeschlitten ziemlich spät in unser gelbes Lehmhaus zurück. Wir waren wahrscheinlich auf einem Bauernhof in der Umgebung zu Besuch gewesen. Besuche auf Bauernhöfen waren in jenen Kriegszeiten besonders beliebt, weil immer sehr nahrhaft. Auf den Bauernhöfen wohnten sehr freundliche Leute. Sie sprachen Deutsch mit einem seltsamen Dialekt. Ich erfuhr, daß es Bessarabien-Deutsche waren, auch Bessaraben genannt. Sie hatten ihre Heimat am Schwarzen Meer auf Grund des Hitler-Stalin-Pakts verlassen müssen und waren nun hier und auch noch in Westpreußen und im Warthegau auf freien Bauernhöfen angesiedelt worden. Man nannte diese Aktion »Heim ins Reich«. Die Bauernhöfe, auf die sie gesetzt wurden, waren frei, weil die Polen, denen sie bis zur deutschen Besetzung gehört hatten, keine Bauernhöfe mehr haben durften. Ich erinnere mich an die Bessaraben Friedrich Gerstenberger und Melusine Kleiber, freundliche und lustige Leute, die ihres neuen Besitzes aber nicht sehr froh waren, denn sie ahnten, daß sie die neuen Höfe auch bald wieder würden verlassen müssen.

Kaum waren wir in »unserem« Haus, klopfte es an das Fenster. Vor dem Fenster stand Jaschu. Das war ein netter junger Mann, ein Pole, Sohn des Hufschmieds von Strzygy und jetzt »Knecht« bei meiner Tante im ehemaligen Pfarrhaus, der jetzigen Polizeistation. Er sagte zu meiner Mutter: »Dobry wieczór, Schwester damulki! Pani Meistrova läßt sagen, um 7 Uhr morgen früh kommt ein Schlitten und bringt Schwester damulki und die Kinder nach Rypin zur Eisenbahn. Die Soldaten kommen.« Mit »die Soldaten kommen« hatte er vorsichtig umschrieben, daß der lang erwartete Augenblick des Rückzugs nun auch für uns gekommen war. Wir nahmen Jaschu nicht übel, daß er sich, wie es uns schien, über die Nachricht, die er uns brachte, nicht sehr betrübte. »Pani Meistrova« hieß übrigens »Frau Meisterin« und war die übliche Anrede für meine Tante, während deren Schwester, also meine Mutter, immer »Schwester damulki«, also »Schwester der Dame«, genannt wurde. Wir packten bis in die Nacht ein paar Koffer, ich durfte in meinen Koffer neben ganz notwendigen Sachen auch einiges packen, das ich keineswegs zurücklassen wollte, an dem mein Herz hing. Ich holte einige der schönen bunten Kugeln vom Weihnachtsbaum und schloß sie in den Koffer. Eine Kugel hat tatsächlich den weiten Weg bis nach Mecklenburg überstanden.

Es war höchste Eisenbahn zu verschwinden, »der Russe war durchgebrochen«, so hieß es. Frauen mit kleineren Kindern durften noch den Zug benutzen. Wir kriegten den vielleicht letzten, der sich da noch in Bewegung setzte. Die kinderlose Tante, die »Pani Meistrova«, so erfuhren wir später, ließ Jaschu noch am nämlichen Vormittag ein Pferdegespann ausrüsten, nahm die Zügel in die Hand und fuhr dann monatelang gen Westen, ehe sie gegen Mitte Mai bei Eutin in Schleswig-Holstein ankam. Bei ihrem Tod hat sie mir, ihrem Neffen, ihr Tagebuch über diesen »Treck« vererbt. Es stimmt schon, wenn einer eine Reise tut, dann kann er was berichten. Ich erbte von ihr übrigens auch ein Eßservice für vier Personen, sehr hübsch mit blauem und goldenem Rand. Dieses Geschirr hatten ihr ihre Kollegen vom Postscheckamt Berlin in der Dorotheenstraße bei »Fritz Boeseke, Berlin. N. Chausseestr. 13« zum Abschied gekauft. Sie schied, obwohl bereits Beamtin auf Lebenszeit, aus dem Dienst aus, als sie den Polizisten heiratete. So machte man das damals. Das Geschirr war dann mit dem Polizistenhaushalt in die Provinz Sachsen gegangen, dann nach Strzygy in das Pfarrhaus, von dort auf den »Treck« nach Schleswig-Holstein, zog dann in der Eutiner Gegend mehrmals um und landete schließlich wieder in Berlin, wo es von mir in Ehren gehalten wird. Es hat alles völlig unversehrt überstanden, Porzellan ist sehr widerstandsfähig.

Wir mußten also nicht »trecken«, wir hatten es besser, wir saßen tatsächlich in einem geheizten Waggon, und der Zug fuhr auch wirklich los. Durch die Aufregung allerdings bekam ich hohes Fieber und soll wirres Zeug gerufen haben. Eine alte

Bessaraberfrau soll sich die Bemühungen meiner, ich nehme an, etwas aufgeregten Mutter längere Zeit angeschaut und dann zu ihr gesagt haben: »Geben Sie sich keine Miehe mehr mit dem Jungchen, der sterbt ab.«

Noch am Abend desselben Tages wurden wir in einem Dorf im Landkreis Schlawe/ Slawno in Hinterpommern einquartiert, der Rückzug war noch ein geregelter. Wir wohnten in der guten Stube des Dorfschullehrers, und alles war schön und tiefverschneit und friedlich. Aber meine Mutter war unruhig. Sie verfolgte mit uns den Kriegsverlauf. Den erfuhr man natürlich nicht aus den amtlichen Verlautbarungen, darin wurde gelogen, daß sich die Balken bogen, da war immer noch mit dem Endsieg zu rechnen. Man war aber trotzdem ganz gut im Bilde, weil man sich die Lage aus vielen verschiedenen Berichten und Zeichen und Hinweisen mit Phantasie und Kombinationsvermögen zusammensetzen konnte. Später hörte ich oft, daß viele Leute Londoner Rundfunk gehört hätten und deshalb die Wahrheit erfuhren. Ich glaube das nicht, das war viel zu gefährlich. Es gehört wahrscheinlich zu den Legenden, die über jene Zeit gebildet wurden. Man wollte, daß man denke, man hätte gewußt, daß man nicht alles habe glauben dürfen, und man habe auch nicht alles geglaubt und sei auch in gewissem Sinne dagegen gewesen und habe deshalb London gehört. Diese Legende ist eine Unterart der Legende vom großen Widerstand. Mittlerweile hört man von so viel Widerstand gegen das Naziregime, daß man sich wundert, daß es überhaupt Nazis gegeben hat. Ein kluger und offener Kollege, Oberstaatsanwalt Z. aus Moabit, erzählte mir einmal, daß sein Onkel bei der Diskussion darüber zu äußern pflegte, ihm scheine, er sei der einzige Nazi in Deutschland gewesen. Selbst Staatssekretäre in Auswärtigen Ämtern wollen ja später keine Nazis gewesen sein, sondern nur deshalb Staatssekretäre, »um Schlimmeres zu verhindern«. Welches Schlimmere denn eigentlich? Was haben die denn noch erwartet?

Rückzug war auch der Zivilbevölkerung damals nur gestattet, wenn er ausdrücklich angeordnet war. Rückzug ohne Anordnung konnte als Zersetzung angesehen werden, denn wer sich auf eigene Faust zurückzog, glaubte womöglich nicht mehr an den Sieg, und das war Verbrechen. Aus Hinterpommern war Ende Januar 1945 noch kein Rückzug zulässig, da herrschte offiziell noch Sicherheit. Meine Mutter glaubte das nicht. Sie sagte, die Rote Armee werde ihrer Meinung nach von Warschau über Posen ganz geradeaus nach Berlin ziehen. Hinterpommern werde die Rote Armee rechts liegen lassen, an der Oder aber nach Stettin ziehen und Hinterpommern dadurch einschließen. Es kam genau so, aber da waren wir schon weg. Meiner Mutter gelang es, einen Mann zu gewinnen, der uns mit seinem Pferdeschlitten nach Köslin/ Koszalin zur Eisenbahn brachte. Der Preis für diese illegale Handlung war Hingabe, Hingabe eines Koffers mit Inhalt. Diese und weitere solcher Hingaben hatten immerhin auch den Vorteil, daß nicht mehr so geschleppt werden mußte. Viel Gepäck mindert bekanntlich den Genuß an einer Reise. Der Schlittenmann war ein Lette. Mehr noch als über den Koffer freute er sich über das Heranrücken der Roten Armee.

Der Schlitten fuhr auf freiem Feld. Die Straße war besetzt. Auf ihr zog ein endloser grauer Wurm dahin. Das war aber gar kein Wurm, das war die geschlagene deutsche Armee, die westwärts zog. In Köslin erreichten wir einen normalen Zug bis Kolberg/ Kolobrzeg. Dort saßen wir lange in einem Café. Während wir aßen, sank am Nebentisch eine alte Frau auf den Fußboden, röchelte noch eine kurze Zeit und verstummte dann. Sie war tot. Irgendwann ging es auf irgendeine Art und Weise weiter. Manchmal hielt der Zug auf freier Strecke. Dann konnte man mal aussteigen. Bei einem dieser Aufenthalte sah man am Horizont einen riesigen Feuerschein. Man erfuhr, da brenne Stettin. Nach vielleicht zwei oder drei oder auch vier Tagen schien es, als ob mein Bruder ein Fieber bekäme. Glücklicherweise hielt der Zug alsbald in einem Bahnhof. Wir stiegen aus, obwohl wir kurz zuvor erfahren hatten, daß der Zug bis Dänemark fahre, und wir eigentlich bis dahin mitfahren wollten. Auf dem Bahnhofsschild lasen wir »Bad Kleinen«. Ich hörte zum ersten Mal in meinem Leben den Namen Mecklenburg. Ich sollte in Mecklenburg zwölf wunderbare Jahre verleben, das konnte in Bad Kleinen aber noch niemand wissen.

Bad Kleinen

Bad Kleinen ist vor allem eine Bahnstation. Dort kreuzen sich die Bahnlinien Lübeck-Rostock und Wismar-Schwerin. Das ist geschichtlich zu verstehen, denn eigentlich hätte es sich angeboten, die Bahnlinie Lübeck-Rostock über Wismar zu führen. Aber Wismar war 1648 im Westfälischen Frieden an Schweden gelangt und blieb dort bis 1804. Dann gab Schweden die Stadt an das Großherzogtum Mecklenburg-Schwerin heraus, aber befristet auf neunundneunzig Jahre. 1903 hätte es also geschehen können, daß Wismar an Schweden hätte zurückgegeben werden müssen, und dann wäre die um 1860 gebaute Bahnlinie durch schwedisches Gebiet unterbrochen gewesen. Es kam jedoch anders, 1903 dachte Mecklenburg-Schwerin gar nicht daran, Wismar wieder herauszugeben, und Schweden dachte allerdings auch nicht daran, Wismar wieder hereinzunehmen. Neunundneunzig Jahre! Es scheint reizvoll, sich mit solchen magischen Zahlen mal näher zu befassen. Die Neunundneunzig taucht in der Geschichte öfter auf, so »pachtete« Großbritannien, um seine Kolonie Hongkong abzurunden, 1898 von China die New Territories auf neunundneunzig Jahre. Man kann annehmen, daß Großbritannien bei Abschluß des Vertrags gar nicht daran dachte, das Gebiet jemals wieder zurückzugeben. Aber wie man an Wismar sieht, es kann alles anders kommen.

Auch in der spröden deutschen Strafprozeßordnung (StPO) gibt es magische Zahlen. So muß etwa eine Hauptverhandlung nach einer Unterbrechung spätestens am elften Tage fortgesetzt werden. Andernfalls ist mit der Hauptverhandlung ganz von vorn völlig neu zu beginnen. § 229 Absatz 1 StPO lautet: »Eine Hauptverhandlung darf bis zu zehn Tagen unterbrochen werden.« Ich hatte während meiner ganzen Strafrichterzeit immer Dienstags und Freitags Sitzungen. Ich freute mich darüber. Erstens: man gewöhnt sich, das kann von Vorteil sein. Zweitens: In Heinrich von Kleists Lustspiel »Der zerbrochene Krug« sagt der Gerichtsherr Walter, man solle nach Utrecht zum Gerichtstag kommen, die Gerichtstage seien Dienstag und Freitag. Drittens und hauptsächlichens: Wegen der Zehn- oder Elftagesfrist konnte ich immer vom Dienstag bis zum übernächsten Freitag und vom Freitag auf den übernächsten Dienstag springen, wenn es denn wirklich einmal so gekommen war, daß man entweder nicht fertig geworden war oder daß man unvorhergesehen doch noch einen Zeugen hören mußte. Durch dieses Springen konnte ich das Grundübel der Strafprozesse, das »Aussetzen«, fast immer vermeiden. »Aussetzen« heißt zu Deutsch, alles für die Katz, geht alle nach Hause, irgendwann fangen wir wieder von vorne an. Meine Protokollführerin »Fräulein Diana« berichtete mir mal von einer Kollegin, der, nachdem sie um 9 Uhr mit der Hauptverhandlung begonnen hatte, nach der Vernehmung von zwölf Zeugen um 15 Uhr auf- oder einfiel, daß man noch zwei weitere Zeugen brauche. Die Verhandlung wurde nun nicht etwa »unterbrochen«, die Kollegin »setzte aus« oder, wie es im Gerichtsjargon heißt, ließ den Prozeß platzen. Ihren eigenen Prozeß! Die »Aussetzung« bedeutete, daß beim nächsten Mal auch die ersten zwölf wieder zu erscheinen haben würden, vorausgesetzt natürlich, es gäbe überhaupt eine neue Hauptverhandlung. Bei solcher Verfahrensweise ist es nämlich meist so, daß der Prozeß so gründlich versaut ist, daß er jedenfalls zu einem guten Ende nicht mehr findet. Wurde bei mir »Aussetzung« beantragt, pflegte ich zu sagen: »Bei mir wird nicht ausgesetzt. Moses ward auf dem Nil ausgesetzt, aber er wurde in seinem Weidenkörbchen von der Pharaonentochter aufgenommen und gerettet. Damit ist bei der Justiz nicht zu rechnen, hier landen die Ausgesetzten nicht bei Pharaonentöchtern, hier landen sie im Aktenschrank und setzen Staub an.«

Bis vor wenigen Jahren hatten die meisten Leute noch nie von Bad Kleinen gehört. Das änderte sich schlagartig mit der furchtbaren Schießerei bei der Festnahme eines lange gesuchten Terroristen aus der Baader-Meinhof-Zeit. Besonderes Aufsehen erregte die Sache allerdings dadurch, daß sie den damaligen Generalbundesanwalt sein Amt kostete. Er soll sich, so höre ich, besonders ungeschickt aufgeführt haben, im Fernsehen soll er so geschwitzt haben, daß alle dachten, der kann es einfach nicht. Das hatten über diesen Mann allerdings schon vorher viele gedacht, geschadet hatte dem das aber bislang nie. Man hatte sogar gesagt, Generalbundesanwalt sei der nur deshalb geworden, weil man ihn nach den vierzehn Jahren, die er sich an höherer Stelle in der Berliner Justizverwaltung, wie soll man sagen, aufgehalten hatte, dort endlich loswerden wollte, und weil das nur ging, wenn man ihn andernorts anständig versorgte. Ich war in Berlin fast zwei Jahre in seiner Nähe und fand ihn immer nett. Seine auffälligste Eigenschaft war, daß er, unabhängig von Gelegenheit und Anlaß, stets herzlich und laut lachen konnte. Soweit ich mich erinnere, hat er nie über das normale Maß hinaus geschwitzt, daß ihm Schwitzen je zum Verhängnis werden könne, das war völlig unvorhersehbar.

Wir blieben in Bad Kleinen zwei oder drei Tage und fuhren dann nach Wismar. Dort strandeten wir im »Hotel Stadt Hamburg » am Markt, das nach der sogenannten Wende eine sogenannte Nobelherberge geworden ist. Meine Mutter hatte dort in der Not eine glänzende Idee. Sie telefonierte, was zu unserer Überraschung noch möglich war, und schon am nächsten Morgen fuhr vor dem Hotel eine Pferdekutsche vor, eine schwarze geschlossene Kutsche italienischen Stils, zwar nur einspännig, aber sehr vornehm. Wir stiegen ein.

Kurort

Die wunderbare Kutsche fuhr und fuhr und fuhr. Sie fuhr die Stadt hinaus, sie erreichte ein erstes, ein zweites, ein drittes Dorf, sie bog nach links auf einen langen Damm, links und rechts war Wasser. Dann kam eine kleine Brücke und wieder ein Dorf und, als es an einer Windmühle vorbeiging, konnte man auf der anderen Seite einer kleinen Meeresbucht ein größeres Dorf mit einem Hafen voller Fischerboote und mit einer kleinen, aber sehr malerischen Backsteinkirche sehen. Wir fuhren in Kirchdorf ein, dem Hauptdorf der Insel Poel. Meiner Mutter war in Bad Kleinen bei einem Blick auf die Landkarte aufgefallen, daß nicht weit entfernt, nämlich vor der Reede von Wismar, die Insel Poel liegt. Und bei »Insel Poel« fiel ihr plötzlich ein, daß die Schwester meines Vaters, also ihre Schwägerin und meine Tante, häufig von ihren guten Freunden gesprochen hatte, die sie auf einer Insel namens Poel habe. Da die Tante im Familienkreise dafür bekannt war, immer besonderen Wert darauf zu legen, nur in, was immer das sei, besseren Kreisen zu verkehren, hatte meine Mutter in Wismar herausgefunden, daß diese guten Freunde der Tante Gutsbesitzer auf der Insel waren. So telefonierte sie, und so ward uns die Kutsche geschickt.

Die Kutsche führte uns nun aber nicht etwa auf den Gutshof, der war, wie uns gesagt wurde, mit Flüchtlingen schon voll. Die Kutsche hielt vielmehr vor dem Haus des Fischers Hans Schwarz, der sich, was wir indes bald lernten, plattdeutsch Schwatt aussprach. Viel hat Hans Schwarz mit uns allerdings nicht gesprochen. Er war zum einen richtiger Poeler, also dort geboren und immer dort geblieben, und solche sprechen überhaupt selten, fast gar nicht, schon überhaupt nicht mit Auswärtigen. Zum andern war er, um es zurückhaltend auszudrücken und was man auch verstehen kann, nicht gerade davon begeistert, daß wir jetzt sein Fremdenzimmer belegten. Er hatte das wohl auch nur gestattet, um jenen Gutsbesitzern einen Gefallen zu tun. Schwarzens Fremdenzimmer war ein sehr einfaches Zimmer, auf Dauer vielleicht etwas knapp für eine Mutter mit zwei Kindern. Aber wer dachte in jenen Zeiten an Dauer, der Augenblick zählte, und zu ändern war momentan sowieso nichts. Es war immerhin ein Zimmer und das Zimmer hatte einen Waschtisch mit Marmorplatte und darauf eine Keramikschüssel und darinnen eine Keramikkanne. Mit der Keramikkanne ging man auf den Hof und holte Wasser von der Pumpe. Da die Insel Poel weit im Norden liegt, fror die Pumpe öfter mal ein. Aber auf dem Lande muß man besonders pfiffig sein, und so hatte jeder für diesen Fall einen Eimer mit Not-Wasser im Hause bereit, und im Hause war es jedenfalls meist so warm, daß dieses Not-Wasser dort nicht gefror. Aber auf den Hof mußte man selbst dann, wenn bitterster Frost herrschte, wenigstens ab und an, denn auf dem Hof befand sich das »Herzhäuschen« für die allernotwendigsten Bedürfnisse.

Uns kam es so vor, als seien wir im tiefsten Frieden gelandet. Vom Krieg sahen wir nur einmal einen großen Feuerschein. Über der Wismarer Bucht konnten wir das brennende Wismar sehen. Zwei der drei großen Kirchen, die Marienkirche und die Georgenkirche brannten aus. Der Turm der Marienkirche steht heute noch und gibt Wismar vom Meer her zusammen mit den Konturen der Georgenkirche und der Gott sei Dank unbeschädigt gebliebenen Nikolaikirche seine einzigartige Ansicht. Das Kirchenschiff von St.Marien, das auch als

Ruine noch sehr beeindruckte, wurde 1960 abgerissen. So hat Wismar heute einen geräumigen Parkplatz mitten in der Stadt, vielleicht zeitgemäßer als ein Kirchenschiff.

Wir richteten uns auf Poel ein. Mein Bruder und ich gingen gleich wieder zur Schule. Mittag aßen wir, da wir bei Hans Schwarz keine Küche, sondern nur die notwendigste Küchenmitbenutzung hatten, im Gasthaus Groth, das in der bald beginnenden neuen Zeit in »Gasthaus zur Einheit« umbenannt wurde. Es gab einige Geschäfte, sogar ein kleines Kaufhaus, das Kaufhaus Trost, und in den Geschäften gab es auch überraschenderweise noch dieses oder jenes zu kaufen. In der Schule befreundete ich mich für die erste Zeit mit Peter Metelmann, der war nicht nur der Enkel des Kaufhauses Trost, sondern – viel eindrucksvoller – der Sohn des Kapitäns des Dampfers »Insel Poel«, der allerdings noch einige Jahre Reparatur brauchte, ehe er wieder stolz mehrmals am Tage von der Insel Poel nach Wismar und zurück dampfen konnte.

Anfang Mai 1945 kamen plötzlich viele fremde Leute auf die Insel, zum Teil in Autos, die sie einfach stehenließen. Diese Leute waren, so erfuhr man, Nazis, die das Weite suchten und mit kleinen Schiffen nach Dänemark flüchteten. Die Insel Poel sei fast der einzige Fleck in Deutschland, der noch nicht »vom Feind« besetzt worden sei. Die Besetzung aber nahte.

Eines Tages tuckerte ein Boot von Wismar heran. Ihm entstiegen mehrere Leute, darunter zwei kanadische Soldaten. Die machten einen Rundgang durch Kirchdorf. Als sie bald darauf wieder nach Wismar zurücktuckerten, hatten sie die Insel Poel der britischen Besatzungsmacht unterworfen und der britischen Besatzungszone einverleibt. Der Dorfpolizist Herr Kröger trug zum Zeichen dessen ab sofort eine weiße Armbinde. Anfang Juli rollten Panzer auf die Insel. Die Insel wurde sowjetisch. Die Bevölkerung reagierte unterschiedlich. Mädchen und Frauen versteckten sich so gut sie konnten, um drohender Vergewaltigung zu entgehen. Ein älteres Fräulein hängte sich auf, man sagte, sie sei mehrfach vergewaltigt worden, über ein anderes älteres Fräulein, dem dasselbe widerfahren sein sollte, wurden grausame Witze gemacht des Inhalts, sie solle doch froh sein, so habe sie doch endlich mal einen Mann gehabt. Meine Mutter ließ uns Kinder nicht aus den Augen, wir mußten immer dicht bei ihr bleiben. Sie war erfolgreich der Ansicht, daß die Soldaten zwei Monate nach Ende der eigentlichen Kampfhandlungen schon so weit ins normale Leben zurückgekehrt seien, daß sie sich an einer Mutter mit zwei Kindern an der Seite nicht vergreifen würden.

Viele Menschen flüchteten von der Insel in Richtung Schleswig-Holstein, dessen Ostküste man bei klarem Wetter mit bloßem Auge sehen konnte. »Unsere« Gutsbesitzer gingen sofort nach Lübeck, sie sollen sich mit einem Fischerboot haben wegbringen lassen. Kaum waren die Leute weg, wurde geplündert. Alles, was nicht niet- und nagelfest war, wurde gestohlen. Herr Kröger war machtlos. Wir hatten in dieser Beziehung nicht viel zu befürchten, wir hatten nichts. Von einigen Leuten hörte man, die habe »der Russe« abgeholt, weil sie gefährliche Nazis gewesen seien. Das sei aber nur ein Vorwand, in Wirklichkeit seien sie denunziert worden, damit man sich deren Hab und Gut aneignen könne. Man kannte sowohl die Namen der Abgeholten als auch die Namen der angeblichen Denunzianten, und man wußte auch, daß sich einige angebliche Denunzianten tatsächlich auf dem Besitz von Abgeholten breitgemacht hatten.

Bald hatte sich die Lage aber so weit beruhigt, daß wir wieder schöne Spaziergänge machen konnten. Wir wohnten schließlich in einem Ostseebad. Eines Tages, wir hatten gerade die Tür des Hauses von Hans Schwarz hinter uns zugemacht, um an den Strand vom Schwarzen Busch zu gehen, sahen wir einen ausgemergelten, abgerissenen Mann die Straße entlangkommen. Meine Mutter schaute entgeistert und sagte dann zu uns: »Ach du lieber Gott, das ist euer Vater.« Jetzt war es an mir, entgeistert zu gucken, für meinen Bruder will ich hier nicht sprechen, auf den mag das nicht zutreffen. Dieser Ausspruch ward von meinem Vater meiner Mutter nie verziehen. Ich nehme an, daß meine Mutter unausgesprochen die Vermutung gehegt hatte, wir würden den Vater nie wiedersehen. Der Vater war gleich 1939 eingezogen worden, nicht in den Krieg, dazu war er – Jahrgang 1890 – zu alt. Er war im sogenannten Ersten Weltkrieg Soldat gewesen, im sogenannten Zweiten Weltkrieg hatte er das zweifelhafte Glück, in die Zivilverwaltung für die besetzten Gebiete im Osten einzurücken. Auf die Frage: »Wo ist denn dein Vater?« hatte ich gelernt zu antworten: »Mein Vater ist in Lochwitza bei der deutschen Zivilverwaltung der Ukraine.« Wir hatten ihn das letzte Mal vor etwa einem Jahr in Polen gesehen, danach nichts mehr von ihm gehört. Wahrscheinlich hatte er über die nach Lübeck geflohenen Gutsbesitzer von unserem Aufenthaltsort erfahren. Wir erfuhren jetzt von ihm, daß er es geschafft hatte, aus der Ukraine lebend nach Berlin zu gelangen und, was wohl fast noch schwieriger gewesen war, die letzten Kriegstage in Berlin zu überstehen.

Der Vater blieb, obwohl er die Begrüßung sehr übelgenommen hatte. Er durfte auch bleiben, mußte allerdings diverse Bögen und Papiere ausfüllen und entnazifiziert werden. Das ging sehr harmlos aus. Er mußte einige Zeit in einem Wald bei Groß-Strömkendorf, dem Dorf gleich hinter der Brücke zum Festland, Holz schlagen. Und dann mußte er in Wismar im Hafen bei der DeRuTra – geradezu amerikanisch klingende Abkürzung für »Deutsch-Russischer Transport« oder so ähnlich – körperliche Schwerarbeit verrichten, so schwer, daß er, allgemein beneidet, die Lebensmittelzusatzkarte B für Schwerarbeiter beanspruchen konnte. Nach einiger Zeit erhielt er einen Büroposten in der Sparkasse am Wismarer Markt, wurde aber dadurch auf die weitaus weniger ergiebige Lebensmittelzusatzkarte E zurückgestuft. E war die schlechteste Klasse, nur gar keine Zusatzkarte war noch schlechter. Ich hatte später als Oberschüler die Zusatzkarte C. Der Vater wohnte in Wismar in Untermiete, kam nur Sonnabendnachmittag bis Sonntagnachmittag auf die Insel herüber, falls mal ein Schiff ging. Später, 1950 ging die Wohnung seiner »Zimmerlinde« auf ihn über, was zur Folge hatte, daß die ganze Familie nach Wismar zog. Mein Vater hat bis ins hohe Alter in der Sparkasse an seinem Schreibtisch gesessen und hat sich dort sehr wohlgefühlt, und ich glaube, er war dort ein beliebtes Faktotum.

Auf der Insel ging es uns gar nicht so schlecht, wir hatten mittlerweile auch Hans Schwarz sein Fremdenzimmer zurückgegeben und bewohnten jetzt woanders zwei Fremdenzimmer. Wovon wir in der ersten Zeit lebten, kann ich nur vermuten: Ich vermute, daß meine Mutter uns durch passive Bestechung durchbrachte. Sie hatte es verstanden, sich in die Gemeindeverwaltung einzuschleichen und dort im Wohnungsamt zu betätigen. Bei den damaligen Flüchtlingsströmen herrschte ungeheure Wohnungsknappheit. So ging eine Kommission auf der Insel herum und forschte nach Wohnraum, den man noch belegen könnte. Meine Mutter war in einer solchen Kommission. Fand sie keinen leeren Wohnraum, bedeutete das eine Rückkehr mit Brot, Würsten und Schmalztopf, und manchmal brachte auch ein Landwirt einen Sack Kartoffeln vorbei und ein Fischer Fisch, Dorsch und Aal. Der Aal kam meist geräuchert daher und hieß auf Plattdeutsch »Spiekool«. Der war uns eigentlich zu fett, ließ sich aber gut als Tauschware gebrauchen. Hungernde Sachsen kamen mit Textilien, gaben Strümpfe, nahmen »Spiekool«. Den Dorsch aßen wir immer selbst, galt zwar als ordinär, schmeckte aber gut. Heute, lese ich, gibt es in der ganzen Ostsee kaum noch Dorsch. Alsbald normalisierte sich die Lage, man konnte Kartoffeln, Brot und Wurst wieder kaufen, und meine Mutter tat das auch, sie war mittlerweile ordentliche Bürokraft in Wismar und dampfte täglich auf der wiederhergestellten »Insel Poel« hin und zurück. Ich holte sie abends am Hafen ab und kriegte dafür Kekse und Weintrauben.

Meine Zeit auf der Insel Poel dauerte gut fünf Jahre, ich habe sie sehr genossen. Die Insel Poel ist schließlich Luftkurort und Seebad, das kann man, das muß man doch genießen.

Minister

Ich war noch auf der Insel Poel, da wurden die beiden deutschen Staaten gegründet. Im September 1949 wurde aus den drei Westzonen die Bundesrepublik Deutschland, am 7. Oktober 1949 wurde aus der Ostzone die Deutsche Demokratische Republik. Ich fand das sehr interessant. Ich hatte, ich glaube, von einer Frau, die wußte, daß ich viel las, deren Kinder aus mir unbekannten Gründen aber gar nicht lesen mochten, ein Lexikon »Brockhaus Leipzig, A bis Z in einem Band« geschenkt bekommen und konnte alsbald zwar nicht alles, aber viel auswendig, besonders wenn es um Geschichte, noch spezieller, wenn es um Kaiser, Könige, Herzogtümer, Großfürstentümer und so etwas ging. Ich kannte auf jeden Fall alle deutschen und russischen Kaiser, alle französischen und englischen Könige mit ihren genauen Regierungszeiten. An guten

Tagen kann ich jetzt noch sagen, wer Alfons von Kastilien war und was der mit der deutschen Königsgeschichte zu tun hatte. Und eine Zeitlang konnte ich sogar die vielen thüringischen Fürstentümer unterscheiden.

1949 kannte ich sofort alle Minister in Ost und West. Die drei stellvertretenden Ministerpräsidenten der DDR – Ulbricht/SED, Kastner/LDP, Nuschke/CDU) –, denen im Westen der Vizekanzler Blücher/FDP entsprach, fallen mir heute noch auf Anhieb ein. Von den weiteren Ministern sind mir zwei in Erinnerung geblieben, vor allem deshalb, weil sie, beide von der CDU, so ein völlig anderes Schicksal genommen haben. Gustav Heinemann/ CDU-West war im ersten Kabinett Adenauer Innenminister und wurde zwanzig Jahre später von SPD und FDP zum Bundespräsidenten gewählt, Georg Dertinger/ CDU-Ost war der erste Außenminister der DDR und kam 1953 als angeblicher Spion ins Zuchthaus.

Als Kind habe ich mich für solche Leute interessiert. Je älter ich wurde, desto rapider nahm das Interesse ab. Heute weiß ich gerade mal, wer Justizminister ist, das heißt, wer Justizminister in der Bundesregierung ist. Neben dem oder der gibt es ja noch sechzehn weitere Justizminister. Wir leisten uns in Deutschland tatsächlich siebzehn Justizminister, jedes Land hat einen, und oben darauf sitzt noch der Bundesminister der Justiz. Diese Vielzahl ist meiner Meinung nach auch die Ursache für vielerlei Misere. Eine Freundin von mir arbeitet beim RIAS, dessen mit dem Deutschlandsender zusammengeworfene Reste sich jetzt Deutschlandradio Berlin nennen. Sie bat mich eines Tages, ein kleines Funk-Feuilleton zu schreiben. Der damalige Lokal-Justizminister von Hessen, grün, aber adelig, also besonders interessant fürs Feuilleton, habe den Vorschlag gemacht, in Deutschland lebende Ausländer als Schöffen bei Gericht zuzulassen. Die Freundin hielt das für sehr bemerkenswert. Ich schrieb, bemerkenswert schon, aber nur, weil der Minister sich damit bemerkbar machen wolle. Siebzehn Justizminister, die kann doch kein Mensch alle kennen, völlig unmöglich, und außerdem ist da noch ein ständiges Kommen und Gehen, manchmal denke ich, viel zu viel Kommen, viel zu wenig Gehen. In einem solchen Haufen ist es natürlich schwer, sich irgendwie, wie sagt man da doch gleich, zu profilieren, auf sich aufmerksam zu machen, auf daß die Öffentlichkeit überhaupt merke, daß sie da sind, bevor sie bald wieder weg sind. Ein solches Feuilleton konnte natürlich nicht gesendet werden. Im übrigen hat man von dem Vorschlag des adligen Grünen nie wieder etwas gehört, und der Minister ist auch schon lange wieder weg.

Die Bundesjustizministerin, man muß sagen, eine der Bundesjustizministerinnen, machte den Vorschlag, man solle nicht nur bei Delikten im Straßenverkehr, wie jetzt Gesetzeslage, sondern ganz allgemein, also auch bei Betrug und Untreue, Körperverletzung, Unterschlagung und vor allem auch bei den sogenannten Bagatelldelikten, bei denen ja der Ladendiebstahl an einsamer Spitze steht, den Angeklagten den Führerschein für einen bis drei Monate wegnehmen, also Fahrverbot erteilen. Ich wurde dazu vom Lokalsender SFB interviewt. Ich sagte: Völliger Unfug, die Frau ist Politikerin, muß daher von sich reden machen, egal womit. Diejenigen meiner »Kunden«, die mit dem Vorschlag gemeint sein könnten, hätten gar keinen Führerschein und auch kein Auto, und hätten sie doch ein Auto, dann führen sie auch ohne Führerschein. Und weiter: Fahrverbot für allgemeine Straftaten, das paßt auch sonst nicht, hat keinen Bezug dazu. Das sei so, als ob man sagte: »Wie? Sie haben sich dazu hinreißen lassen, im KaDeWe die beiden teuren Lippenstifte ohne Bezahlung mitzunehmen? Dafür dürfen Sie jetzt einen Monat lang Ihren Nerzmantel nicht tragen!« Aus dem Vorschlag jener Ministerin ist natürlich nichts geworden und aus der Ministerin, man kann sagen, eigentlich auch nichts; jedenfalls ist sie schon lange wieder von der Bildfläche verschwunden.

Grenzverletzungen

Als wir im Herbst 1950 nach Wismar umzogen, war ich zwar schon zwölf und damit eigentlich erwachsen. Aber trotzdem begleitete mich meine Mutter in die Gerhart-Hauptmann-Schule, die meine neue Schule werden sollte. Schließlich war das eine Stadtschule mit acht sechsten Klassen. Ich kam vom Land, das ist schon ein gewaltiger Wechsel, für den auch ein eigentlich schon erwachsener Zwölfjähriger mütterliche Begleitung nicht zurückweist. Ich sage zwar erwachsen, aber ich war zumindest schon sehr selbständig, wie viele Kinder damals, die vom Krieg noch etwas ab- oder mitbekommen hatten. Immerhin war ich so selbständig, daß ich im Jahr zuvor, also mit elf, zweimal ganz allein »schwarz« über die Grenze »in den Westen« gegangen war. Da ich beide Male zurückkehrte, habe ich eigentlich sogar viermal die Grenze überquert. Ich »reiste« 1949 sowohl in den Sommer- als auch in den Winterferien von Mecklenburg-Vorpommern nach Schleswig-Holstein. Im Sommer war die zu überquerende Grenze noch eine Zonengrenze, Mecklenburg-Vorpommern lag da noch in der Sowjetischen oder, wie man allgemein sagte, Russischen, und Schleswig-Holstein in der Britischen oder, wie man allgemein sagte, Englischen Besatzungszone. Im Winter lag Mecklenburg-Vorpommern in der Deutschen Demokratischen Republik und Schleswig-Holstein in der Bundesrepublik Deutschland, so daß im Winter zwar dieselbe Grenze überquert werden mußte, die Grenze war aber jetzt eine Staatsgrenze. »Staatsgrenze«, das hört sich so gewaltig an und wurde später ja auch ein bedeutungsvoller Begriff. Damals aber war die allgemeine Meinung zu dieser Staatsgrenze die, daß die Grenze nur sehr vorübergehend Bestand haben werde. Der »Westen« tönte unablässig, wie rechtswidrig sie sei, und im »Osten« galt noch das Wiedervereinigungsziel, was schon daraus hervorgeht, daß in der eigentlich wunderbaren Nationalhymne der DDR es noch »Deutschland einig Vaterland« hieß und daß es noch geraume Zeit die Devise »Deutsche an einen Tisch« gab. Nach und nach ließ diese Meinung nach, im Osten wie im Westen. Mir scheint, im Osten hielt die Bevölkerung lange daran fest, rückte die Regierung aber davon ab, im Westen umgekehrt, da rückte die Bevölkerung ab, hielt die Regierung daran fest, wenn vielleicht auch nur mit dem Mund, nicht mit dem Herzen. Vierzig Jahre später waren in Ost und West im Grunde alle davon überzeugt, daß die Grenze ewigen Bestand haben werde. Als die Grenze dann plötzlich wegfiel, geschah das zu allgemeiner Überraschung, wenn auch weder in Ost noch in West zu allgemeiner Freude.

Ich hatte bei allen Grenzüberquerungen, die ja eigentlich als Grenzverletzungen zu betrachten waren, nicht das geringste Unrechtsbewußtsein. Ich kannte diesen juristischen Ausdruck damals natürlich noch nicht. Aber die Juristen haben für diesen Fall des Nichtkennens den wunderbaren Ausdruck »Parallelwertung in der Laiensphäre« parat. Den kannte ich damals selbstredend auch noch nicht. Aber auf Kenntnis kommt es gerade dabei nicht an. Es gibt sie tatsächlich, diese »Parallelwertung in der Laiensphäre«. Hält man vollständig inne und schließt dabei wenigstens halb die Augen, so kann man verstehen, was damit gemeint ist. In meinem Fall hieß das, daß ich trotz mehrmaligen Nachdenkens und trotz der Bereitschaft, auch unangenehme Dinge einzusehen, keinen Grund finden konnte, von der Grenzüberquerung abzulassen. Tatsächlich war es sogar so, daß ich die Grenzen, je mehr ich darüber nachdachte, desto blöder und überflüssiger fand. Das freut mich heute noch.

Ich hatte bei den Grenzüberquerungen auch keine Angst, was mich später wunderte. Seit längerem aber weiß ich, woher das kommt. Ich wohnte damals auf der Insel Poel, und dort darf man alles haben, nur keine Angst. Also hatte ich auch keine, konnte mir keine leisten. Wird dort nämlich auch nur vermutet, daß man Angst habe, wird man sofort verdroschen. Das gilt besonders dann, wenn man von woanders ist und, so sagte man dort scherzhaft, auf Poel sei jeder von woanders, der noch nicht wenigstens fünfzig Jahren dort ansässig sei. Wer nun sogar nicht einmal schamhaft zu verstecken versucht, daß er von woanders ist, lebt besonders gefährlich. Von mir wußte jeder, daß ich aus Berlin bin und mich auf der Insel nur aufhalte, weil wir, so lautete damals der gängige Ausdruck, »durch die Kriegsereignisse dorthin verschlagen worden« seien. Mein Aufenthalt dort, so wurde ich nicht müde zu betonen, sei also nur notgedrungen und im übrigen rein vorübergehend, was natürlich saublödes Geschwätz war, denn ich habe auf der Insel Poel trotz aller Widrigkeiten der Nachkriegszeit eine herrliche Kindheit gehabt, fünf wunderbare Jahre. Jetzt, wo ich dieses schreibe, wundere ich mich, daß ich eigentlich doch eher selten verhauen wurde. Das lag aber vielleicht daran, daß ich zwar nicht kleinlaut, aber vorsichtig lebte. Dazu gehörte vor allem, gewisse Orte nur in starker Begleitung aufzusuchen, andere ganz zu meiden. Zwei der vierzehn Ansiedlungen der Insel habe ich das erste Mal 1992 gesehen, in meiner Schulzeit hätte ich nie gewagt, diese Stätten zu betreten. In einem Dorf hätte mich sogar die besondere Schande ereilt, von einem Mädchen verhauen zu werden. Am Eingang dieses Dorfes, das, wie man sich leicht denken kann, ein besonderes Kaff war, lauerte aus mir jedenfalls damals nicht im geringsten einleuchtenden Gründen eine sehr starkknochige Anneliese auf mich. Ich rächte mich dadurch an ihr, daß ich sie vergeblich warten ließ, ich kam nie, mußte allerdings dafür immer ziemliche Umwege in Kauf nehmen.

Im Sommer 1949 brachte mich meine Mutter – schon wieder mütterliche Begleitung! – mit der Eisenbahn bis Herrnburg. Das war auf der Strecke Bad Kleinen-Lübeck die letzte Station in Mecklenburg vor der Grenze. Die Eisenbahn fuhr zwar noch bis Lübeck weiter, aber es wurde kontrolliert, und wer keine Erlaubnis hatte, die Zonengrenze zu überschreiten oder zu überfahren, flog raus. Wir erkundigten uns in Herrnburg bei der Bevölkerung, und die bestätigte, was man ohnehin wußte, daß auf Schiene und Straße ein Durchkommen ohne besondere Erlaubnis unmöglich sei. Die Zonengrenze aber, so fügte die Bevölkerung gleich hinzu, werde von einem kleinen Bach dort hinter dem wogenden Kornfeld links gebildet, der Bach könne gefahrlos durchwatet werden. Ich ging sofort links ab zum Kornfeld. Meine Mutter versuchte, mein Manöver des Grenzübertritts auf einer Art Feldherrnhügel zu überwachen. Da die Landschaft dort aber zum einen nur kleinhügelig ist und ich zum andern auch noch heute alles andere als hünenhaft bin, war ich in dem Kornfeld ihren Blicken bald entschwunden. Da war der Bach. Nirgends ein Mensch, weder drüben noch hüben. Ich hätte den Bach nun, der tatsächlich keine fünf Meter breit war und dessen Wasser höchstens knietief stand, wirklich ganz schnell durchwaten können und wäre »drüben« gewesen. Aber ich begann damit, mir sorgfältig Schuhe und Strümpfe auszuziehen, und mir ist noch in Erinnerung, daß sich ein Schnürsenkel verknotet hatte. Heute erscheint mir dieses Verhalten fast beamtenhaft. Aber das war es nicht. Man bedenke, Schuhe und Strümpfe waren damals kostbare Sachen, man schonte sie. Zu Hause, auf der Insel Poel, ging man auch deshalb den ganzen Sommer über barfuß, allenfalls trug man Holzpantinen. Und wahrscheinlich hatte ich auch, so glaube ich, für die Reise in den Westen die besten Schuhe und Strümpfe angezogen, vielleicht, damit man sich im Westen, wo ja alles schon sehr viel besser war als im

Osten, nicht blamiere. Einen solchen blöden Gedanken halte ich leider nicht für gänzlich ausgeschlossen.

Es kam, wie es kommen mußte. Es erschienen, wie es später hieß, die Grenzorgane. Das waren zwei sowjetische Soldaten. Als die sahen, was ich da machte, lachten sie zwar, hießen mich aber Schuhe und Strümpfe wieder anzuziehen und mich in Richtung Herrnburg zu trollen. Ich tat wie geheißen und trollte mich auch, indes trollte ich nicht lange, sondern kam, kaum daß die Soldaten sich ihrerseits getrollt hatten, zurück und watete nach »drüben«, diesmal in Schuhen und Strümpfen. Man lernt, wenn man muß, schnell.

»Drüben« war Lübeck, das heißt erst einmal Schlutup. Ich erschien aus einer Art Gebüsch auf einem kleinen leeren Platz vor einer Schranke. Das war unverkennbar die westliche Grenzschranke, denn völlig zivil und ungezwungen lehnten auf der Schranke einige Leute. An die östliche Grenzschranke hätte keine Privatperson herangedurft. Die Leute begrüßten mich mit großem Halloh. Ich mußte erzählen. Ein sehr netter älterer Herr, mindestens dreißig, nehme ich an, brachte mich mit dem Autobus nach Lübeck, wo ich in der Nähe des Bahnhofs zu Leuten ging, die früher auf Poel Gutsbesitzer gewesen waren, vor den Russen und den Kommunisten »abgehauen« waren und die mir jetzt zwei West-Mark liehen, mit denen ich per Eisenbahn nach Eutin zu Tante und Onkel fahren konnte. Sechs Wochen später kam ich wieder vorbei und gab die zwei West-Mark zurück, man war großzügig und verlangte keine Zinsen.

Ich weiß nicht, wie ich in dem Sommer zurückgekommen bin. Ich glaube fast, ich bin einfach mit dem Zug gefahren, auch ohne Papiere. Hinein in die »Zone«, wie die Ost-Zone damals ganz allgemein schlicht genannt wurde, ging es vielleicht leichter als hinaus. Dafür spricht, daß ich mich auch an die Winterrückreise nicht mehr erinnere. Auch sie muß also problemlos abgelaufen sein, obwohl es ja mittlerweile zur DDR gekommen war, was übrigens an dem Sprachgebrauch nichts änderte, »Zone« blieb »Zone«. Nebenbei fällt mir ein, daß es für die verschiedenen politischen Gebilde überhaupt ganz eigene Bezeichnungen gab. Ost-Berlin hieß, bevor der Ausdruck »Berlin Hauptstadt der DDR« eingeführt wurde, ost-amtlicherseits »Demokratischer Sektor von Groß-Berlin«, in der

Bevölkerung hingegen »Sektor«, sozusagen als Ergänzung zur »Zone«. Die Bundesrepublik war für die Berliner ohne jede Rücksicht auf Geographie »Westdeutschland«, und ich finde es ganz witzig, daß viele West-Berliner dabei geblieben sind. Für sie liegt selbst der hinterste Zipfel Bayerns oder Dithmarschens immer noch in »Westdeutschland«. Jedoch »Zone« und »Sektor«, das gibt es selbst für die Hartnäckigsten nicht mehr.

Wie die Sommer-Hinreise so ist mir auch die Winter-Hinreise ganz und gar und genau in Erinnerung. In Wismar war eine Frau aus dem »Westen« zu Besuch, legal. Die Frau hatte drei Kinder bei sich, und da dachten alle, wo drei Kinder sind, fällt ein viertes Kind nicht auf. Wir fuhren also zu fünft gen Lübeck. In Herrnburg mußten alle aus dem Zug hinaus und durch eine Kontrollstelle. Wer die Kontrolle bestanden hatte, durfte wieder in den Zug einsteigen. Die Frau ging mit ihren drei Kindern zur Kontrollstelle. Ich blieb etwas zurück, damit beim Zählen der Kinder keine Verwirrung eintrete. Ich beobachtete den Vorgang aber aufmerksam in einigem Abstand, etwas verdeckt durch eine Art Säule. Der Plan war, unauffällig hinzuzutreten, wenn die Kontrolle der Frau mit dem Abzählen der Kinder sozusagen beendet zu sein schien. Aber viel zu früh ward ich hinter meiner Säule entdeckt.

»Was machst du denn hier?« – »Ich warte auf meine Mutter.« – »Ja, wo ist die denn?«– »Wenn ich das nur wüßte!«

Man ging mit mir umher, damit ich meine Mutter zeige. Meine »Familie« war immer noch in der Kontrolle und beobachtete mich genau so ängstlich wie ich sie. Wir durften uns ja gegenseitig nicht zueinander bekennen, noch nicht jedenfalls, und keinesfalls, bevor die vier nicht wenigstens auf dem Weg in den Zug waren. Ich fand also »meine Mutter« nicht, und die Kontrolleure fingen schon an, unruhig zu werden. Da sah ich plötzlich »meine Familie« in den Zug einsteigen. Ich rief: »Da sind sie ja, sie steigen schon in den Zug, die haben mich bestimmt überall gesucht!« Den Kontrolleuren war die Erleichterung anzusehen, mich loszuwerden. Sie schoben mich schnell durch die Kontrollstelle und riefen: »Nun, lauf aber schnell, der Zug fährt gleich ab!«

Neue Schule

In der Gerhart-Hauptmann-Schule in der Dahlmannstraße in Wismar war ein furchtbares Gewimmel von Kindern. Ich kam mir vor wie in einem Hexenkessel. Es gab damals, bedingt durch die vielen Flüchtlinge aus den Ostprovinzen Ostpreussen, Pommern, Schlesien, so viel Schüler und Schülerinnen, daß die Klassenzimmer überfüllt waren. Auch in Kirchdorf auf der Insel Poel war es voll gewesen, aber das war kein Vergleich mit dem, was ich jetzt in Wismar sah. Die Gerhart-Hauptmann-Schule war proppenvoll, man teilte sie schließlich sogar in zwei Teile auf. Den einen Teil nannte man die A-Schule, den anderen Teil die B-Schule. In der einen Woche hatte die Gerhart-Hauptmann-Schule-A Montag, Dienstag, Mittwoch am Vormittag und Donnerstag, Freitag am Nachmittag das Schulgebäude zur Verfügung, während die B-Schule in der Woche Montag, Dienstag, Mittwoch am Nachmittag und Donnerstag, Freitag am Vormittag die Schüler unterrichtete. In der Woche darauf wurde getauscht. Wie der Unterricht am Sonnabend geregelt war, weiß ich nicht mehr. Auf jeden Fall hatte man damals ganz selbstverständlich auch am Sonnabend Unterricht, und ich habe erst kürzlich erfahren, daß in Deutschland der Sonnabend seit längerem schulfrei ist – so lebensfremd kann man sein.

Hatte man am Nachmittag Unterricht, so begann der um 12 Uhr 15. Das war eine sehr unglückliche Zeit, mancher Schüler kam dann schon recht müde zur Schule, mancher kam in den freien Stunden am Vormittag auch auf Abwege, denn die meisten waren in dieser Zeit völlig ohne Aufsicht. Erschienen Schüler zu spät zum Unterricht, so hinderte die Anfangszeit 12 Uhr 15 sie nicht daran, ihr Zuspätkommen mit dem üblichen »habe leider verschlafen« zu entschuldigen, was immer für Heiterkeit sorgte, meist verbunden mit Blamage. Von einem Schüler, mit dem ich mich eigentlich deshalb hätte zusammentun sollen, wie mir heute scheint, lernte ich in dieser Beziehung etwas ganz Wichtiges. Er vertraute mir eines Tages an, daß er, wenn er sich verspätet habe, es ganz anders mache. Er platze nicht wie die andern in den bereits begonnenen Unterricht hinein. Den störe man ja dadurch und außerdem sei man dann auch verpflichtet, vor versammelter Mannschaft irgendeine Entschuldigung zu stammeln. Nein, er warte immer bis zur ersten Pause und setze sich dann wie selbstverständlich auf seinen Platz. Entweder falle das gar nicht auf, oder jeder denke, es habe so seine Richtigkeit. Tatsächlich, so war es, ich lernte, die Art und Weise, in der man auftritt, ist ganz und gar nicht ohne Bedeutung, im Gegenteil.

Als meine Mutter mit mir die Schule betrat, war gerade große Pause, und es herrschte dadurch besonders großes Getümmel, wahre Völkerschaften zogen unter ohrenbetäubendem Gebrüll durch die Gänge. Das Getümmel wurde noch dadurch erhöht, daß einige Klassen wegen der Überfüllung keinen ständigen Klassenraum hatten, sondern als »Wanderklassen« von Lücke zu Lücke wanderten. Ich gehörte eine Zeitlang selbst mal zu einer »Wanderklasse« und erinnere mich, daß es manchmal geschah, daß einfach hinaus auf die Straße gewandert und dann verschwunden wurde. Das konnte natürlich nicht bei jedem Lehrer gewagt werden und wurde auch nur bei solchen gemacht, die, so meine ich, über das Verschwinden der Klasse nur froh sein konnten, weil bei ihnen die Horde auf den Tischen tanzte. Klassen unter vierzig Schülern gab es überhaupt nicht.

Schon auf dem Gang zu meinem neuen Klassenzimmer sahen wir Schreckliches. Eine alte Dame, behängt mit verschiedenen Brillen und diversen Taschen und Behältnissen, stand vor einem Schüler und schimpfte den so aus, daß alle die Brillen und Taschen wackelten. Sie stampfte mit den Füßen und hatte eine Stimme wie eine Feuerwehrsirene, wobei man allerdings gerechterweise sagen muß, daß sie sich bei dem ohrenbetäubenden Krach, der da herrschte, nur so einigermaßen Gehör verschaffen konnte. Gleichwohl: Die Szene wirkte schrecklich, und ich hoffte im stillen, daß ich es mit dieser Lehrerin nie zu tun bekommen werde. In diesem Augenblick sichtete uns die Feuerwehrsirene. Sie wandte sich von dem kleinen Delinquenten, der sofort die Gelegenheit ergriff zu verschwinden, ab und uns zu. Sie hatte plötzlich ein liebenswertes Lächeln im Gesicht, und ihre Stimme klang sanft, als sie zu meiner Mutter sagte: »Sie bringen uns gewiß meinen neuen Schüler. Ich danke Ihnen, Sie können beruhigt nach Hause gehen, er kommt jetzt mit mir.« Und schon ergriff sie mich und führte mich an ihrer Hand in den Klassenraum, wo siebenundvierzig Kehlen aus Leibeskräften schrieen.

Diese Lehrerin hieß wirklich und tatsächlich Elfriede Wildfang. Als sie das Klassenzimmer betrat, erstarb augenblicklich das wüste Geschrei, das wir bis vor die Tür gehört hatten. Alle siebenundvierzig Schüler und Schülerinnen erhoben sich mucksmäuschenstill und riefen unisono: »Guten Morgen, Fräulein Wildfang!« Elfriede Wildfang hatte alle und alles sofort im Blick, zeigte dann auf mich und sagte: »Guten Morgen, setzen! Hier ist ein Neuer, er heißt ... Na, nun sag schon, wie du heißt!« Bevor ich noch den Mund auftun konnte, stand ein Mädchen auf und rief laut: »Denn kenn ick, de is ut Peul«, was plattdeutsch ist und auf Hochdeutsch heißt, daß sie mich kenne und daß ich von der Insel Poel sei. Ich kannte dieses Mädchen auch. Es war Nordlind Heinrich, Tochter des bekanntesten Fotografengeschäfts in Wismar. Ihr Vater unterhielt während der Sommermonate auf der Insel Poel eine Filiale, und im Sommer war denn auch Tochter Nordlind immer auf der Insel zur Sommerfrische und zum Mithelfen. Ich habe übrigens Leute getroffen, die mir nicht glauben wollten, daß es tatsächlich den weiblichen Vornamen Nordlind gegeben habe. Ich versichere, es gab ihn wirklich, und mir sind auch noch zwei weitere Nordlinds oder, vielleicht ist das der richtige Plural, Nordlinden in Erinnerung. Jede Zeit hat ihre Vornamen. Damals war auch Helga sehr verbreitet, allein in meiner neuen Klasse gab es vier Helgas.

Bei dem Wort »Peul«, also Poel, brach ein unvorstellbarer Lärm aus. Alle anderen sechsundvierzig Schüler und Schülerinnen hauten auf die Tische und riefen wie aus einem Mund: »Peuler Döschkopp, Peuler Döschkopp!« Das ist wiederum plattdeutsch und heißt hochdeutsch »Poeler Dorschkopf«. Durch »Dorschkopf« oder eben »Döschkopp« allein wäre solche Heiterkeit nicht ausgelöst worden, die Verbindung mit »Poel« oder eben »Peul« war entscheidend.

Schon Fritz Reuter hatte gesagt, in Mecklenburg gehe die Welt, wenn es soweit sei, fünfzig Jahre später unter als anderswo. Das war eine politische Anspielung auf die Rückständigkeit Mecklenburgs, und in der Tat galten bis in das zwanzigste Jahrhundert hinein die beiden mecklenburgischen Großherzogtümer neben Bayern als die rückständigsten Gegenden ganz Deutschlands. In Mecklenburg wiederum wurde die Insel Poel als noch rückständiger angesehen. In Wismar sagte man, auf der Insel Poel werde die Welt, wenn es soweit sei, noch weitere fünfzig Jahre später als das übrige Mecklenburg untergehen. So ist es immer, wer selbst getreten wird, sucht sich einen, den er seinerseits treten kann. Vielleicht ist das aber auch gar nicht so schlimm, wie man denkt, sondern eine gesunde Form des Abreagierens, obwohl das natürlich dem nie gefallen kann, an dem abreagiert wird. Mir jedenfalls gefiel »Peuler Döschkopp« absolut nicht. Die Heiterkeit, die dieser Ausdruck hervorgerufen hatte, war so enorm, daß selbst Fräulein Wildfang Mühe hatte, sich durchzusetzen. Sie brachte ihre Feuerwehrstimme auf volle Lautstärke und rief: »Ruhe! Setzen! Aufstehen! Auf der Stelle Schluß damit! Setzen!« Dann erklomm sie erschöpft ihren Hochsitz. Wie damals in fast allen Klassenzimmern befand sich auch hier ein vielleicht vierzig Zentimeter hohes Podest, und auf dem Podest stand ein beeindruckendes Katheder, an und in dem Fräulein Wildfang jetzt ihre vielen Taschen und Behältnisse und sich selbst verstaute. Meine Herkunft von der Insel Poel war schnell vergessen, zumal bald jeder zu wissen hatte und auch wußte, daß ich eigentlich Berliner war. Ich nehme übrigens an, daß es den Ausdruck »Dorschkopf« gar nicht mehr gibt, ausgestorben wie der Dorsch selbst, in der ganzen Ostsee findet man keine Dorsche mehr, total überfischt, alles in Konserven gepreßt und weggefressen.

Elfriede Wildfang war etwas ganz Besonderes, in meiner Erinnerung hat sie so ein bißchen die Gestalt der älteren Adele Sandrock angenommen, ich mochte beide sehr. Von den anderen Lehrern mochte ich besonders einen Gottfried Bläschke, der unterrichtete Rechnen oder gar Mathematik, war besonders streng und trotzdem oder gerade deshalb besonders beliebt. Auch die Lehrerin Läppchen, übrigens auch Elfriede und auch »Fräulein«, muß unbedingt erwähnt werden, nicht nur wegen ihres schönen Namens, der, obwohl man das leicht denken könnte, durchaus kein Künstlername ist. Elfriede Läppchen war wegen ihrer engelsgleichen Geduld und Freundlichkeit selbst bei den hartgesottensten Schülern respektiert und beliebt, was tatsächlich etwas heißen will, denn sie war die Musiklehrerin. Der Deutschlehrer Herr Riebe mochte mich besonders, weil ich in den Diktaten eigentlich immer »Fehler: Null« schrieb. Was daran lag, daß ich viel las, und wer viel liest, kann meist auch richtig schreiben. Herr Riebe brachte mir bei, wie man Gedichte aufsagt, ohne so zu leiern, wie es Schüler so häufig tun. Er sagte mir: »Mach Pausen! Tu so, als ob du überlegst, als ob dir die Worte jetzt einfallen! Die Pausen versetzen die Zuhörer in Spannung und du kannst in den Pausen überlegen, wie der Text weitergeht.« Wenn wieder einer leierte, wurde ich gerufen, damit man lerne, wie man Pausen mache.

Wie sich das, was man früh lernt, doch einprägt! Ich sage auch heute noch liebend gern Gedichte auf, besonders »Die besoffene Hummel« von Erich Weinert und die letzten Worte aus »Faust«. Manchmal biete ich an, die Gedichte oder wenigstens eines davon aufzusagen. Das findet, obwohl ich immer gleich dazu sage, daß beide Gedichte nicht nur kurz, sondern sogar sehr kurz sind, nur selten die von mir erwartete Begeisterung. Nun gut, Erich Weinert ist vielleicht etwas umstritten, obwohl ich immer sofort sage, es handele sich bei »Die besoffene Hummel« um ganz etwas anderes als bei »Im Kreml ist noch Licht«, auch von Erich Weinert. Aber die letzten Worte aus »Faust«, die sind doch schließlich von Goethe! Ich glaube, wir leben in einer gedichtfernen Zeit.

In meiner späteren Arbeit als Strafrichter ist mir Herr Riebe mit seinen Pausen immer wieder eingefallen. Und immer war ich ihm dankbar. Man ahnt gar nicht, wie wichtig Pausen sind, man selbst, aber auch alle anderen erhalten dadurch Zeit zum Nachdenken. Nichts ist schlimmer als Abnudeln, Runterbeten, Rausgeplapper, das ist schülerhaft, eingelernt, nicht verstanden, drückt Verachtung des Zuhörers aus. Kürzlich habe ich im Radio eine der Bundesministerinnen Schmidt gehört, es gibt ja, man glaube mir, mindestens zwei davon. Die Frau sprach ohne Punkt und Komma, leierte alles runter, was sie wußte, und zeigte dadurch, das ist nicht viel. Ich denke manchmal, daß meine Pausen das wirklich Besondere waren, was ich im Gerichtssaal sozusagen ablieferte, obgleich ich zuweilen auch merkte, daß die Leute so ans immerwährende Geplapper gewöhnt sind, daß sie den Sinn der Pausen gar nicht verstanden.

Mir kommen auch einige Mitschüler in den Sinn. So ein besonders schönes Mädchen mit dem Namen Inge Holtfreter. Holtfreter heißt zu Hochdeutsch »Holzfresser«, nehme ich jedenfalls an, und gehört zu den merkwürdigen Namen, von denen es in Mecklenburg eine ganze Reihe gibt. Ich erinnere mich an Hünemörder, an Frettwurst, also wohl hochdeutsch Freßwurst, an Brathering und – naja – an Fick. Eines Abends saß ich im »Theater der Werftstadt Wismar« und sah mir das Ballett »Der Teufel im Dorf« an. Es wurde eine Kiste hereingetragen. Die Kiste öffnete sich, und eine wunderschöne Fee stieg heraus und tanzte auf der Spitze. Ich wagte nicht, meinen Augen zu trauen, aber es war Inge Holtfreter. Am nächsten Morgen eilte ich zur Schule. Am Tor stand zu meiner Überraschung schon Inge Holtfreter. Sie winkte mich beiseite und sagte dann zu mir: »Hör mal, nichts erzählen! Frag nicht warum, ich habe meine Gründe. Und wenn du doch was sagen solltest, so erzähle ich, daß du eine Brille trägst.« Sie hatte mich also auch gesehen, kein Wunder, denn ich saß schon damals im Theater meist in der ersten Reihe, ganz vorn, da hat man am meisten davon. Ich lernte, jeder hat sein Geheimnis, und die Gründe dafür gehen niemand etwas an. Inge hatte ihr Ballettgeheimnis, und ich holte meine Brille immer erst dann heraus, wenn es im Theater oder im Kino bereits dunkel geworden war. Inges Gründe konnte ich nur vermuten, vielleicht genügte ihr damals der Ruhm, den sie dadurch hatte, daß ihr älterer Bruder ein bekannter Mann war, der spielte in der DDR-Oberliga bei Anker, später Motor Wismar Fußball, und Fußball schlägt Ballett. Vor einiger Zeit sagte mir ein Dresdner Opernsänger, dem ich diese kleine Geschichte erzählte, daß Inge Holtfreter in Dresden eine bekannte Ballettänzerin gewesen sei.

Durch einen anderen Mitschüler kam ich zum ersten Mal in meinem Leben mit der Justiz in Berührung. Der Junge hieß Friedrich-Franz und war ein etwas versponnener Intellektueller, gleichwohl lustig. Seine Mutter war eine Zeitlang in Wismar Staatsanwältin. Friedrich-Franz und ich besuchten sie öfter im Fürstenhof, jenem beeindruckenden Renaissance-Haus, in dem das Wismarer Amtsgericht untergebracht war und ist. Das Wismarer Gericht hieß damals noch Amtsgericht, erst später wurde es zum Kreisgericht, heute ist es wieder das Amtsgericht, so ändern sich die Zeiten. Es gab damals noch einen leibhaftigen Amtsrichter dort, der hieß Herr Kröning und war ein milder, älterer, wenn nicht alter Herr. Zu ihm gehörte eine

Amtsanwältin, was normalerweise auch ausreichte. Jetzt aber war die Staatsanwältin, Friedrich-Franzens Mutter, gekommen, um mit den reaktionären Kräften von Wismar und Umgebung aufzuräumen. Unter ihrer Leitung fand in einem Tanzsaal im Thälmann-Haus neben unserer Schule einer jener Prozesse statt, die unter dem Namen »Schauprozesse« das Renommé der DDR so nachhaltig zerstörten, daß sie sich davon nie wieder hat erholen können. Den Angeklagten wurden Wirtschaftsverbrechen vorgeworfen. Auf der Straße kursierte der »Witz«: Wer ist angeklagt? Angeklagt sind die Müller und die Mühlenbesitzer! Und wes sind die angeklagt? Sie haben mit Westwind gemahlen!

Die Staatsanwältin, also Friedrich-Franzens Mutter, war eine sehr gutaussehende Frau, besonders ihre schönen Haare fielen auf, lang, glänzend, ganz dezent rot, gefärbt. In Wismar erzählte man sich, sie habe nach dem Krieg einen Justiz-Schnellkurs gemacht, davor sei sie in Schwerin Friseuse gewesen. Als sie noch Friseuse gewesen sei, habe ihr Mann, also Friedrich-Franzens Vater, sie geheiratet, um mit der jungen schönen Frau fürs Rentenalter gerüstet zu sein, und in der Tat, er war bedeutend älter als seine Frau. Von der Nachkriegskarriere seiner Frau sei der Mann überrascht worden, billige ihre Tätigkeit auch nicht, sei vielmehr ein richtiger alter Kapitalistentyp und verhaue seine Frau immer mit der Kohlenschaufel, wenn sie es im Gericht zu arg treibe. Nun, es wird viel erzählt. Immerhin: es gab bei Friedrich-Franzens Eltern tatsächlich eine Kohlenschaufel, und Friedrich-Franzens Vater war wirklich ein Bilderbuch-Kapitalisten-Typ, sah genau so aus, wie ich mir in Romanen immer einen begüterten, zugleich aber auch gebildeten Kommerzienrat vorgestellt hatte. Ich war gern bei Friedrich-Franz zu Gast. Es ging da geradezu vornehm zu. Kam die Staatsanwältin nach Hause, küßte ihr ihr Mann die Hand, und sie ließ es huldvoll geschehen. Das war zwar wohl nicht unbedingt ein Zeichen der neuen Zeit, aber doch weit entfernt von Kohlenschaufel. Mir gefiel es sehr.

Stadttheater

So klein Wismar auch war – und ist, es hatte und hat keine fünfzigtausend Einwohner –, es gab dort früher ein richtiges Stadttheater. Das ist natürlich längst vorbei, aber damals war das »Theater der Werftstadt Wismar«, wie es dann bald hieß, ein richtiges Stadttheater mit allen vier alten Theatersparten, ein Theater also, in dem es Schauspiele gibt und Opern und Operetten und Ballett. Jede Stadt in Deutschland war früher stolz darauf, ein Stadttheater zu haben, und hatte auch eines, ausgenommen natürlich die Städte, die denn doch allzu klein waren oder so groß, daß sie für jede Sparte ein eigenes Haus hatten oder sogar mehrere Häuser. Das eigentliche Stadttheater von Wismar war 1946 aus mir unbekannten Gründen abgebrannt. Theater brannten früher ja sowieso von Zeit zu Zeit ab. Ich weiß vom alten Stadttheater Wismar wenig, beim Schreiben jetzt kommt mich das Bedürfnis an, mich damit demnächst mal etwas näher zu befassen. Als Junge stand ich oft vor der Brachfläche in der Mecklenburgischen Straße, wo das Stadttheater gestanden hatte, und versuchte mir vorzustellen, wie das Haus wohl ausgesehen habe und was man in ihm aufgeführt haben mochte. Ich stellte es mir immer sehr hübsch vor. Da es allerdings offensichtlich sehr klein gewesen war, nehme ich an, daß es dort bescheiden zuging, »Tosca« etwa hatte man dort bestimmt nicht gebracht, nicht bringen können, obwohl »Tosca« eigentlich für ein Stadttheater unverzichtbar ist. Gegen diese allerdings nur vermutete Bescheidenheit war das Theater, das ich dann in Wismar erleben durfte, die ausgesprochene Üppigkeit.

Das neue Theater hatte man in einer ehemaligen Reithalle hinter der Kuhweide errichtet. Gewiß, ich nehme an, es sah alles etwas behelfsmäßig aus. Aber es war alles da, was man brauchte, um einer kleinen Stadt Shakespeare und Schiller und Tschaikowski und Gogol und Mozart und Millöcker vorzuführen. Die DDR ließ sich auf diesem Gebiet jedenfalls wahrlich nicht lumpen. Und vor allem ermöglichte sie es mir als Schüler, an all dem für fast kein Geld teilzuhaben. Ich kaufte mir für 1,05 DM – die Mark hieß damals auch in der DDR noch »DM«, also Deutsche Mark – jeden Monat einen Schüler-Theaterschein und bekam dafür eine Freikarte und noch zwei Gutscheine für eine Ermäßigung von 50 und zwei weitere Gutscheine für eine Ermäßigung von 25 Prozent. Großartig, ich habe von allem Gebrauch gemacht, ging in den Jahren 1950 bis 1953 mindestens jede Woche einmal in das »Theater der Werfstadt«.

Als erstes habe ich dort ganz zufällig »Die Czardasfürstin« von Emmerich Kalman oder, wie der Komponist eigentlich auf ungarisch heißt, Kálmán Imre gesehen. Das Stück ist bis heute meine Lieblingsoperette geblieben. Ich fahre, wenn irgend möglich, immer dahin, wo es gespielt wird. Zuletzt habe ich diese vielleicht beste aller Operetten in Altenburg und Gera gesehen, übrigens mit Ingrid Krauß vom mittlerweile durch den Senat von Berlin ermordeten Metropoltheater Berlin, und davor in einer wirklich hervorragenden Inszenierung am Staatstheater Cottbus, bezeichnenderweise ebenfalls mit einer Sängerin des ehemaligen Metropoltheaters, mit Kriemhild Martens, inmitten eines ausgezeichneten Ensembles. Gegenwärtig gibt es das Stück in der Komischen Oper in Berlin, aber genau genommen gibt es das dort auch wieder nicht, was daran liegt, daß seit einiger Zeit die meisten Regisseure ihre Einfälle wichtiger als das Stück finden, Schwamm drüber.

Mir ist von dem Wismarer Theatergeschehen erstaunlich viel in Erinnerung geblieben, so »Tosca«, Lucie König in der Titelpartie. Der Mann von Lucie König war einer der Sportlehrer an unserer Schule und aus Dresden. Daß er Sachse war, wußte niemand. Manche Sachsen wollten damals nicht, daß man sie als solche erkenne. Das hing wohl mit Walter Ulbricht zusammen, der, das kann niemand bestreiten, ein so grauenhaftes Sächsisch sprach, daß man darüber ganz vergaß, daß Sächsisch zu den wirklich schönen deutschen Dialekten gehört, innerlich sowieso, aber auch äußerlich. Manchmal scheint mir, daß es vielleicht eine der Ursachen für die schiefe Entwicklung in Deutschland ist, daß weder Walter Ulbricht noch dessen westlicher Gegenspieler Konad Adenauer des Hochdeutschen mächtig waren. Beide hatten, um Bert Brecht zu zitieren, den »schlechten Atem der Provinz«. Daß Lucie Königs Mann, der Sportlehrer, Sachse war, kam 1955 heraus. Ich hatte zu der Zeit die Grundschule und Wismar längst verlassen und war schon das zweite Jahr auf der Oberschule in Bad Doberan. Da riefen mich jener Sportlehrer, dessen Namen ich leider vergessen habe, und vor allem mein ehemaliger Mathematik- oder Rechenlehrer Gottfried Bläschke nach Wismar zurück. Man brauche eine weitere Aufsichtskraft für einen Ferienaufenthalt in der Sächsischen Schweiz, ich solle kommen, hätte dadurch drei kostenlose Ferienwochen in schönster Gegend. Offensichtlich hatte ich in Wismar einen tadellosen Eindruck hinterlassen, man hatte offensichtlich nicht vergessen, daß ich als angeblich bester Schüler bei meinem Abgang von der Grundschule drei Bände Goethe (VEB Bibliographisches Institut Leipzig) und einen Globus er- und eine kleine Rede gehalten hatte. Daß der Umstand, daß ich in meinen beiden letzten Grundschuljahren hoher Funktionär der Thälmann-Pioniere gewesen war, Vorsitzender des Freundschaftsrats, der Grund für den Ruf ins Ferienlager war, bezweifle ich, denn beide Herren machten keineswegs einen besonders linientreuen Eindruck, man sprach damals überhaupt erstaunlich offen, und man hörte allgemein häufiger die Nachrichten des Nordwestdeutschen Rundfunks als die vom »Berliner Rundfunk, angeschlossen die Landessender Schwerin und Potsdam«. Einzige Bedingung meiner Teilnahme an dem Ferienlager war, ich dürfe den Schülern nicht sagen, daß ich erst siebzehn sei, ein Siebzehnjähriger würde von den Dreizehn- bis Fünfzehnjährigen nicht als Respektsperson respektiert werden. Ich gelobte, einundzwanzig zu sein, und fuhr mit. Als der Zug auf dem Weg von Wismar nach Bad Schandau am Dresdner Hauptbahnhof hielt, rief uns der Sportlehrer an die Fenster. Er sagte: »Hier könnt ihr jetzt über freies Feld bis zur Elbe hinübersehen. Das war früher nicht möglich. Früher lag Dresden dazwischen ...« Er brach ab und in Tränen aus. Und obwohl es sich um Schüler handelte, noch dazu um mecklenburgische, war man erschüttert und gerührt, ich denke, weniger wegen des zerstörten Dresden als wegen der Tränen des Lehrers. Alle versuchten, ihn zu trösten, unbeholfen, aber herzlich. Das hat mich tief beeindruckt. Gefühle zu zeigen muß nicht falsch sein, es sei denn, die Gefühle sind falsch.

In »Tiefland« war Annemarie Kaltenbrunner die Martha. Die Sängerin war erst kürzlich aus Neustrelitz nach Wismar gekommen und wohnte zur Untermiete bei der Familie meines Freundes Hans-Walter in der Lübschen Straße, die damals zwar Stalinstraße hieß, aber eigentlich von niemandem so genannt wurde. Frau Kaltenbrunner war eine außergewöhnlich stattliche Dame, Hans-Walter und ich waren uns einig, so und nicht anders hat eine hochdramatische Martha auszusehen. Ich erinnere mich auch an »Die Hochzeit des Figaro«, Richard Illichmann war der Figaro, Ilse Kuhnla, die, nachdem sie den Musikdirektor Roth geheiratet hatte, Roth-Kuhnla hieß, die Susanna und Gerty Schubert die Gräfin Rosina. Gerty Schubert war sehr ätherisch, ihr Mann, jedenfalls auf der Bühne, weniger. Es war der Operettenbuffo Heinz Schickel, der, wenn er gemeinsam mit Elsa Geiger die Bühne betrat, binnen Sekunden das Publikum für sich gewonnen hatte. In der Hosenrolle des siebzehnjährigen Pagen Cherubino ist mir und bestimmt auch vielen anderen der enorme Busen einer Frau Peters in Erinnerung, die sonst hochblond und eben auch sehr hochbusig die erste Operettendame war. Damals hörte ich auch zum ersten Mal etwas von Crimmitschau. In der Partie des Basilio stellte sich nämlich der neue Tenorbuffo Hans-Joachim Ramsenthaler vor, der ein Neuzugang aus Crimmitschau gewesen war. Ob in Crimmitschau überhaupt noch Opern gespielt werden?

Natürlich gab es auch »Die Zauberflöte«, und es gab auch »Der Liebestrank« und »Der Bettelstudent« und »Eugen Onegin«, und ich erinnere mich sogar noch an »Enoch Arden« von Ottmar Gerster. Die damals noch recht neue Oper – sie war erst rund fünfzehn Jahre zuvor uraufgeführt worden – fand beim Publikum wenig Anklang. Nachdem sich zu der dritten Aufführung schon nur wenig mehr als einhundert Zuschauer eingefunden hatten, wurde sie nicht mehr gespielt. Ich fand das damals ungerecht und bedauerte die Leute, die sich die Aufführung hatten entgehen lassen. In der Saison 2003/2004 gab es in der Komischen Oper Berlin »Peter Grimes« von Benjamin Britten, eine eigentlich sehr interessante Geschichte mit sehr eindrucksvoller und hörenswerter Musik. Es waren zunächst einmal sechs Vorstellungen angesetzt. Zu drei Vorstellungen kam es, die anderen drei wurden klammheimlich abgesetzt, schon zur zweiten Vorstellung soll nur jeder zehnte Platz verkauft gewesen sein. Ich habe die Aufführung gesehen, Schwamm drüber.

Vom Schauspiel habe ich vor allem eine junge Schauspielerin als Klärchen in Goethes »Egmont« in Erinnerung. Sie war rothaarig und feurig und riß auch in anderen Partien alle hin, hieß Rotraud Blancke. 1952 ging sie mit dem Wismarer Intendanten, dem später sehr bekannten Hanns Anselm Perten, der sogar, wenn auch nur kurz, mal Intendant des Deutschen Theaters Berlin war, nach Rostock ans Volkstheater. Ich freute mich, denn 1953 kam ich nach Bad Doberan und damit in den Sprengel des Volkstheaters Rostock. Aber bevor ich noch Rotraud Blancke dort sehen konnte, machte die Kunde die Runde, sie habe sich umgebracht. Es wurde gesagt, aus Liebeskummer sei das geschehen, das fanden wir alle zwar romantisch, und es paßt ja auch zum »Klärchen«, aber zugleich fanden wir das denn doch übertrieben und überflüssig.

Angeregt durch die vielen Theaterbesuche, habe ich meine Mitschüler in Wismar auch dazu gebracht, selbst Theater zu spielen. Nach mehreren kleineren Versuchen, von denen ich nicht mehr weiß, wieweit sie gediehen waren, studierten wir ein Stück ein, bei dessen Erwähnung jedermann ungläubig den Kopf schüttelt. Wie ich auf dieses Stück gekommen bin, weiß ich nicht mehr, ich vermute, ich war schon so sehr Theatermensch, daß ich in dem Stück eine Bombenrolle für mich entdeckt hatte. Ich durfte das, weil ich sozusagen der Prinzipal war, der Regisseur, versteht sich, war ich sowieso. Das Stück ist »Der Nachtwächter« von Theodor Körner, meine Bombenrolle der Nachtwächter selbst, Hauptrolle zwar, aber nicht der jugendliche Held, der das »Käthchen« Gerda Salzmann bekommt, sondern Charakterpartie, komisch, zugleich aber auch tragisch, denn der Nachtwächter sitzt zum Schluß ganz allein und auch noch verspottet da, übrigens auf dem riesigen Lehrerkatheder, der damals noch zu jedem Klassenraum gehörte. An den Proben hatten alle ihren Spaß, daß unser Stück nie vor Publikum aufgefuhrt wurde, war daneben ganz nebensächlich. Diese frühen Theatererlebnisse haben mein Leben sehr geprägt. Nicht nur, daß ich zeitlebens ein Theaterfreund geblieben bin, obwohl es heute nicht so leicht ist, Theaterfreund zu sein. Die Bühne machte mich frühzeitig mit den verschiedenen Menschentypen bekannt. Ich sah, wie sie sich bewegten, wie sie sprachen, wie sie sich verstellten, um ihre Absichten, gute und schlechte, zu verwirklichen. Und eines Tages erkannte ich: wie auf der Bühne, so im Leben, jeder spielt seine Rolle, ob er will oder nicht, ob er es weiß oder nicht. Ich wußte später ganz genau, daß ich im Gerichtssaal auch meine Rolle zu spielen habe, und ich bin mir sicher, daß ich, weil ich mir dessen so bewußt war, auch im Gerichtssaal Genuß und Vergnügen gefunden habe.

Im Gerichtssaal war für mich natürlich fast noch wichtiger, das Rollenspiel der anderen Personen zu beobachten und, wenn möglich und nötig, auch zu durchschauen. Da lernte ich täglich dazu. Einmal saß eine alte Frau wegen eines kleineren Ladendiebstahls vor mir. Sie war außer sich. Sie rief ein ums andere Mal: »Ich verstehe nicht, wie es dazu kommen konnte, die Damen-Wäsche-Garnitur für 7 Mark 99 mitzunehmen. Ich bin bisher anständig durchs Leben gegangen. Ich überlebe das nicht, ich bringe mich um!« Ich kriege einen Schreck, verlasse meinen Stuhl, gehe zu ihr und sage zugleich väterlich und salbungsvoll: »Bitte beruhigen Sie sich, ich kenne viel, viel schlimmere Straftaten, dagegen ist Ihre Wäsche-Garnitur für 7 Mark 99 gar nichts, völlig belanglos!« Die Frau blickt auf. Mit erstaunlich fester Stimme, die man nach den Tränenströmen nicht im geringsten hatte erwarten dürfen, sagt sie zu mir: »Bitte, Herr Richter, bitte, bagatellisieren Sie meine Straftat nicht!« Die Frau war offensichtlich dabei, ihre Rolle zu genießen, und nun hätte ich sie fast in ihrem Genuß gestört.

Neuer Kurs

Das Ziel der DDR war die klassenlose Gesellschaft. Auf dem Wege dahin wurden aber erst mal, so scheint mir, neue Klassen oder zumindest Kategorien aufgebaut. In den Klassenbüchern der Schulen war die soziale Herkunft der Schüler verzeichnet. Ich erinnere mich an drei verschiedene Kategorien. Da gab es zunächst »AB«, das stand für Arbeiter und Bauern, also für Mitglieder und Abkömmlinge der »herrschenden Klasse« des Arbeiter-und-Bauern-Staates. Dann gab es »I« für Intelligenz. Damit war aber nicht unbedingt oder vielleicht höchstens zufällig Intelligenz in des Wortes wahrer Bedeutung gemeint. Mit »I« wurden vielmehr die Kinder von Leuten bezeichnet, die, meist mit akademischen oder sonst mehr geistigen Berufen, für die DDR wichtig waren, wie etwa Ärzte in hervorgehobenen Positionen. Bei mir stand »S« im Klassenbuch, das hieß »Sonstige«. Ich verbreitete immer, es heiße »Schlimm«. Ob es wirklich schlimm war, weiß ich nicht, gut war es aber keinesfalls, bestenfalls war es nichts. Wie das Leben im allgemeinen nicht immer gradlinig verläuft, so auch die Politik nicht, immer und überall nicht. Die DDR bildete da keine Ausnahme. Mal ging es dort zügig dem Sozialismus entgegen, mal türmten sich Hindernisse auf. 1953 war ein sehr bewegtes Jahr. Im März war Stalin gestorben. Der Kurs wurde härter, keine Experimente, erst mal sehen, was sich alles daraus ergeben könnte. Der harte Kurs führte jedoch alsbald zu solchen Spannungen, daß gelockert werden mußte. »Neuer Kurs« hieß das, und dieser Kurs schwemmte mich, obwohl »S«, auf die Oberschule.

Ich kam auf die »Goethe-Oberschule« in Bad Doberan, die heute wieder wie ganz früher Gymnasium ist und Friderico-Francisceum heißt. Daß ich nach Bad Doberan kam, hat, so komisch es klingt, mit der Gebietsreform zu tun, durch die sich die DDR 1952 völlig neu formierte. Damals wurden die fünf Länder, zu denen es nach dem Ende des Krieges in der Sowjetischen Besatzungszone gekommen war und die es blöderweise auch heute wieder gibt, aufgelöst, und zugleich wurden auch die Kreise neugeschnitten. Wismar war bis dahin die Hauptstadt eines ziemlich großen Landkreises. Zu ihm gehörten die Stadt Wismar selbst, die Insel Poel, Bad Kleinen, das Gebiet um Neubukow, der Geburtsstadt Heinrich Schliemanns, und die Kette von vier entzückenden mecklenburgischen Landstädtchen an der Bahnlinie Wismar-Karow. Ob diese vier Städtchen, nämlich Neukloster, Warin, Brüel und Sternberg heute noch so entzückend sind, wage ich zu bezweifeln, schon deshalb, weil sie ihren einstigen Stolz, die Bahnverbindung, zu Ende der neunziger Jahre des zwanzigsten Jahrhundert haben lassen müssen. Wahrscheinlich haben sie jetzt dafür mehr Parkplätze und Einkaufszentren, was ich absolut unentzückend finde. Meine Mutter hatte sich in der Konsumgenossenschaft für den großen Landkreis Wismar eine hervorragende und vor allem für damalige Verhältnisse opulent bezahlte Stellung erworben. Sie erhielt im Monat knapp 1000 Mark, was die 220 Mark, die sich mein Vater an seinem Schreibtisch in der Kreissparkasse ersaß, angenehm ergänzte. Wieviel Geld das damals war, geht daraus hervor, daß ein

Brötchen 3 Pfennig, ein Dreipfundbrot 51 Pfennig kostete und wir in Wismar für eine allerdings ziemlich bescheidene Wohnung nicht viel mehr als 20 Mark Miete zahlten. Meine Mutter hatte Glück gehabt, und damit wir natürlich auch, das sah auch mein Vater so, obwohl er schon ziemlich alt war und eigentlich auch recht altväterlicher Ansicht. Meine Mutter war zuvor bei einem alten reizenden Vorstandsherren der Konsumgenossenschaft Sekretärin gewesen, hatte dann aber mit ihrem berlinischen Geist und Mundwerk so auf sich aufmerksam gemacht, daß sie beim Ausscheiden des alten Vorstandsherren auf dessen Vorschlag und ohne Widerspruch einfach zu dessen Nachfolgerin gewählt wurde. Das nennt man tätige Personensorge. In Gegenwart meines Vaters war es hingegen besser, den Name jenes alten Vorstandsherren nicht unnütz, also überhaupt nicht, zu nennen, ich habe über die Gründe dafür nie nachdenken wollen.

Mit dem alten Landkreis Wismar wurde auch die Konsumgenossenschaft neu organisiert. Meine Mutter ging in die neugegründete Kreisstadt Bad Doberan. Ich fuhr zur ersten Besichtigung mit, und wir sahen eine hübsche Kleinstadt mit vornehmer Note, zwar kein Theater, aber ein herrliches Münster und eine Kleinbahn »Molli« zum nahen Heiligendamm, dem ersten deutschen Ostseebad, gegründet 1792 vom Großherzog von Mecklenburg-Schwerin, also wieder Meer, fast wie auf der Insel Poel, wo wir früher wohnten. Wir waren es sehr zufrieden. Meine Mutter blieb gleich da, zog am Markt in den »Mecklenburger Hof«, der, das traf sich gut, der Konsumgenossenschaft gehörte. Geplant war, demnächst eine Wohnung zu suchen und die Familie allmählich dort zu vereinigen. Ich ging zurück nach Wismar. Nachdem ich aber die Grundschule beendet hatte, kam ich ein Jahr später auch nach Bad Doberan und bezog dort die Oberschule. Da meine Mutter immer noch im »Mecklenburger Hof« wohnte, wurde ich in das Internat der Oberschule einquartiert. Bevor noch weiteres geschehen konnte, verstarb meine Mutter. Es ergab sich, daß mein Vater in Wismar blieb und ich in Bad Doberan.

Als ich nach Bad Doberan kam, mußte für mich noch Schulgeld gezahlt werden. 20 Mark kostete das im Monat. Und natürlich kostete das Internat auch was, und zwar 42 Mark im Monat für die Unterkunft mit Vollpension. Das war wirklich nicht viel, ich nehme an, der Staat zahlte allerhand hinzu. Wir Schüler mußten dafür ein bißchen im Gemüsegarten arbeiten, und wir hatten auch die Kohlen, die wie überall in der DDR immer einfach vors Haus auf die Straße geschippt wurden, in den Keller zu tragen. Auch Bella und Käthe verlangten gewisse Dienste – die beiden Milchkühe des Internats gaben dafür jedenfalls immer so viel Milch, daß die morgendliche Milchsuppe stets gereicht werden konnte, wenn auch etwas gestreckt, eins zu eins gestreckt, sagten die Küchenfrauen, spitze Mäuler erläuterten, das bedeute eine Tasse Milch auf einen Eimer Wasser. Mit dem Tod meiner Mutter hatte sich unsere finanzielle Lage entscheidend verändert. Der »Direks«, wie der Schulleiter genannt wurde, rief mich zu sich und fragte: »Was hast du vor?« Ich sagte: »Nicht, daß ich irgendwie wüßte.« Und obwohl der Schulleiter mich schon damals, wofür ich allerdings keinen direkten Beweis hatte, als störenden Individualisten »auf dem Kieker hatte«, sagte er: »Na gut, dann bleib. Und Schulgeld mußt du auch nicht mehr bringen.« Einen Tag darauf rief mich der Internatsleiter zu sich und fragte: »Was hast du vor?« Ich sagte: »Nicht, daß ich das genau wüßte. Aber der ›Direks‹ hat mir gestern gesagt, ich könne bleiben, und er hat mir das Schulgeld erlassen.« Und obwohl der Internatsleiter mich schon damals, wofür ich eine Menge Beweise hatte, als störenden Individualisten haßte, sagte er: »Na gut, dann bleib. Und das Internatsgeld brauchst du auch nicht mehr zu bringen.«

Ich habe trotz vieler Widrigkeiten meine Doberaner Zeit sehr genossen. Es gab vorwiegend sympathische Lehrer, es gab vorwiegend nette Mitschüler, die Stadt Bad Doberan ist vorwiegend schön und das nahe Meer bei Heiligendamm auch im Winter vorwiegend herrlich. Das Internat war eine vornehme Villa, der frühere Eigentümer war der Herzog Adolf Friedrich zu Mecklenburg. Er hatte sie 1945, als die Russen und die Kommunisten kamen, verlassen und sich auf ein anderes seiner Besitztümer begeben. Er ging nach Ratzeburg, womit er im Grunde doch in Mecklenburg blieb, weil Ratzeburg eigentlich auch Mecklenburg ist. 1937 war es allerdings der preußischen Provinz Schleswig-Holstein zugeteilt worden, wodurch es nun »im Westen« lag. Ich lernte in meiner Doberaner Zeit als größte Selbstverständlichkeit, daß ich für mich verantwortlich war, und zwar ganz allein, niemand sonst, auch nicht etwa der in Wismar lebende Vater. Der Vater war alt und Wismar lag fern, wenn auch nur zweiundvierzig Kilometer. Der Dampfzug brauchte aber neunzig Minuten für die zweiundvierzig Kilometer, was ich im übrigen, wenn ich wollte, in derselben Zeit auch auf meinem klapprigen, vielfach geflickten und reparierten, völlig gangschaltungslosen Fahrrad schaffte, denn ich war jung und gesund, und zudem waren die Straßen leer. Ich war damals fünfzehn, sechzehn und siebzehn Jahre alt und damit im Sinne des heutigen Jugendgerichtsgesetzes »Jugendlicher«, und ich war danach achtzehn und neunzehn Jahre alt und damit im Sinne des heutigen Jugendgerichtsgesetzes »Heranwachsender«. Nun, ich hatte damals mit dem Gericht nichts zu tun, aber im Fall der Fälle hätte ich es doch als sehr unangemessen angesehen, als so unreif und so unerwachsen angesehen und behandelt zu werden wie es heute beim Jugendgericht meist der Fall ist. Ich fühlte mich tatsächlich für mich verantwortlich, wurde so behandelt und habe wahrscheinlich gerade deshalb nichts mit dem Gericht zu tun gehabt. Hätte ich wirklich etwas ausgefressen, hätte ich dafür auch geradestehen können und wollen.

Viele meiner Kollegen Jugendrichter haben mir immer wieder gesagt, mein Bild von jungen Menschen sei nicht das Bild, das sich das Jugendgerichtsgesetz von jungen Menschen mache, aber ich meine, häufig ist es auch einfach so, daß die Kollegen selbst ein anderes Bild von jungen Menschen haben, weil sie selbst ganz anders aufgewachsen sind als ich und im übrigen auch als ihre Klientel. Da gibt es also wirklich so ernsthafte Diskrepanzen, daß ich nie erwogen habe, Jugendrichter zu werden, obwohl es mich eigentlich sehr interessiert hätte.

Ölgötze

Irgendwann in der elften Klasse zogen dunkle Wolken auf. Das war schon deshalb brenzlich, weil im nächsten Jahr das Abitur anstand. In der DDR ging man damals acht Jahre zur Grundschule, das war die Einheitsschule für jedermann. Danach entschied sich, ob man eine Lehre begann oder auf die Oberschule kam. Auf der Oberschule kam es nach zwei Schuljahren, also nach der zehnten Klasse, zu einer Prüfung. Wer die bestand, bekam das Zeugnis der Mittleren Reife. Damit konnte man schon allerhand anfangen, und viele Schüler und Schülerinnen gingen damit auch von der Oberschule ab und begannen ein Studium an einer Fachschule oder eine Lehre. Lehrstellen gab es genug. Von den dreiundzwanzig, mit denen ich die neunte Klasse begonnen hatte, blieben nach der Mittleren Reife nur vierzehn zurück. Von diesen vierzehn schafften übrigens zwei die elfte Klasse nicht, blieben sitzen, wie das damals hieß, und ein Schüler kam auf eine andere Schule. So waren wir in der zwölften Klasse nur noch elf, acht Mädchen und drei Knaben. Am Ende der zwölften Klasse stand die Reifeprüfung, also das, was man volkstümlich als das Abitur bezeichnet.

Irgendwann zu Beginn der elften Klasse zog mich meine Klassenlehrerin, ein junges nettes Fräulein, das von den Frankeschen Stiftungen, jener bekannten pietistischen Einrichtung in Halle (Saale) zu uns gekommen war, beiseite und sagte: »Genaues weiß ich nicht, aber da ist was im Busch. Es geht wohl um Ihr Verhalten im Internat. Ich glaube, es ist nötig, daß Sie im gesellschaftlichen Sinne irgendwie positiv hervortreten. Lassen Sie sich was einfallen!« Diese Warnung war wertvoll, denn meist erfuhr man, daß da »was im Busch« war, erst dann, wenn es zu spät war. Man kann über die DDR viel behaupten, aber ein Hort von Transparenz, das war sie nun wirklich nicht. Die mangelnde Offenheit, das Hinter-dem-Berghalten ist mir persönlich wohl das Unangenehmste, was ich von ihr in Erinnerung behalten habe. Man wußte nie, woran man ist. Ich will mich zu diesem Thema hier nicht weiter verbreiten. Fängt man nämlich erst einmal an, darüber näher nachzudenken, kommt man irgendwann zu der Überlegung, daß man selbst in der heutigen Gesellschaft, die ja angeblich so offen ist und alles transparent macht, das eigentlich Wichtige auch nicht erfährt oder nur im Ausnahmefall. Diese Erkenntnis hat mich frühzeitig dazu gebracht, Offenheit als einen besonderen Wert zu schätzen. In meiner Arbeit als Amtsrichter habe ich Offenheit geradezu zu meinem Prinzip erhoben. Es gibt Kollegen, deren vordringlichstes Anliegen es zu sein scheint, während einer Verhandlung auf keinen Fall Farbe zu bekennen. Sie lassen nicht im mindesten ihre Gedanken erkennen und damit alle im Dunkeln sitzen und geben den Beteiligten Rätsel auf. Ich habe dafür den Ausdruck, sie sitzen da wie die Ölgötzen. Der Ausdruck stammt noch von der Insel Poel, wo ich meine ersten Schuljahre verbracht habe. Ich weiß nicht, wie der Ausdruck entstanden ist und wovon er sich eigentlich ableitet, aber man kann sich, meine ich, darunter etwas vorstellen. Ich sehe vor mir einen glatten, glänzenden Kopf, der, was immer auch geschieht, nicht im mindesten erkennen läßt, was in ihm vorgeht.

Ich wollte nie Ölgötze sein. Ich ließ während eines Prozesses immer erkennen, welche Gedanken mir im Kopf herumgingen, welches Bild ich mir in diesem Moment von der Sache mache. Die meisten Beteiligten waren mir dafür dankbar. Sie wußten, was ich dachte, und ließen mich dann wissen, was sie dachten. So hatten sie auch immer Gelegenheit, mich auf eventuelle Irrtümer hinzuweisen, was ja der Sinn der Übung war. Offene Entwicklung des Gedankengangs, nur das nennt sich mit Recht Prozeß. Nicht alle verstanden das. Die, die das nicht verstanden, schon weil es so ungewohnt ist, fragten mich manchmal, ob ich denn nicht »befangen« sei. Das Wort ›Befangenheit‹ ist so ziemlich das einzige Wort, mit dem man Richter schrecken kann. Ich war nicht befangen, ich konnte überzeugt sagen, daß eine Meinung zu haben nicht Befangenheit bedeutet. Wer in einer Verhandlung mitdenke, habe immer eine Meinung, je nach dem gegenwärtigem Stand der Erkenntnis, eine temporäre Meinung natürlich. Es komme darauf an zu wissen, daß sich diese Meinung schon nach der nächsten Zeugenaussage ändern oder sogar ins völlige Gegenteil verkehren könne. Befangen sei nicht der Richter, der das ausspreche, sondern einzig der, der seine Meinung nicht mehr ändern könne oder wolle, und häufig sei das gerade bei denen der Fall, die zwischendurch nichts sagten, bei den Ölgötzen also. Das ist eigentlich leicht zu verstehen. Verstand einer auch nach dieser Erklärung noch nicht, was ich meinte, war ihm nicht zu helfen. Ich sagte dann, meine offene Verhandlungsführung sei nur was für Intelligente. Manchmal ist es auch angebracht, Hochmut zu zeigen.

Als meine Klassenlehrerin mir sagte, da sei »was im Busch«, wußte ich gleich, »der Busch« war das Internat der Oberschule, in dem ich wohnte und in dem ich meine ganze Oberschulzeit verbracht habe. Ich hatte wohl bemerkt, daß der Internatsleiter mich schon geraume Zeit mißtrauisch beäugte. Er hatte sogar mit mir gesprochen, ohne mir allerdings zu sagen, daß er sich an die Schule wenden werde. Er hatte zu mir etwa wie folgt gesprochen: »Ich bin mit dir nicht zufrieden, was dein gesellschaftliches Verhalten angeht. Mir wird berichtet, wenn man dich zum Beispiel einlädt, mal mit am Tisch zu sitzen und an einem Spiel teilzunehmen, dann äußerst du dich ablehnend und arrogant. Du willst mit den andern Schülern nichts zu tun haben, du schließt dich aus der Gesellschaft aus. Man könnte fast denken, du hast was gegen sie.« Das hatte sich nicht gut angehört, und ich hatte die Situation auch nicht gerade verbessert, als ich darauf geantwortet hatte: »Ich kann mir gut vorstellen, was und vor allem wen Sie meinen. Ich wurde da tatsächlich mehrmals eingeladen, am Tisch Platz zu nehmen, um Karten zu spielen, Skat sollte ich spielen. Aber ich sage Ihnen, das Skatspielen ist für mich der Inbegriff des Spießbürgerlichen, als Sozialist lehne ich es ab.« Mich muß der Teufel geritten haben, denn ich wußte genau, daß der Internatsleiter ein begeisterter Skatspieler war. Mit seiner Meldung an die Schule hatte er sich für diese Kränkung offensichtlich gerächt, was mir zeigte, daß er tatsächlich ein rechter Spießbürger war, was immer man darunter auch verstehen mag.

Nicht lange davor hatte sich ein anderer unangenehmer Vorfall abgespielt. Wir hatten in unserem Vitererzimmer ein Radio, was eigentlich eine große Ausnahme war, denn zum einen waren Radios damals noch Mangelware, und zum andern sollte man, wenn man Radio hören wollte, an dem Gemeinschaftsradio hören, da war immer der richtige Sender eingestellt. Eines Tages schritt irgendeine Kommission oder Delegation das Internat ab und besichtigte auch unser Zimmer. Kein Mensch war da, aber das Radio spielte. Als ich um die Ecke bog, hörte ich aus unserem Radio »Das war vom Norddeutschen Rundfunk der Wirtschaftsfunk ...«, und sah ich den kreidebleichen Internatsleiter mit seinen verstörten Gästen schnell das Weite suchen, mir noch eben einen vielversprechenden Blick zusendend. Noch vor dem Abendbrot erschien er bei uns mit einigen Paladinen im Zimmer und stellte uns zur Rede. Meine drei Mitbewohner sagten auf der Stelle, der Wirtschaftsfunk komme immer nach dem Schulfunk, auf den ich ganz versessen sei. Nur weil ich eigentlich sonst einigermaßen nett sei, überließen sie mir das Radio dann, obwohl es mir gar nicht gehöre. Da sie jedoch ganz und gar gegen jegliches Hören westlicher Sender seien, zögen sie es vor, wenn der Hamburger Schulfunk beginne, Radio und Zimmer mir zu überlassen und unten im Gemeinschaftsraum ihre Hausarbeiten zu machen .

Als ich das hörte, sagte ich zu mir: »Ach, herrje, jetzt kannste nur noch zum Angriff übergehen!« Und ich ging über und sage: »Ja, wie meine Freunde es hier sagen, so ist es. Und mehr noch, ich höre, wenn meine guten Freunde hier artig ihre Schularbeiten machen oder sich sonst gesellschaftlich positiv bewegen, nicht nur den Schulfunk, sondern auch die Nachrichten des Norddeutschen Rundfunks, das heißt, nicht immer, aber doch ab und an, und ich finde auch gar nichts dabei. Und im übrigen verstehe ich überhaupt nicht, was Sie von mir wollen.« Der Internatsleiter holt tief Luft und sagt und fragt: »Wie? Du verstehst nicht? Ich sage dir, du willst nicht verstehen! Du weißt nämlich ganz genau, warum man den Sender des Gegners nicht hören soll.« Ich sage: »Warum soll ich mir nicht anhören, was der Gegner sagt? Was soll man denn dagegen haben? Ich weiß doch, daß es der Gegner ist, und kann mich so dagegen schützen.« Der Internatsleiter wird böse und sagt: »Durch das Gift, das dieser Sender verbreitet, werden Leute in ihrer sonst richtigen Auffassung schwankend gemacht. Deshalb soll man das nicht hören!« Ich sage: »Wenn das so ist, die Gefahr besteht bei mir nicht. Ich werde nicht schwankend, ich nicht, bei mir völlig unmöglich. Ich stehe fest in der richtigen Anschauung. Wer denkt, er werde schwankend, möge sich bei mir melden, ich gebe ihm Unterricht in der richtigen Auffassung!« Der Internatsleiter beherrscht sich nur noch mühsam, gibt seinen Paladinen jetzt einen Wink, die ergreifen das Radio, und dann verschwinden alle.

Ich hörte auf den Rat meiner Klassenlehrerin, mir was Anständiges einfallen zu lassen, und stellte mich zur Wahl als FDJ-Sekretär. Ich wurde einstimmig zum Ersten Sekretär gewählt und stellte mich fortan auch bei jeder Gelegenheit mit diesem neuen Titel vor. Daß ich Erster Sekretär nur über acht

Untertanen war, mußte man ja nicht jedem auf die Nase binden. Ich war Erster Sekretär der Klasse 11A. Von den elf Schülern waren nur acht Mitglied der FDJ. Alle waren froh, daß ich das machte, und ich revanchierte mich für die Wahl damit, daß ich allen zwar keine Funktion, aber einen Titel gab: die wurde Zweite Sekretärin, der wurde Dritter Sekretär, die ernannte ich zur Sekretärin fürs Wandern und so weiter und so fort.

Ich fühlte jedoch, daß die Vorfälle im Internat, von denen es noch mehrere gab, nicht mehr so ganz harmlos waren. Bisher hatte ich dieses Gefühl nie gehabt, bisher war mein »gesellschaftliches Leben« völlig unkompliziert verlaufen. Ich war schon auf der Insel Poel in die Jungen Pioniere eingetreten, habe mir wenig dabei gedacht, bin noch in die Kirche und zum Religionsunterricht des Pfarrers Schumacher gegangen. Das blaue Halstuch der Jungen Pioniere legte man ohnehin nur an, wenn eine der wenigen Versammlungen stattfanden, bevor man auf die Straße trat, nahm man es wieder ab. 1951 wurde ich von meiner Schule in Wismar für vier Wochen in die neuerrichtete »Pionierrepublik Ernst Thälmann« in Berlin-Wuhlheide »delegiert«. Ich habe mir wenig dabei gedacht, denn ich war ausgesucht worden, weil ich besonders gute Zensuren hatte. In der »Pionierrepublik Ernst Thälmann«, die jetzt als »Freizeit-und Erholungszentrum FEZ« geführt wird, erhielt ich für einen Vortrag über Ernst Thälmann zu meinem blauen Halstuch das rote Halstuch der sowjetischen Jungen Pioniere. Bevor ich es jedoch noch anlegen konnte, war es mir von Hamburger Kommunistenkindern bereits gestohlen worden. Eines Tages fuhren wir alle nach Berlin Mitte. Dort marschierten wir über den Marx-Engels-Platz, was mir heute allerdings nicht besonders gut gefällt, denn es roch ja geradezu noch nach der Sprengung des Berliner Schlosses. Nach der Rückkehr aus der Wuhlheide wurde ich in Wismar sogar für einige Zeit Pioniervorsitzender der ganzen Schule. Man hatte zwar nichts zu tun, aber es war eine besondere Ehre, Freundschaftsratvorsitzender, wie sich das nannte, zu sein. Es hinderte mich auch nicht, mit vielen meiner Mitschüler nach der Schule einmal die Woche zum Religionsunterricht bei der Katechetin Fräulein Fetthake in die Mecklenburgische Straße zu gehen.

Ein bißchen unangenehm hätte es allerdings schon 1954 werden können. Die Sache nahm aber einen lustigen Ausgang, war eigentlich auch ganz harmlos und wurde bald vergessen. Ich war mit dem Schulchor meiner »Goethe-Oberschule« in Bad Doberan zum Deutschlandtreffen der FDJ in Berlin. Ich hatte dabei zwei besondere Erlebnisse. Das eine besondere Erlebnis war mein erster Besuch in der Komischen Oper Berlin, es gab »Die Zauberflöte«, Inszenierung Walter Felsenstein. Das war ein wirklich folgenreiches Erlebnis, denn ich war danach für vierzig Jahre – so lange konnte man den Geist des Genies noch spüren – ein glühender Anhänger des Hauses. Zu dem andern Erlebnis kam es, weil die FDJ den Teilnehmern am Deutschlandtreffen verboten hatte, die Westsektoren zu besuchen, ich aber nicht daran dachte, mich an das Verbot zu halten. Wenn ich es mir recht überlege, kann ich sogar sagen, ich wollte nur deshalb in die Westsektoren, weil es verboten war und weil ich aber auch überhaupt nicht einsah, warum man es verboten hatte. Ich gehe so weit zu behaupten, daß ich ohne das Verbot wahrscheinlich tatsächlich gar nicht rübergefahren wäre, denn zum einen gab es im Osten Berlins genug zu sehen, und zum andern besuchte ich im Westen ohnehin nur eine Tante, Schwester meines Vaters, die wir alle als etwas penetrant vornehm ansahen und die, wie ich von früheren Besuchen her wußte, uns alle, aber besonders mich, als Kommunisten ansah. Um das saudumme Verbot durchzusetzen, bauten sich FDJler auf den letzten U-und S-Bahnhöfen des, wie Ost-Berlin damals östlicherseits genannt wurde, »demokratischen Sektors« auf und beobachteten argwöhnisch die jungen Leute in den nach West-Berlin fahrenden Zügen. Meinten sie einen Teilnehmer des Deutschlandtreffens gesichtet zu haben, kontrollierten sie den und holten ihn gegebenenfalls aus dem Zug heraus.

Unser Chor wohnte in einer Schule in Pankow, in Pankow traten wir übrigens auch auf, sangen auf dem Vinetaplatz. Ich hatte eine Idee. Ich stieg nicht in Pankow in den Zug, da wäre ich ja bestimmt schon auf dem Bahnsteig als FDJ-Landei aufgefallen. Ich fuhr vielmehr mit der Straßenbahn nach Heinersdorf. Erst dort stieg ich in den Zug nach Gesundbrunnen. So hatte ich Zeit, mich in dem Abteil sozusagen einzuleben, bevor in Pankow die Kontrolleure kamen. Als der Zug in Pankow einlief, war ich bereits mit einer älteren umfangreichen Berlinerin so intensiv im Gespräch, daß ich bei den Kontrolleuren keinerlei Verdacht erregte. Die Frau hatte sofort begriffen, worum es ging und spielte mit. Gut gegangen.

Weniger gut gelang die Rückkehr. Die U-Bahn, mit der ich kurz vor Mitternacht aus dem »Klassenfeind«-Berlin auf dem Bahnhof Stadtmitte im »demokratischen Sektor« einlief, war menschenleer, keine hilfsbereite Berlinerin, umfangreich oder nicht, in Sicht, der letzte Mit-Fahrgast war auf dem Bahnhof Kochstraße (»letzter Bahnhof im Westsektor«) ausgestiegen. Kontrolle: »Jugendfreund, deinen Personalausweis und deine Teilnehmerkarte holst du dir morgen früh bitte am Vinetaplatz bei der Außenstelle der Bezirksleitung Rostock der FDJ ab!«

Drei Tage später, Morgen- und Abschiedsappell unseres Chores in Pankow. Hervorgerufen werden zwei Chormitglieder aus der Parallelklasse. Vor versammelter Mannschaft wird deren Schandtat geschildert, sie waren bei der Rückkehr von ihrem West-Berlin-Besuch geschnappt worden und hatten sich auftragsgemäß bei der FDJ-Bezirksleitung gemeldet. »Jugendfreunde, was sagt ihr zu dem Fehlverhalten der beiden?« Es kam das übliche: »So geht's nicht ... Können wir überhaupt nicht verstehe ... Ist keineswegs zu billigen ...«

Ich bin auf heimatlichem Berliner Boden, das gibt mir Kraft und Mut, ich rufe: »An den Baum mit den beiden, auf der Stelle an den Baum, sofort!« Alle gucken mich an, einige wagen zu lachen, da betritt ein Fremder die Runde, schaut sich suchend um und sagt: »Jugendfreunde, Ihr seid doch aus Bad Doberan, ich suche einen Jugendfreund Warnstädt.« Man zeigt auf mich. Der Fremde überreicht mir meinen Personalausweis und meine Teilnehmerkarte und sagt: »Hier, deine Papiere, haben sich irgendwie bei der Bezirksleitung angefunden, weiß nicht wie, wirst sie wohl verloren haben.« Ich bedanke mich beim Jugendfreund, nehme die Papiere an mich und schaue, hintergründig lächelnd, in die Runde. Alle verstehen sofort, einige fragen mich, warum ich denn das mit dem Baum gesagt habe, da gehöre ich dann doch eigentlich auch ran. Ich sage: »Nein, ich gehöre nicht an den Baum, ich war ja nicht so dämlich, zur Bezirksleitung zu gehen und dort ein Geständnis abzulegen.«

Zu einem Geständnis gehören immer zwei, einer, der gesteht, und einer, der sich gestehen läßt. Beide müssen einander vertrauen, sonst nützt das ganze Geständnis nichts, keinem von beiden. Ich bin mir bei meiner Arbeit im Gerichtssaal dessen immer bewußt gewesen und denke, daß ich gerade deshalb besonders viel gestehende Angeklagte gehabt habe und freute mich darüber, denn ein richtiges Geständnis ist doch viel wert. Zum einen kann man es als einen vielleicht ersten Schritt zur Besserung ansehen, und zum andern – und das ist ja keineswegs zu unterschätzen – verkürzt so ein Geständnis die Hauptverhandlung doch ungemein.

Abitur

Wie das plötzlich herausgekommen war, weiß ich nicht. Ich dachte zuerst an Schikane, weil es nur zwei Monate vor dem Abitur war. Aber vielleicht war es ja auch wirklich reiner Zufall, daß die Schulleitung plötzlich und unerwartet, und zum ersten Mal überhaupt, von mir das schriftliche ärztliche Attest über meinen Herzfehler verlangte, durch das ich schon seit Beginn meiner Oberschulzeit – und auch davor schon in meinen Wismarer Grundschuljahren – vom Sportunterricht freigestellt war. Das war ein Schreck, der hätte einen Menschen mit einem Herzfehler umbringen können, denn es gab ein solches Attest nicht, bedauerlicherweise, aber es gab auch keinen Herzfehler, glücklicherweise.

Ich kam 1950 von der Landschule in Kirchdorf auf der Insel Poel in die Stadtschule nach Wismar. Wenn in der Landschule Sportunterricht anstand, gingen wir, wenn das Wetter einigermaßen danach war, alle nach draußen auf eine Wiese, machten dort ein paar Freiübungen, liefen, hüpften und sprangen ein bißchen, warfen uns vielleicht noch den Ball zu oder auch ein paar Lehmklumpen, Lehm macht den Mecklenburger Boden so fruchtbar. In der Stadtschule sah der Sportunterricht ganz anders aus. Es gab eine richtige Turnhalle. Ich besichtigte die heimlich und scheu. Zum ersten Mal in meinem Leben sah ich einen Barren, auf dem machten einige Leute seltsame Verrenkungen. Da stand auch ein lederbezogener Bock. Ich erfuhr, das war das »Pferd«, über das man setzen mußte, und tatsächlich, da kamen Leute und sprangen mit erstaunlicher Leichtigkeit über das Ding. Von der Decke hingen große Ringe, in denen sich Leute geradezu akrobatisch bewegten. Eisiger Schreck durchfuhr mich. Der Gedanke, daß man das doch wahrscheinlich irgendwann auch würde lernen können, kam mir nicht. Mir ging einzig durch den Kopf, daß ich mich schon bei der ersten Stunde so gewaltig blamieren werde, daß es davon niemals eine Erholung geben könne.

»Schto djelatsch?« fragte Lenin in seinem berühmten Traktat, und »Was tun?« fragte ich mich jetzt auch. Ich kam auf einen verhängnisvollen Gedanken. Es lag bestimmt zwei Jahre zurück, da kam bei einem Routinebesuch beim Kinderarzt Dr. Connerth in Wismar ganz nebenbei die Rede darauf, daß ich, wenn ich lange im Wasser sei – und ich war immer lange im Wasser, wohnte schließlich doch in einem Seebad –, zuweilen blaue Lippen bekomme. Der Kinderarzt bemerkte dazu: »Der Kleine scheint zu wachsen, und da kann es sein, daß das Herz dadurch etwas viel zu tun hat. So ein kleiner Herzfehler ist jedoch kein Grund zur Aufregung, der Junge soll sich körperlich aber nicht übernehmen, vor allem nicht so lange im Wasser bleiben.« Ich erinnere mich nicht, daß irgend etwas aufgeschrieben wurde, geschweige denn, daß es zu einem Attest kam. Die Sache spielte auch nie eine Rolle, war eigentlich längst vergessen. Jetzt aber in meiner Not fiel mir der »Herzfehler« von damals ein und auch das »der Junge soll sich körperlich nicht übernehmen«. Ich beschloß, den Herzfehler der Vergangenheit zu entreißen und einzusetzen. Schon am nächsten Tag meldete ich meiner Klassenlehrerin Fräulein Wildfang, daß ich an einem Herzfehler leide, der es strikt verbiete, an irgendeinem Sportunterricht teilzunehmen. Fräulein Wildfang sagte: »Armer Junge.« Das waren die letzten Worte, die auf diesen Gegenstand in Wismar verwandt wurden. Als ich drei Jahre später nach Bad Doberan auf die Oberschule wechselte, ging ich zur Schulsekretärin Frau Brinjewski, genannt Püppchen. Die sagte: »Ist gut, nehme ich zur Kenntnis, sei so nett und bring bei Gelegenheit das Attest vorbei.« Weder »Püppchen« noch sonstwer kamen je auf diesen Gegenstand zurück, ich schon gar nicht. Die Sache geriet einfach total in Vergessenheit, bis sie sich eben zwei Monate vor dem Abitur so brutal meldete.

Ich habe später in meiner Strafrichterzeit häufig beobachten können, wie eine Lüge immer neue Lügen gebären kann und wie das schließlich zum Verhängnis führt. Die Erinnerung an meine eigentlich doch läppischen Sportlügen lehrte mich auch, wie schwer es ist, aus einem solchen Lügengespinst wieder herauszufinden. Gelingt das nicht, kann man häufig nicht einmal einen Vorwurf erheben, denn es ist meist so, daß die Leute gar nicht erkennen, daß sie lügen, denn am meisten belügt man sich selbst. Ich jedoch war mir über meine Sportlügen immer im klaren. Manches Mal stand es damit so, daß ich liebend gern daraus befreit worden wäre. Bei dem kleinsten Anstoß hätte ich die Gelegenheit ergriffen, von dem Unfug abzulassen. Aber gerade dann kam kein Anstoß, fragte niemand, warum ich mich denn vom Sport ausschlösse, wo ich doch allem Anschein nach ein recht gesunder Mensch sei. Kam dann allerdings mal ein Anstoß, war mir gerade nicht danach, ihn aufzunehmen. Die Gründe für diese verschiedenen Stimmungen kann ich nicht angeben. Ich nenne so etwas emotionalen Nebel.

Nun hatte ich den Salat. Die Anforderungen, die in der DDR für das Abitur im Schulsport gestellt wurden, waren hoch. Ohne ausreichende Note im Schulsport konnte man auch mit besten Noten in den anderen Fächern die Prüfung nicht bestehen. Da es in der zur Verfügung stehenden Zeit unmöglich war, mich im Schulsport erfolgreich einzuüben, blieb nichts anderes übrig, als auf dem Herzfehler zu bestehen. Man schickte mich zum Amtsarzt Dr. Jäckel. Der sagte: »Freuen Sie sich, Sie sind kerngesund.« Ich sagte: »Ja, ich freue mich sehr gern darüber, aber erst später, nicht jetzt. Jetzt ist es unmöglich, bin ich schon jetzt gesund, muß ich die Sportprüfung ablegen. Und das kann ich nicht, obwohl ich kerngesund bin, wie Sie sagen. Ich kann gut schwimmen, kann kräftig radfahren, ausdauernd wandern und laufen. Das alles aber zählt da nicht. Da muß man über einen Lederbock springen, auf dem Barren Verrenkungen aufführen, sich an Ringe aufhängen, einhundert Meter in was weiß ich wieviel Sekunden rasen. Ich habe nicht die Zeit, das alles einzuüben. Und im übrigen, meine ich, ist das alles doch Quatsch und auch gar nicht gesund. Also zwingen Sie mich jetzt nicht dazu und geben Sie mir das Attest, meinetwegen auch nur aus Mitleid!«

Als ich am Tag des Sportabiturs zu zwei senkrechten Gestellen geführt werde, die durch eine Schnur miteinander verbunden sind, sagt der über diese Einrichtung wachende Lehrer mir: »Na hören Sie mal, Rüdiger, Sie haben das Kugelstoßen mitgemacht, Sie sind sogar, wie ich höre, ganz anständig tausend Meter gelaufen, und Sie sollen auch einen allerdings nicht sehr weiten Weitsprung getan haben. So werden Sie doch jetzt nicht den Hochsprung verweigern, also bitte, auf, springen Sie schon!« Ich sage: »Nein, Herr Doktor Bölckow, das nun wirklich nicht. Den Einhundert-Meter-Lauf, den werde ich gleich machen, Sie werden staunen wie. Aber den Hochsprung hier, den mache ich nicht.« Doktor Bölckow guckt mich erstaunt an und fragt: »Und warum gerade den nicht? Beim Weitsprung haben Sie sich doch auch nicht geweigert. Warum also jetzt hier so?« Ich antworte: »Weitsprung kann im normalen Leben mal nötig sei, es kommt ein Graben und es ist keine Brücke da, man kann also wenigstens versuchen hinüberzuspringen. Aber Hochsprung ist anders. Kommt man an so ein Hindernis, springt man nicht drüber, wer vernünftig ist, geht drumherum. Ich bin vernünftig und springe nicht.« Doktor Bölckow klappt seine Liste zu, mir scheint, er lächelt dabei. Er war Geisteswissenschaftler, ich mochte ihn sehr.

Jetzt aber nahte der Einhundert-Meter-Lauf, mein erster und zugleich mein letzter. Es hatten sich einige Neugierige eingefunden. Zwei Freunde, gute Schulsportler, zogen sich Schuhe an, an deren Sohlen Nägel angebracht waren, und ich nahm hin, daß man mir auch so etwas anschnallte. Die Freunde hatten mir Mut gemacht. Sie hatten gesagt: »Nur Mut! Hundert Meter sind nicht viel, du wirst staunen, wie schnell sie vorbei sind. Das schaffst du spielend. Da holst du so viel Punkte, daß du mit denen gewisse Scharten auswetzen kannst. Aber ohne die Schpaiks geht es wirklich nicht, glaub uns. Und nun, ab die Post!« Ich mußte lachen, denn als Operettenfreund fiel mir sofort ein: Denn bei der Post geht's nicht so schnell ... Die beiden liefen neben mir, zogen mich, wie man das nennt. Wider Erwarten erreichte ich unverletzt das Ziel. Dort stand »Old Wisch«, der alte hochverehrte Herr Wischmann war der Mathematiklehrer, und weil er das war, bediente er hier die Stoppuhr. Er warf einen Blick auf die Uhr und einen auf mich. Dann sagte er: »Warnstädt, Sie sind ein Unglücksrabe!« Man beratschlagte. Dann entschied man, ich durfte noch einmal. Jetzt lief ich barfuß über die Aschenbahn, und am Ziel sagte Herr Wischmann: »Na sehen Sie, ich wußte es gleich, geht doch!«

Als alle Prüfungen abgelegt waren, sprach mich die Klassenlehrerin Hanni Schoenwälder an: »Wir hatten gestern die entscheidende Lehrerkonferenz. Ich sage dir, das hätte schiefgehen können. Diese Sportgeschichte war völlig überflüssig. Aber wir haben dich mit Ach und Krach gerettet. Was viel schlimmer war und wozu wir kaum etwas sagen konnten, ist dein angeblich so hochmütiges Verhalten im Internat, wodurch du dich offensichtlich sehr mißliebig gemacht hast, jedenfalls beim Internatsleiter, den ich übrigens zum ersten Mal gesehen habe. Ich will mich über den nicht weiter äußern, aber der hat gegen dich mächtig vom Leder gezogen. Es hat viel Arbeit gekostet, uns bei deiner gesellschaftlichen Beurteilung wenigstens noch auf eine einigermaßen neutrale Bemerkung zu einigen. Nur gut, daß du dich voriges Jahr zum, wie du immer sagst, Ersten Sekretär hast machen lassen. Aber, das muß ich dir auch noch sagen, allein diese hochtrabende Bezeichnung haben dir einige auch noch übelgenommen.«

Ich verließ Bad Doberan mit gemischten Gefühlen. »Püppchen« sagte zu mir: »Ich verstehe, daß du zu der Abschlußfeier nicht kommen willst. Aber sei froh, es ist ja doch noch gut gegangen, du weißt, wem du das zu danken hast. Ich schicke dir das Zeugnis per Post zu. Mach's gut!«

Ich las in dem Zeugnis: »Vielseitig interessierter und sehr intelligenter Mensch mit recht guter Urteilsfähigkeit. Auf sportlichem Gebiet zeigte er nicht den nötigen Eifer. War in der FDJ Gruppenleiter und zeigte beim Nationalen Aufbauwerk eine gute Einsatzbereitschaft.« Ich wußte sofort, das reichte nicht, um mir einen Studienplatz zu sichern, und so war ich gar nicht überrascht, als ich schon kurze Zeit danach von der Humboldt-Universität die Mitteilung erhielt, ich sei vorgemerkt, für das übernächste Jahr, man empfehle, in der Zwischenzeit die sozialistische Produktionswelt kennenzulernen. Ich fuhr nach Berlin und fragte in der Humboldt-Universität nach, was das denn nun wirklich heiße, man sei vorgemerkt. Man sagte, das komme darauf an, wie meine gesellschaftliche Beurteilung in der Produktionswelt ausfalle. Das war bei aller Vorsicht offen genug. Auf Glücksspiel wollte ich mich nicht einlassen, ich fand so ein Glückspiel nicht amüsant. Wie sich so was ändern kann! Zwölf Jahre später fand ich Glücksspiele außerordentlich amüsant. Da war ich im Kriminalgericht Moabit der Glücksspielstaatsanwalt, aber das war natürlich eine völlig andere Sicht auf die Dinge.

Ich ging zum Bahnhof Friedrichstraße und fuhr mit der S-Bahn, die damals – 1957 – durch Ost und West fuhr, ganz wie sie es heute wieder tut. Am Bahnhof Witzleben, der heute blöderweise Messe-Nord heißt, stieg ich aus und ging zur Meldestelle für Ost-Abiturienten bei der Senatsverwaltung für Volksbildung am Messedamm. Ich wurde in ein Zimmer gewinkt. Schon beim Eintreten rief mir eine grellblonde unüberhörbar berlinische Walküre zu: »Wo kommst denn du her? Aus Mecklenburg? Wenn du abhauen willst, dann könnte ich dir noch Saarland und Hamburg anbieten, alles andere ist schon besetzt. Nein, in Berlin kannst du nicht bleiben, das dürfen nur die aus dem Sektor oder aus der Mark. Du mußt nach Westdeutschland, aber, wie gesagt, nur Saarland und Hamburg ist noch frei. Ich empfehle dir Hamburg, im Saarland ist nichts los, Landluft haste in Mecklenburg genug und bessere gehabt.« Ich wagte zu fragen: »Und was erwartet mich in Hamburg?« Sie sagte: »Na, das weiß doch wirklich jetzt jeder ... Aber entschuldige, ich hatte vergessen, du kommst ja aus Mecklenburg. Also, euer Abitur wird im Westen seit 1955 nicht mehr anerkannt. Wer mit dem im Westen studieren will, muß ein halbes Jahr Schule nachholen, da werdet ihr mit einem bißchen Geschichte und mit Demokratie aufpoliert. In der Zeit wird für euch gesorgt, danach müßt ihr alleine weiterschwimmen.« Die Frau sah mich wohlwollend an und sagte dann: »Überleg es dir! Besprich es mit Papa und Mama, und wenn du dann willst, kommst du wieder und bringst dein Zeugnis mit! Oder hast du es schon da? Laß doch mal sehen!« Ich sagte ihr, daß sich mein Zeugnis in der Humboldt-Universität befinde. Sie sagte: »Macht nichts. Geh hin und sag, du brauchst es, um dir Abschriften machen zu lassen, und daß du es danach wiederbringst.«

Ich tat wie geheißen. Ich erhielt das Zeugnis, bedankte mich und sagte: »Ich bringe es dann so schnell wie möglich zu Ihnen zurück.« Die Dame-Ost sagte: »Beeilen Sie sich damit nicht, sonst brechen Sie sich auf dem Weg zum Messedamm noch ein Bein, wär doch schade.«

Am Messedamm wählte ich Hamburg und fuhr dann nach Wismar zurück zu meinem alten Vater. Der sagte: »Erstens bin ich dagegen, und zweitens kann ich dir für dein Unternehmen und auch sonst keinerlei Geld geben.« Ich ging zur VEB Waggonfabrik Wismar, den früheren Werken des Dr. Dornier, und arbeitete sechs Wochen in der Produktion als Schmiedehelfer. Dann nahm ich mein Fahrrad und machte eine Abschiedstour, von Grünheide bei Erkner über die Märkische Schweiz und das Kloster Chorin und Feldberg und Neustrelitz, wo das Schloß schon abgerissen war, bis nach Putbus auf Rügen, wo das Schloß noch stand. Am Morgen des 10. September 1957 brachte mich mein alter Vater zum Zug nach Berlin. Wieder ein Abgang oder ein Abitur, wie Abgang ja auf Latein heißt, der zweite Abgang in dem Jahr, erst der von der Schule, jetzt der aus der DDR. Ich muß doch recht aufgeregt gewesen sein. Erst im Zug fiel mir ein, daß mein Vater Geburtstag hatte. Er startete in sein achtundsechzigstes Lebensjahr, ich in den Westen.

III. Student und Referendar

Sanssouci

Gleich nach meiner Ankunft in West-Berlin beging ich eine Straftat, jedenfalls nach den Gesetzen der DDR, der ich offiziell noch angehörte: Ich tauschte Geld um, Ost gegen West, ohne behördliche Genehmigung. Am Bahnhof Zoologischer Garten gab ich fünf Ostmark hin und erhielt dafür eine Westmark. Die Westmark ging allerdings nach wenigen Minuten an die DDR zurück. Ich übergab mein altes Vulkanfiber-Köfferchen, mit dem ich gerade aus Wismar republikflüchtig geworden war, dem Gepäckschalter der Deutschen Reichsbahn, die auch in West-Berlin der DDR gehörte, zur Aufbewahrung, Kostenpunkt: eine Westmark. Danach fuhr ich zur Meldestelle für Ostabiturienten bei der Senatsverwaltung für Volksbildung am Messedamm und erhielt dort eine Unterkunft zugewiesen, Berliner Straße 11 in Berlin-Zehlendorf. Bevor ich mich jedoch da umsah, fuhr ich zurück in den Osten. Ich holte dort von zwei reizenden alten Damen in der Friedenstraße am Friedrichshain einen Pappkarton ab. Den Pappkarton hatte ich einige Zeit zuvor mit der Deutschen Post zu den mir völlig unbekannten reizenden alten Damen geschickt. In ihm befand sich der andere Teil meiner Habseligkeiten. Ich hatte meine Habseligkeiten in zwei Teile aufgeteilt, damit ich die Reise von Wismar nach West-Berlin über Berlin-Ostbahnhof und Berlin-Friedrichstraße nur mit einem kleineren Gepäckstück, eben jenem alten Vulkanfiber-Köfferchen, machen konnte. In den Zügen aus der DDR nach Berlin und besonders auf der Stadtbahn in Berlin fanden immer wieder Kontrollen statt. Gerade zu der Zeit, als ich »reiste«, also Mitte September 1957, verließen ganze Völkerschaften die DDR, alle über Berlin, denn damals war das der einzige Weg, den man ohne ausdrückliche Erlaubnis nehmen konnte. Die Grenzen nach Westdeutschland waren nur noch mit sogenannten Interzonenpässen passierbar, und Interzonenpässe zu erhalten war fast völlig unmöglich. Besonders stark wurde am Bahnhof Berlin-Friedrichstraße kontrolliert. Die S-Bahn hielt ziemlich lange am Bahnsteig, und Volkspolizisten guckten durch jedes Fenster in den Zug hinein und hielten nach Leuten Ausschau, die nach Republikflucht aussahen. Unverkennbar Republikflüchtlinge waren die Landeier, die aufgeregt umherschauten und Schweißperlen auf der Stirn hatten. Andere Reisende guckten bei der Kontrolle so betont gleichgültig, daß sie gerade dadurch auffielen. Aber was den Volkspolizisten natürlich besonders ins Auge stach, war das Gepäck. Leute, die auf oder neben Schrankkoffern saßen, wurden sofort hinausgebeten und festgehalten. Mein altes Vulkanfiber-Köfferchen und nun auch mein Pappkarton waren verhältnismäßig unverdächtig und ich als Person wohl auch. Ich war zwar aus Mecklenburg, aber doch gebürtiger Berliner, so hatte ich keine Schweißperlen auf der Stirn.

In der Berliner Straße 11 in Berlin-Zehlendorf stand im Garten eines Hauses eine Baracke. In der bekam ich einen Etagenbettplatz und ein Spind. Bei »Spind« kann ich mir nicht versagen zu bemerken, daß mir das Wort allein schon unangenehme Gefühle macht. »Spind«, das ist für mich immer noch der Inbegriff von Kasernierung, von unangenehmer, meist schwitzender Sport- oder Männergesellschaft, und außerdem wird nach meiner Erfahrung aus einem »Spind« selbst dann gestohlen, wenn man ihn oder es durch ein Vorhängeschloß zu sichern sucht. Aber ich will mich über Diebstahl aus »Spind«, den ich mehrfach erlebt hatte, nicht aufregen, denn wenige Tage nach meinem Einzug in die Baracke nahm ich selbst eine fremde bewegliche Sache einem anderen in der Absicht weg, dieselbe mir zuzueignen. Ich zitiere aus dem Diebstahlsparagraphen das Wort »rechtswidrig« ausdrücklich nicht, denn ich meine, daß zwar möglicherweise der Tatbestand des § 242 StGB vorlag, eine Strafbarkeit mangels Rechtswidrigkeit aber gleichwohl nicht gegeben war. Ich entdeckte in der Baracke einen Raum , in dem sich haufenweise Koffer befanden, alle abgeschabt, eingebeult, vollgestaubt. Als ich noch mein Auge schweifen ließ, merkte ich, daß ich beobachtet wurde. Tatsächlich, da stand eine Dame und beobachtete mich aufmerksam und, wie mir schien, belustigt. Die Dame lohnte ihrerseits des Beobachtens. Sie war, jedenfalls für meine damaligen neunzehn Jahre, eine ältere Frau. Nicht lange später wußte ich, sie war siebenundvierzig. Sie hatte pechschwarzes Haar, durchdringende pechschwarze Augen und einen enorm charaktervollen Nasenschwung. Sie gefiel mir sofort. Als sie mich fragte: »Was machen Sie denn da? Darf ich Ihnen sagen, was ich denke?«, hatte ich keine Bedenken zu antworten: »Das brauchen Sie nicht zu sagen, ich weiß, was Sie denken, und das stimmt ja auch. Ich überlege tatsächlich, ob ich hier nicht einen Koffer stehle. Die Koffer scheinen doch schon lange hier einfach herumzuliegen, ich nehme an, daß sie gar nicht mehr gebraucht werden. Ich aber brauche einen Koffer. Ich habe nur ein kleines Vulkanfiber-Köfferchen, da paßt mein gesamter Besitz nicht hinein. Der große Schwarze dort aber, der käme mir gerade recht. Vielleicht glauben Sie mir ja, daß ich jedenfalls mein kleines Vulkanfiber-Köfferchen zum Ausgleich hiergelassen hätte.« Die Dame sagte: »Sie haben eine gute Rede, und Sie gefallen mir. Kommen Sie, ich mach uns erst einmal einen Tee, und dann sehen wir weiter.«

Die war vielleicht amüsant, und eloquent, ich habe nie wieder solche Wortgewalt erlebt. Ich war sehr beeindruckt, auch davon, daß sie eine echte Gräfin war, die erste und auch letzte Gräfin meines Lebens. Sie machte sich um mich sehr verdient, das muß ich ihr lassen. Sie sagte, sie müsse was für mich tun, ich sei doch jetzt in einer Welt, von der ich keine Ahnung habe, das könne nicht so bleiben. Bald ging es los mit dem Unterricht. Erstmal an den Kurfürstendamm ins Kino. Der erste Film, in den ich geführt wurde, hieß »Die große Versuchung« und spielte im MGM, jenem interessanten Kinobau der frühen fünfziger Jahre des letzten Jahrhunderts, der leider mittlerweile einem belanglosen Betonklotz gewichen ist. Der Wert von Bauwerken jener Zeit wird ja leider immer noch verkannt. Ich befürchte, daß auch die Tage des Theatersaals im Admiralspalast gezählt sind.

Nach dem Kino ging es in bunte Etablissements. Die befanden sich meist im Keller von Ruinen. Berlin bestand damals noch vorwiegend aus Ruinen. Neubauten gab es erst wenige, aber einige waren doch recht eindrucksvoll, im Osten das Hochhaus an der Weberwiese, über das es sogar ein Lied gab, mit der Stalinallee, und im Westen die Internationale Bauausstellung im Hansaviertel. In einem der Keller-Etablissements trat Kate Kühl auf, die Gräfin sagte zu mir: »Sie kennen Kate Kühl? Donnerwetter!« In einem anderen Etablissement, ich glaube, es war am Nürnberger Platz, den es mittlerweile eigentlich gar nicht mehr gibt, sang Lotte Werkmeister. Auch den Namen hatte ich schon gehört. Zwischen zwei Chansons trat Lotte Werkmeister an unseren Tisch, die Gräfin sagte zu ihr: »Stell dir vor, mein junger Freund ist aus Mecklenburg, aber er kennt dich.« Lotte Werkmeister schaute mich liebevoll an.

Das war alles sehr amüsant und interessant, aber auch anstrengend, denn es wurde immer so spät, daß ich nur ganz selten mein Etagenbett im fernen Zehlendorf erreichte. Am Tage dann begleitete ich die Gräfin auf Besuche in die »besseren Kreise« West-Berlins. Sie sagte: »Auch das mußt du kennenlernen.« Sie behandelte auf diesen Besuchen Katzen und Hündchen der »besseren Kreise«, denn sie war eigentlich Tierärztin. Ihren Beruf durfte sie aber »temporär und rechtswidrig« nicht ausüben. Sie sagte, sie sei das Opfer von Beamtenwillkür. Die Beamten wüßten, daß sie keine »Nazisse« gewesen sei, sie sei aus Schlesien, und für eine schlesische Gräfin wäre das völlig unmöglich gewesen. Die Beamten, so sagte sie, haßten sie vor allem auch deshalb. Denn die meisten Beamten hätten sich ehedem ganz schnell zu den Nazis bekannt, und sehr viele seien das innerlich auch heute noch.

Es mag so etwa 1993 oder 1994 gewesen sein, da besuchte ich das Deutsche Historische Museum im Zeughaus. Es gab eine Ausstellung über das Schicksal jüdischer Künstler während der Nazizeit und danach. An der Wand hing das Schreiben eines höheren Beamten aus dem Bundesinnenministerium in Bonn, das sich mit dem Komponisten Paul Abraham (»Blume von Hawaii«) befaßte. Paul Abraham befand sich völlig mittellos und wegen der Verfolgung durch die Nazis gesundheitlich schwer zerrüttet in New York. Ein Freundeskreis wollte ihn nach Deutschland zurückholen. In dem Schreiben des Beamten von Anfang der fünfziger Jahre hieß es, man könne Paul Abraham die Einreise in die Bundesrepublik nur gestatten, wenn nachgewiesen werde, daß für seinen Lebensunterhalt gesorgt sei, so daß nicht befürchtet werden müsse, er werde in Deutschland, dessen Staatsangehörigkeit er nicht besitze, der öffentlichen Hand zur Last fallen. Ich stand erstarrt, schon der Ton des Schreibens war der des Unmenschen. Da ergab es sich, daß ich den damaligen Direktor des Museums sichtete. Ich bat ihn heran und sagte: »Doktor Stölzl, haben Sie das gelesen?« Er sagte: »Ja, mehrmals. Ich wäre nicht erstaunt, wenn der Beamte, der diesen Brief geschrieben hat, derselbe ist, der fünfzehn oder zwölf Jahre zuvor dem Paul Abraham die Staatsbürgerschaft entzogen hat.«

An einem der letzten Tage vor meinem »Ausfliegen nach Westdeutschland« lud die Gräfin zum Tee. Neben ihr stand der große schwarze Koffer, auf den zu Beginn unserer Bekanntschaft mein begehrliches Auge gefallen war. Sie sagte: »Aber dein kleines Vulkanfiber-Köfferchen, das stellen wir tatsächlich im Austausch für diesen großen Schwarzen in die Kammer.« Ich sagte: »Der ist ja besser als ich dachte. Wird den hier denn niemand vermissen?« Die Gräfin sagte: »Sei beruhigt, dort vorn, da kommen die Leute mit Koffern an, aber wenn sie verabschiedet werden, brauchen sie keinen Koffer mehr.« Sie wußte Bescheid, dort vorn war ein Altersheim, sie arbeitete dort »temporär« als Altenbetreuerin. Vierzig Jahre später sind die Lebenserinnerungen der Gräfin erschienen, ich habe sie durchgeschaut, ich tauche darinnen nicht auf.

Von Zehlendorf aus bin ich noch zweimal in den Osten gefahren. Ich konnte das, denn ich hatte noch meinen DDR-Personalausweis, den ich übrigens selbst heute noch besitze, wie auch meinen FDJ-Ausweis und meinen Mitgliedsausweis für das Deutsche Rote Kreuz. Mit der Mitgliedschaft im Roten Kreuz hat es die Bewandtnis, daß ich mit ihr in der Oberschule kundtat, ich sei an der Medizin besonders interessiert und wolle nach dem Abitur Medizin studieren. Genützt hat der Rote-Kreuz-Ausweis in diesem Sinne nichts, aber immerhin konnte ich mich seinetwegen doch so manches Mal in den »Kamp-Lichtspielen« in Bad Doberan mit meiner Medizintasche auf dem Sanitäter-Freiplatz niederlassen.

Der erste der beiden Ost-Ausflüge ging zum Ostbahnhof. Dorthin hatte ich, noch von Wismar aus, mein kostbarstes Besitztum geschickt, das Fahrrad »Mifa« aus der volkseigenen Produktion Sangerhausen, die, wie ich zu meiner freudigen Überraschung höre, noch bestehen soll, wenn auch nicht mehr in Volkseigentum. Das Fahrrad war da, ich setzte mich auf mein Besitztum und fuhr davon. Beim Einbiegen auf die

Oberbaumbrücke, an deren anderem Ende West-Berlin lag, wurde ich gestoppt. Ich nehme an, daß das damit zu tun hatte, daß es dort eine Ampel gab und daß ich so etwas aus Mecklenburg nicht kannte. Kleines Verhör an Ort und Stelle, natürlich hatte man mich in Verdacht, »abhauen« zu wollen, wenigstens das kostbare Fahrrad in den Westen zu verschieben. Ich entschloß mich, nicht zu verstehen, was man von mir wollte, spielte Landei, was für jemanden, der im gewissen Sinn vielleicht oder sogar wahrscheinlich auch wirklich Landei ist, gerade deshalb keine ganz leichte Rolle ist. Ich vermute, daß ich zunächst in meiner Rolle nicht ganz überzeugen konnte. Jedenfalls wurde das Rad beschlagnahmt und ich im Polizeiauto aufs Revier in die Grünberger Straße gefahren. Auf dem Revier hatte ich genügend Zeit, in meine Rolle hineinzufinden. Nun überzeugte ich offensichtlich nachhaltig. Ich versuchte zwar, die vielen Fragen zu verstehen, es gelang mir aber nicht. Nach zwei oder drei Stunden wurde das den Leuten zuviel. Man warf man hinaus. Ich ging zur Oberbaumbrücke zurück und sagte zu den Grenzpolizisten: »Alles in Ordnung, wo ist mein ›Mifa‹?« Ich nahm mein Fahrrad und fuhr auf ihm in den Westen. Mein schönes »Mifa«! Ein paar Jahre später wurde es mir unterschlagen, ich hatte es verliehen und bekam es nicht zurück. Womit sich der Volksmund wieder einmal bestätigt, man solle niemals die drei Sachen mit F ausleihen, Füller, Frau, Fahrrad.

Der zweite Ost-Ausflug ging in Richtung Westen. Ich fuhr mit der S-Bahn nach Potsdam und wanderte zur Ruine des Stadtschlosses und nach Sanssouci. Ich wußte, ich würde beides so schnell nicht wiedersehen. Beim Stadtschloß war das noch untertrieben. Als ich fünfzehn Jahre später das erste Mal wieder nach Potsdam kam, war auch die Ruine des Stadtschlosses verschwunden. Sanssouci aber gab es noch, und mir schien, es war noch schöner als beim ersten Mal. Kein Wunder, wirklich Schönes wird von Mal zu Mal immer noch schöner.

Ausgeflogen

1962 las ich, Renata Tebaldi werde zu einem Gastspiel als Desdemona in der Deutschen Oper Berlin »eingeflogen«. Dies war eine typisch West-Berliner Ausdrucksweise. Renata Tebaldi flog nicht nur ein, was ja auch schon ein schlimmer Ausdruck gewesen wäre, nein, sie wurde eingeflogen. Nach West-Berlin wurde alles eingeflogen, Künstler, Politiker, Frischmilch, Schnittblumen, Gemüsekonserven. »Einfliegen« war das Gegenstück zu »ausfliegen« oder »ausgeflogen werden«. Dieser Ausdruck entstand, als Leute, die der DDR den Rücken gekehrt hatten, von West-Berlin auf dem Luftweg nach Westdeutschland gebracht werden mußten, weil der Landweg unter der Herrschaft der DDR stand. Den Luftweg beherrschten die drei Westmächte. Die hatten jeder einen Flugplatz in West-Berlin: die Amerikaner Tempelhof, die Briten Gatow und die Franzosen Tegel, wobei man das damalige Tegel nicht mit dem heutigen Tegel verwechseln oder vergleichen darf, das damalige Tegel nahm nur einen kleinen, und zwar den nördlichen Teil des heutigen Tegel ein. Die drei Westmächte wickelten auch den Zivilverkehr ab. Die Amerikaner bedienten sich dabei der PANAM, Panamerican World Airways, damals eine der größten Luftverkehrsgesellschaften der Welt, später Pleite gegangen, die Briten der BEA, British European Airways, später in der BA (British Airways) aufgegangen, und die Franzosen der Air France. Alle Zivilmaschinen starteten und landeten auf dem »Zentralflughafen Tempelhof«, später zog die Air France auf das französische Tegel um, weil die Gesellschaft ab 1960 die neuen Düsenmaschinen einsetzte. Bei diesen drei Gesellschaften lag das »Ausfliegen« der DDR-Flüchtlinge, bestimmt kein schlechtes Geschäft, denn es »reisten« ja Hunderttausende DDR-Bewohner über West-Berlin in die Bundesrepublik. Mit dem Mauerbau endete solche Reisemöglichkeit und damit auch das bisherige »Ausfliegen«, was blieb, waren die Ausdrücke, vor allem ab jetzt »Einfliegen«.

Ich wurde Mitte Oktober 1957 nach Hannover-Langenhagen »ausgeflogen«. Es war der erste Flug meines Lebens. Fliegen war damals noch was ganz Besonderes. Junge Mädchen träumten davon, Stewardeß zu werden. Ab Hannover ging es mit dem Bus durch die Nacht, und schließlich standen wir in einem Barackenlager, kriegten alle einen Etagenbettplatz und einen Schrankteil, »Spind« geheißen. Das Lager hieß Lager Sandbostel, lag bei Bremervörde und hatte, wie man verschämt hörte, in der noch nicht lange zurückliegenden Nazizeit eine häßliche Rolle gespielt. Sandbostel war das Jünglingslager. Das Mädchenlager hieß Lager Westertimke, hatte ganz sicherlich ebenfalls eine Nazivergangenheit und war 34 Kilometer von Sandbostel entfernt. Einige Jünglinge sollen sich mit einigen Mädchen und einige Mädchen sollen sich mit einigen Jünglingen in der Mitte zwischen den Lagern getroffen haben, zu Fuß und getrieben von der Sehnsucht und nicht abgeschreckt von der im Oktober ungemütlichen Moorlandschaft. Alle Lagerinsassen waren Abiturienten aus der »Zone«. Sie wurden befragt, woher, weshalb, wohin, alle waren drüben gequält und verfolgt worden und hierher gekommen, weil sie endlich in Freiheit leben wollten. Je mehr dort verfolgt, desto besser hier. Man erfuhr, daß man bei Verfolgung einen Rechtsanspruch auf Eingliederung hatte, der sich in besonderer finanzieller Unterstützung auszahle. Ohne Verfolgung werde man zwar auch aufgenommen, zurückgeschickt werde nicht, aber die Aufnahme geschehe nur im Ermessenswege und sei mit keiner besonderen finanziellen Vergünstigung verbunden. Das war verführerisch, denn niemand hatte Westmark, und wie es weitergehen sollte ohne Westmark, das wußte keiner. Man staunte oder staunte auch wieder nicht, wieviel Verfolgte es doch unter diesen ganz normalen Abiturienten gab, das hätten die sich selbst gar nicht träumen lassen.

Auch ich ließ mich hinreißen. Wo alles verfolgt war, wollte ich allein nicht unverfolgt bleiben. Ich schilderte zu diesem Zweck einen Fall, der sich irgendwann im letzten oder vorletzten Schuljahr ereignet hatte. Da waren tatsächlich zwei Männer gekommen, unschwer als Abgesandte von »Horch und Guck« zu erkennen. Es ging um einen Brief, den ich ins Internat der Oberschule in Bad Doberan bekommen und in dem, wie das genannt wurde, Hetzerisches aus dem Westen gestanden hatte. Ich hatte einen Schreck gekriegt und den Brief erst mal zwischen den Strümpfen versteckt, um ihn später einmal in Ruhe und unbeobachtet genauer durchzulesen. Bevor ich das aber noch tun konnte, war der Brief weg. Jetzt hatten meine beiden Besucher ihn in der Hand und fragten mich, woher denn der »Klassenfeind«, von dem der Brief komme, meine Adresse habe. Als ich wahrheitsgemäß sagte, das wisse ich nicht, fragte man mich, warum ich denn den Brief in den Strümpfen versteckt gehalten habe. Ich sagte, ich sage das erst, wenn man mir sage, wie denn der Brief aus den Strümpfen in die Hände der beiden Herren gelangt sei. Die ganze Situation war damals ganz und gar nicht erheiternd, und ich hatte eigentlich seit dem Vorfall auch den Eindruck, daß man mich von Seiten der Schul- und Internatsleitung noch argwöhnischer und mißbilligender im Auge hatte.

Bald entfernte ich mich indessen wieder aus dem Kreis der Verfolgten. Der eine, wesentliche Grund dafür war der, daß ich von so viel Verfolgung erfuhr, daß ich da mit meiner Brief- und Strumpfgeschichte nicht mithalten konnte und daß ich manchmal sogar dachte, ich sei aus einem anderen Land gekommen als all die Verfolgten um mich herum. Wie recht ich mit meinem Rückzug aus dem Verfolgtenkreis hatte, zeigte mir der Bericht, den ich von irgendeinem, den ich kannte, über einen anderen, den ich gut kannte, erhielt. Nach dem Bericht war der, den ich gut, eigentlich sogar sehr gut kannte, weil ich mit ihm in dem Doberaner Internat mal das Zimmer geteilt hatte, jahrelang das Opfer von Willkür und Ungerechtigkeit gewesen. Ich dachte, wie man sich doch täuschen kann oder, zutreffender ausgedrückt, wie man doch täuschen kann! Wenn ich die Wahrheit sagen soll, so muß ich sagen, daß ich denke, jenes jahrelange Opfer sei gerade derjenige gewesen, der meine zuweilen frechen politischen Reden immer gemeldet und auch den bewußten Brief aus meinen Strümpfen gezogen hatte.

Mein Rückzug aus dem Kreis der Verfolgten führte dazu, daß ich fortan, wenn ich danach gefragt wurde, wie ich in der DDR denn behandelt worden sei, zu antworten pflegte: »Die DDR hatte nicht das geringste Interesse an mir, sie wollte mich weder an der Universität sehen noch als Landarzt in Mecklenburg, ich war ihr so unbedeutend, daß sie mich noch nicht einmal politisch verfolgt hat.«

Der andere Grund für meinen Rückzug war die Überlegung, daß es mir in der DDR im großen und ganzen gut gegangen war. Ich bin mir gar nicht sicher, ob ich, wenn ich in dem entscheidenden Alter im Westen gewesen wäre, überhaupt auf die Oberschule oder das Gymnasium gekommen wäre. Nun gut, auch in der DDR wäre das beinahe gescheitert. Im Westen gab es zwar kein formelles »S«, aber vielleicht hätte es dort ein anderes Hindernis gegeben. Wir waren nichts Besonderes, wenn man so die Äußerlichkeiten betrachtet, vielleicht sogar ein bißchen eine verkrachte Familie. Mein alter Vater aß in der Kreissparkasse Wismar an seinem Schreibtisch so eine Art Gnadenbrot. In solcher Situation kommt es auf die inneren Werte an, die waren, scheint mir, durchaus vorhanden, aber es ist doch so, daß die äußeren Werte zählen, für die inneren kann man sich, wie man in Berlin sagt, »nischt koofen«. In der DDR gab es nun jedoch, jedenfalls zu meiner Zeit, im gesellschaftlichen Leben nirgends gewaltige materielle Unterschiede zwischen den Menschen. Auch in der Schule zwischen den Schülern herrschte eine gewisse Gleichheit, keiner trug Markenware, die gab es einfach nicht. Das war sehr wohltuend. Ich denke manchmal, diese Abwesenheit von äußerem Wohlstand war so etwas wie eine Schuluniform, die dazu führte, die inneren Werte ausnahmsweise doch mal in ihrem Wert zu erkennen. Nein, ich konnte mich über meine bisherigen Lebensumstände eigentlich nicht beklagen, aber ich wäre doch gern zur Humboldt-Universität gekommen.

Nach vielleicht drei Wochen kam ein Autobus nach Sandbostel und brachte mich und eine Reihe anderer Lagerinsassen auf die Elb-Insel Finkenwerder in der Freien und Hansestadt Hamburg. Wir erhielten einen Etagenbettplatz und einen »Spind« genannten Schrankteil, und es begann vorsichtiger Unterricht in Deutsch und in Geschichte und in Englisch und, man höre und staune, wenn man wollte, auch in Russisch. Mir machte es viel Spaß, nicht zu häufig an dem Unterricht teilzunehmen, sondern statt dessen mit dem Schiff über die Elbe nach Altona oder nach Hamburg zu fahren. Nach vielleicht wiederum drei Wochen zogen wir um in ein großes, wunderschönes Haus mit parkähnlichem Garten im gepflegten großbürgerlich-hanseatischen Klein-Flottbek. Man hatte das Haus durch den Verein Christlicher Junger Männer für uns mit Etagenbetten und »Spinden« ausgestattet. Der Verein Christlicher Junger Männer wurde durch einen pensionierten General und eine ältere hagere Dame mit viel Haar, vor allem auf den Zähnen, vertreten. Wegen dieser Haare und Zähne wechselte ich bald das Quartier und zog nach St. Pauli, wenn schon Hamburg, dann richtig.

Am 15. April 1958 erhielt ich vom »Prüfungsamt für Fremden- und Ergänzungsprüfungen« der Schulbehörde der Freien und Hansestadt Hamburg die »Bescheinigung«: »... hat im Winterhalbjahr 1957/58 an einem Sonderlehrgang für Abiturienten der sowjetischen Besatzungszone mit Erfolg teilgenommen. Er kann zum Hochschulstudium zugelassen werden. Sein Reifezeugnis, das er an der Goetheoberschule in Bad Doberan am 28. Mai 1957 erworben hat, ist durch Beschluß der Kultusministerkonferenz vom 17. Mai 1956 als Reifezeugnis anerkannt worden. Diese Bescheinigung gilt nur in Verbindung mit dem obengenannten Zeugnis.«

Ich ging zur Universität Hamburg und schrieb mich für das Sommersemester 1958 an der Juristischen Fakultät ein. Ich konnte später nie sagen warum.

Hamburg

Als ich im Mai 1958 in Hamburg anfing, Jura zu studieren, verstand ich erst mal gar nichts, denn der Professor, der da »Einführung in den Allgemeinen Teil des BGB« las, nuschelte und hielt sich bei seinem Vortrag auch noch die Hand vor den Mund. Ein anderer Professor war hingegen sehr gut zu verstehen, er tobte sich am Pult darüber aus, daß jetzt immerzu Studenten für sogenannte Fleißprüfungen zu ihm kämen, um vom Staat ein Stipendium herauszuziehen. Er stehe dafür nicht zur Verfügung, wer kein Geld habe, solle nicht studieren.

Ich guckte mir Rudolf Sieverts aus, der war Professor für das Strafrecht. Ich hielt zwar Strafrecht für ein besonders seltsames Rechtsgebiet, aber Sieverts sah zugleich nobel und menschlich aus. Und er war es auch. Als ich als Fleißprüfling vor ihm saß, guckte er mich freundlich an und sagte dann: »Also, Sie sind in Mecklenburg zur Schule gegangen, da ist man doch im allgemeinen sehr fleißig, ich weiß das, ich hatte meine erste Professur in Greifswald, das ist ja ungefähr dieselbe Gegend.« Ich sagte: »Ja« und hatte die Fleißprüfung bestanden, »Honnefer Modell«, auch für das nächste Semester genehmigt. »Honnefer Modell« war damals ziemlich neu und, ich glaube, es war das erste allgemeine Unterstützungsprogramm für finanziell besonders Schwachbrüstige. »Fettlebe« bedeutete es nicht gerade. In den ersten drei Semestern gab es für die Vorlesungsmonate Mai, Juni, Juli und November, Dezember, Januar, Februar je 150 DM, im Jahr machte das also 1050 DM. Der Untermietzins betrug 70 DM, also 840 DM im Jahr, die Monatskarten kosteten 10 DM, also 120 DM im Jahr, verblieben somit noch 90 DM, pro Monat also 7,50 DM ... Jener tobende Professor hatte womöglich doch recht, wer kein Geld hat, soll nicht studieren, schon deshalb nicht, weil man es ohne Geld jedenfalls nicht kann. Mindestens zwei Mal die Woche konnte ich keine Vorlesungen besuchen. Ich ging statt dessen zur Studentischen Arbeitsvermittlung. Meist klappte es dort, war man nicht wählerisch, kriegte man für den Tag oder die Nacht eine Aushilfsstelle und dann zwei Mark die Stunde. Ich nahm alles. Aufruf: »Gesucht Gartenarbeiter zum Laubfegen in Wandsbek«, bin schon dabei, »Gesucht Verkehrszähler auf der Süderelbbrücke«, schon unterwegs, »Gesucht Umzugshelfer in Poppenbüttel«, angenommen ... Zwei Sachen gingen etwas schief aus. »Gesucht Atomphysiker zum Aufbau einer wissenschaftlichen Ausstellung in Eimsbüttel«, angenommen, drei Stunden später die Frage: »Sie studieren wirklich Atomphysik? Haben Sie denn überhaupt schon einmal ein Atom gesehen?« Immerhin, drei Stunden hatte ich mich gehalten. Schlimmer fast war »Gesucht morgen früh 5 Uhr Werbezettel verteilen im Elbtunnel«. Am nächsten Morgen gegen 6 Uhr 30 Polizeieinsatz. Die Hafen- und Werftarbeiter, denen wir die Zettel in die Hand gedrückt hatten, hatten sie auf ihrem Fußweg zur Frühschicht in dem Tunnel sofort wieder fallengelassen, wodurch die Tunnelsohle kniehoch mit unseren Werbezetteln bedeckt und der Tunnel unpassierbar geworden war. So etwas könnte heute nicht mehr passieren. Sollte es überhaupt noch Hafen- und Werftarbeiter geben, es ginge doch keiner mehr zu Fuß zur Frühschicht.

Hamburg ist etwas ganz Besonderes, sagt jeder, der aus Hamburg ist. Und so konnte dort keiner verstehen, daß ich beabsichtigte, von dort wegzugehen und sogar noch nach Berlin. Ende 1958 hatte der sowjetische Ministerpräsident Nikita Sergejewitsch Chruschtschow das sogenannte Berlin-Ultimatum gestellt. West-Berlin, nicht etwa das gesamte Berlin, sollte binnen eines halben Jahres, also bis Mai 1959, in eine Freie Stadt umgewandelt werden. Keiner wußte genau, was das heißen sollte, aber es war bestimmt was Unangenehmes, darüber waren sich alle einig. Und gerade im Mai 1959 wollte ich an der Freien Universität Berlin ins Sommersemester starten. Meine Freunde in Hamburg sagten: »Bist du verrückt geworden? Im Mai sind die Russen in West-Berlin. Da hättest du ja gleich drüben bleiben können.« Und sie fuhren fort: »Bleib hier in Hamburg! Wir sind alle der Ansicht, du bist auch auf dem besten Wege, dich an die Stadt zu gewöhnen.« Einer sagte: »Ja, du hast schon gelernt, daß man zu der Außenalster unter keinen Umständen Butenalster sagen darf, obwohl du recht hast, daß Butenalster viel besser zu Binnenalster paßt, und du weißt umgekehrt auch schon, daß es bei Strafe verboten ist, zu der Binnenalster Innenalster zu sagen, obwohl du auch darin recht hast, daß Innenalster besser zu Außenalster paßt.« Und ein anderer sagte: »Du weißt auch schon ganz genau, daß zu ›Planten un Bloomen‹ unter gar keinen Umständen und nie und nimmer ›Pflanzen und Blumen‹ gesagt werden darf, daß sich da der Spaß doch wirklich aufhört, auch wenn er noch gar nicht richtig begonnen hat.« Ein anderer Freund setzte noch hinzu: »Ich weiß, manchmal ist es etwas schwierig hier. Mir ist nicht entgangen, daß du, nun sagen wir mal, erstaunt warst, als dich mein Vater bei deinem ersten Besuch in unserem Haus quasi noch an der Haustür fragte, was dein Vater von Beruf sei und in welchem Stadtviertel deine Familie wohne. Das war mein Verschulden, ich hätte Vater vorher sagen müssen, daß du nicht aus Hamburg bist.« Ich war gerührt und zeigte mich erkenntlich, indem ich sagte: »Es stimmt auch, daß es ungehörig ist, Gustaf Gründgens nicht zu mögen. Schließlich ist der Mann hier am Deutschen Schauspielhaus der Intendant und sehr berühmt.«

Ja, ich hätte in Hamburg zufrieden sein können. Alle Menschen dort waren nett und freundlich, an solche Rüpel, wie sie einem in Berlin auf Schritt und Tritt begegnen, kann ich mich gar nicht erinnern, und ich glaube, es gab dort auch in den Autobussen keine Fahrer, die die Fahrgäste hassen, aber vielleicht war das damals auch in Berlin nicht so häufig anzutreffen wie heute, weil es seinerzeit noch Schaffner gab. Und ich war in Hamburg auch, worauf es dort am meisten ankommt, finanziell auf dem Weg des Fortschritts. Ich hatte für meine ersten Semesterferien eine lukrative Stelle gefunden, Zigarettenarbeiter bei Reemtsma in Wandsbek, konnte mir danach »Schönfelder, Deutsche Gesetze« anschaffen. In den zweiten Semesterferien arbeitete ich sogar ganz vornehm im weißen Kittel im Druckhaus Axel Springer am Kaiser-Wilhelm-Platz, maß dort die Papierrollen ab und aus und erhielt dafür schwindelerregende achtzig DM pro Woche. Ich kaufte mir gute Schuhe. Und lukrativ hätte es auch weitergehen können, für die dritten Semesterferien war ich schon wieder als Zigarettenarbeiter bei Reemtsma vorgemerkt. Dennoch: Ich wollte nach Berlin. Ich schrieb an die Freie Universität, man schickte mir die Zulassung, und vom Polizeipräsidenten in Berlin erhielt ich daraufhin die Aufenthaltserlaubnis. Tatsächlich, man brauchte damals für West-Berlin die Aufenthaltserlaubnis. Es gab strenge Zuzugsbeschränkungen, der Wohnraum war knapp, alles voll. Es kamen damals viele Menschen und immer noch mehr und mehr aus Sachsen, Thüringen, Anhalt, Mecklenburg, Vorpommern nach West-Berlin, sehr viele wollten dableiben, in nächster Nähe abwarten und sehen, wie es weitergeht. Die vielen Baden-Württemberger, die kamen erst sehr viel später, da brauchte man längst keine Aufenthaltsgenehmigung mehr, da konnte man sogar Zuschüsse dafür kriegen, daß man kam.

Ich bin, obwohl man das frühere wunderbare Straßenbahnnetz mittlerweile vollständig getilgt hat, sehr gern in Hamburg, ich kenne mehrere Hamburger Menschen, die mir viel bedeuten. Ein alter Freund, lange leider nicht gesehen, war aus Buxtehude, das gibt es tatsächlich. Eine Freundin in Hamburg ist Bildhauerin und stammt aus Lübeck, und eine weitere Hamburger Freundin ist Opernsängerin und wohnt jetzt in Triest. Eigentlich ist sie aus Bad Oldesloe, wo die Leute auch dann noch freundlich sind, wenn man Oldeslö sagt. Ein völlig anderes Hamburg als diese drei verkörpert für mich allerdings die, die 1994 von Hamburg nach Berlin kam, um hier die gerade freigewordene Stelle als Justizsenatorin zu übernehmen. Ich gebe zu, ich halte die Stelle des Justizsenators ohnehin für völlig überflüssig, aber dieser Hamburg-Import war noch viel überflüssiger. Die Neue kam mir vor wie eine große hamburgische Fregatte, viel Segel, viel Wind, aber so etwas kommt nicht weit im Binnenland. Mir schien, sie war, noch bevor sie Spandau erreicht hatte, bereits – bildlich gesprochen – auf Grund gelaufen.

Demnächst fahre ich wieder einmal nach Hamburg. Vielleicht erzählt mir da jemand etwas Neues über einen gewissen Amtsrichter in Strafsachen, dem das aber nicht genug war und der daher aufs Eis tanzen ging.

Alles doppelt

Ich flog am 11. Mai 1959 nach Berlin-Tempelhof. Durch die DDR zu fahren wagte ich noch nicht, es war ja seit 1957 strafbar, die DDR ohne offizielle Erlaubnis zu verlassen, und gerade das hatte ich getan. Wahrscheinlich wäre gar nichts passiert, ich war so unbedeutend, daß mein Abgang, nehme ich an, nicht mal irgendwo notiert war. Aber man konnte nie wissen. Erst sechs Jahre später bin ich das erste Mal auf dem Landweg nach Westdeutschland gefahren, obwohl ich davor auch schon gern mal in die Interzonenzüge der Deutschen Reichsbahn gestiegen wäre, die am Bahnhof Zoologischer Garten dampfend und nach Braunkohle riechend zur Fahrt nach Westdeutschland bereitstanden.

Besonders einladend war so eine Fahrt allerdings nicht. Zwar schickte die Reichsbahn immer recht anständige Waggons auf ihre Strecken von West-Berlin nach Westdeutschland. Man wollte, nehme ich an, im Westen denn doch wenigstens damit einigermaßen Eindruck machen. Aber so eine Fahrt nach Hamburg über die Kontrollstellen Schwanheide/ Büchen, nach Hannover über Marienborn/ Helmstedt, nach Frankfurt am Main über Gerstungen/ Bebra oder nach Nürnberg über Probstzella/ Ludwigsstadt dauerte selbst dann erbärmlich lange, wenn alles normal verlief, soweit man diesen Ausdruck für die damalige Lage überhaupt verwenden darf. Bis zum Viermächteabkommen von 1971/72 im Gefolge der neuen Ostpolitik Willy Brandts war es so, daß die Eisenbahn- und auch die Straßenverbindungen zwischen West-Berlin und Westdeutschland von der jeweiligen Lage der politischen Ost-West-Beziehung abhängig waren. War die politische Lage einigermaßen entspannt, funktionierten die Verbindungen auch einigermaßen reibungslos, gab es politische Turbulenzen, schlug sich das sofort turbulent auf Schiene und Straße nieder. Man konnte eigentlich nie voraussehen, wie es heute sein werde, so daß Reisen über Land immer gewissermaßen Glücksache waren. Das führte mehr und mehr zu einem Aufblühen des Flugverkehrs zwischen West-Berlin und Westdeutschland. Das Fliegen wurde von der Bundesregierung stark subventioniert, so kostete ein Hin- und Rückflug zwischen Tempelhof und Hannover 1961 ganze einundfünfzig DM. Das hatte natürlich mit dem Mauerbau zu tun, man tat jetzt was für die armen vom Osten eingemauerten West-Berliner, zahlte zum Beispiel noch vor Jahresende 1961 jedem West-Berliner eine »Zitterprämie« von einhundert DM aus. Ich kaufte mir dafür einen Regenmantel.

Daß ich erst 1965 das erste Mal am Bahnhof Zoologischer Garten in einen Interzonenzug gestiegen bin, hatte längst nichts mehr mit Angst vor DDR-Kontrollen zu tun. Vielmehr hatte ich jedes Wochenende nachts bei Ullstein am Tempelhofer Damm Zeitungen zu schnüren, BZ und Berliner Morgenpost. Diese Arbeit, die mir nette Leute vom Axel-Springer-Haus in Hamburg, wo ich mal Studentenaushilfe gewesen war, verschafft hatten, war ein Glücksfall. Sie wäre allerdings bei einem auch nur einmaligen Fernbleiben gefährdet gewesen. Dies Risiko konnte ich nicht eingehen. Die 26 DM, die es für eine Nacht, oder die 46 DM, die es für zwei Nächte gab, sorgten zwar für meinen einigermaßen gediegenen Lebensstandard. Eine Reise indessen war aber selbst dann »nicht drin«, als sich der Verdienst 1964 auf geradezu atemberaubende 70 DM für zwei Nächte gesteigert hatte. Ich denke heute, vielleicht muß auch gar nicht so viel gereist werden, die meisten lernen dabei sowieso nichts, und wer als Sechzehnjähriger schon in der Karibik »all inclusive« erlebt, mit dem ist mit hoher Wahrscheinlichkeit weder jetzt noch später etwas anzufangen, was mir irgendwie erwähnenswert schiene.

Ich genoß Berlin in vollen Zügen. Ich ging hemmungslos zwischen Ost und West hin und her. Kontrollen hatte ich nicht zu fürchten, kamen auch nicht systematisch, sondern mehr zufällig vor. Natürlich hielt der Osten nach wie vor nach Leuten Ausschau, die nach »Abhauen« oder Schiebung aussahen, während der Westen ein mehr oder weniger wachsames Auge darauf hatte, ob nicht jemand etwa Ost-Schnaps in den Westen einführte, was verboten war. Auf den Straßen wurden die Autos gelegentlich angehalten, Fußgänger jedoch überquerten die Sektorengrenze wann und wo immer sie wollten, der S-Bahn- und U-Bahnverkehr verlief reibungslos. Ich ging Montag in das Theater des Westens. Da spielte damals die West-Berliner Oper, die »Städtische Oper Berlin«, bevor sie als »Deutsche Oper Berlin« in das wiederaufgebaute Haus an der Bismarckstraße zog. Ich zahlte für 12. Reihe Dritter Rang eine Mark fünfzig, wenn ich nicht sogar das Glück hatte, eine Studentenkarte für 65 Pfennig zu ergattern. Dienstag fuhr ich in die Lindenoper. Da machte ich es luxuriöser. Ich tauschte fünf Westmark in zwanzig Ostmark, leistete mir dafür einen vorderen Parkettplatz für sechzehn Mark und konnte mir in der Pause noch einen »Mocca komplett« nebst Kuchen in der hinreißenden Konditorei leisten.

Was für eine Stadt! Es gab alles. Und vieles gab es gleich doppelt, dies aus unterschiedlichen Gründen. Manches Doppelte kam daher, daß Charlottenburg bis 1920 eine selbständige große Stadt mit über 300000 Einwohnern war und sich in der Bismarckstraße 1907 mit dem Schillertheater ein großes Sprechtheater und 1912 mit der Städtischen Oper ein Opernhaus zugelegt hatte. Die Charlottenburger Oper war mit 2200 Sitzplätzen sogar weitaus größer als die Berliner Opernhäuser. Wahrscheinlich wollte man Berlin zeigen, daß Charlottenburg mehr als eine Vorstadt der Hauptstadt sei. Vieles Doppelte war aber Resultat der Teilung und Zeichen dafür, daß Berlin von beiden Seiten für sich in Anspruch genommen wurde. Ost und West konkurrierten miteinander, jeder Teil wollte den anderen ausstechen. Ost-Berlin war die Hauptstadt der DDR und wurde von der DDR-Regierung häufig zum Mißvergnügen der übrigen Ostdeutschen bevorzugt ausgestattet. West-Berlin hatte ein Programm »Hauptstadt Berlin« und wurde sozusagen das, was man zuweilen als »Schaufenster des Westens« bezeichnete und was übrigens von den Westdeutschen mit steigendem Mißvergnügen kommentiert wurde. Neid und Dummheit sind in allen Himmelsrichtungen gut verbreitet.

Diese Lage führte zu einer unglaublichen Vielfalt. Gemälde der Alten Meister hingen im Bodemuseum, da gehörten sie eigentlich auch hin. Bodemuseum war jetzt Osten. Aber auch der Westen hatte Alte Meister. Das waren die Gemälde, die im Krieg in Thüringen ausgelagert und nach dem Krieg in die Hände der Amerikaner gefallen waren, weil Thüringen in den ersten Wochen nach Kriegsende amerikanisch besetzt gewesen war. So wurde im Westen die Gemäldegalerie Dahlem gegründet. Die Berliner Philharmoniker saßen zufällig im Westen, also legte sich der Osten mit dem Berliner Sinfonie-Orchester (BSO) einen Ersatz zu, der längst zur selben Qualität aufgestiegen ist. Das Rundfunk-Sinfonie-Orchester Berlin (RSB) und der Berliner Rundfunkchor gehörten zufällig zu Ost-Berlin, also legte sich West-Berlin das RIAS-Sinfonie-Orchester, das später das Radio-Sinfonie-Orchester (RSO) und noch später das Deutsches Sinfonie-Orchester Berlin (DSOB) wurde, und auch noch den RIAS-Kammerchor zu. Volksbühne im Osten führte zur Freien Volksbühne im Westen. Die Beispiele lassen sich beliebig fortsetzen, man denke nur an die beiden, auch heute noch bestehenden Singakademien.

Mit dieser Vielfalt ist Berlin nach der Vereinigung nicht fertig geworden, zuviel Pinscher und Ignoranten überall, besonders in Regierung und Senat. Das einzige, was die können, ist Schlachtung, 1995 Schillertheater, 1997 Metropoltheater, 2004 Berliner Symphoniker ... In der deprimierenden Düsternis gibt es allerdings einen Lichtblick, Christina Weiss, die Kulturbeauftragte der Bundesregierung, von der ich als einziger Politikerin den Eindruck habe, daß sie an mehr als an sich selbst interessiert sei, bleibt nur zu hoffen, daß sie das nicht alsbald widerlegt. Diese Frau sagte kürzlich, es wäre richtig gewesen, alle kulturellen Institutionen in Berlins Mitte in die Obhut des Bundes zu nehmen. Daß das nicht geschehen sei, habe zu der heutigen Schieflage geführt. Natürlich, Staatsoper, Komische Oper, Deutsches Theater, Staatsbibliothek, das sind doch alles keine Veranstaltungen der Stadt Berlin. Sie liegen in Berlin, weil Berlin die Hauptstadt ist, aber sie gehören dem ganzen Land, dafür sind sie ins Leben getreten und am Leben gehalten worden. Was weiter wird, weiß keiner, wie gesagt, zuviel Pinscher unterwegs, überall, nicht nur in Berlin. Täglich hört man das Gekläffe der Pinscher aus fünfzehn Provinzialhauptstädten. Einer fängt an, alle kläffen mit. Ich war vor einiger Zeit in einem griechischen Dorf. Jeden Abend fing ein

Hund an zu kläffen, bald kläfften alle Hunde des Dorfes, mit der Nachtruhe war es aus. Aber auch gegen Politikerkläffen gibt es Ohrenstöpsel.

Bei aller Liebe zum Doppelten, bei der Justiz hört, wie die Hamburger zu sagen pflegen, der Spaß sich denn doch auf. Die östliche Spielart der Justiz war schon damals nicht mein Fall. Mir ist bereits damals, so meine ich, klar geworden, daß jedes Ding mindestens zwei Seiten haben und man nicht immer sagen kann, welche die bessere ist, und daß es vielleicht auch gar nicht die bessere und die schlechtere Seite gibt und daß der Wert einer Sache womöglich gerade darin steckt, daß es zwei oder noch mehr Seiten gibt. Wer Richter ist, muß das wissen und immer daran denken, daß auch das Gegenteil mal richtig sein, zumindest seine Berechtigung haben kann. Ich habe jedenfalls immer versucht, auch der anderen Seite noch was Positives abzugewinnen, mit einer Ausnahme allerdings, eben der östlichen Ausprägung der Justiz. Ich denke manchmal, die DDR ist vor allem daran gescheitert, daß sie keine unabhängige Justiz hatte. Hätte man mir 1957 angeboten, in der DDR Jura zu studieren, ich hätte abgelehnt.

Universität

Als ich am 11. Mai 1959 von Hamburg nach Berlin kam, um an der Freien Universität mein Studium der Rechte fortzusetzen, war das ein etwas verspäteter Semesterbeginn. Ich hatte in Hamburg meine Aushilfsstelle noch zu Ende bringen müssen. Man sieht, Geldmangel kann einem kontinuierlichen Studienablauf ganz schön entgegenstehen, wenngleich ich Fälle erlebt habe, wo Geldschwemme ein noch größeres Hindernis darstellte. Schon am nächsten Tag aber ging es nach Dahlem, einen ersten Blick zu werfen. Gerade beginnt eine Strafrechtsvorlesung Professor Heinitz, nun, warum nicht Strafrecht, also hinein! Der Saal ist voll, auf dem Podium wird schon vorgetragen, ich schleiche mich zu dem einzigen leeren Platz, erste Reihe, und stoße den älteren Herrn neben mir in die Seite: »Ist das da oben der Heinitz?« Der alte Herr sagt, ohne den Kopf zu bewegen: »Der Heinitz bin ich.«

Das war der erste von zwei Professorenkontakten während

meines gesamten Studiums von immerhin zehn Semestern an der Juristischen Fakultät in West-Berlin, und der einzige, wenn man den Vorgang so nennen darf, freundliche. Der zweite Kontakt lag Jahre später. Ich hatte mich bereits für die Erste Juristische Staatsprüfung beim Justizprüfungsamt gemeldet, da bekam ich vom Amt einen Brief, ich solle kommen, es fehle was. Der nette Mann vom Prüfungsamt sprach zu mir geradezu väterlich: »Eins von den beiden fehlenden Fächern, können Sie eidesstattlich versichern, aber das geht wirklich nur für eins. Wegen dem andern, da bleibt nichts anderes übrig, als zur Uni zu gehen und zu versuchen, ein Nach-Testat von dem Professor zu kriegen. Also jetzt schreiben Sie mal, Sie versichern eidesstattlich, daß Sie sich die Kenntnisse in der Finanzwissenschaft durch Selbststudium angeeignet haben. Gut so! Damit ist das eine Fach erledigt. Nun zum Deutschen Privatrecht, was immer das ist. Da gehen sie sofort zur Uni und setzen sich in irgendeine Vorlesung von dem Professor ganz vorn hin. Achten Sie darauf, daß Sie immer und ganz genau im Blickfeld des Professors sind. Und gucken Sie so interessiert, wie Sie nur irgend können, und machen Sie das mindestens zwei oder drei Mal, dann freut der sich, daß jemand so eifrig an seinen Lippen hängt. Nach dem dritten Mal passen Sie ihn ab und erzählen ihm, Sie hätten sein Deutsches Privatrecht vor zwei Jahren mit größtem Interesse gehört, aber leider vergessen, sich das testieren zu lassen, und bitten um das Nach-Testat. Erst wird er sehr knurrig sein. Aber nicht aufgeben! Sie sind nicht der erste in der Lage, bisher haben alle das Nach-Testat auf diese Weise bekommen. Im übrigen hat der auch ein Buch geschrieben. Vielleicht gar nicht schlecht, das dabei in der Hand zu halten? Aber Vorsicht, das könnte auch falsch ankommen.«

Ich habe mir des Professors Buch in der Bücherei angesehen, es aber doch nicht mitgenommen, dachte, nur keine Übertreibung in so ernster Sache. Dritte Vorlesung vorbei, da, da kommt er, da, da ist er, der Professor. Ich eile zu ihm, er nimmt mich wahr: »Was wollen Sie?« Ich erkläre mich. Er sieht mich an: »Ich bin von der Vorlesung erschöpft, schonen Sie mich!« Ich flüstere: »Erschöpft, kein Wunder nach solch einer Vorlesung! Ich kann das verstehen! Aber so ein kleines Nach-Testat, das geht doch schnell.« Bevor der Erschöpfte in sein Zimmer verschwindet, sagt er: »Jetzt auf keinen Fall! Aber meinetwegen, ich werde es mir überlegen. Kommen Sie morgen wieder!« Den nächsten Tag erwische ich ihn tatsächlich, anscheinend immer noch erschöpft, fragt er mich: »Was wollen Sie?« Ich erkläre mich erneut. Er sagt: »Waren Sie nicht gestern schon da?« Ich sage schnell: »Nicht nur gestern, Herr Professor, jeden Tag war ich da, wenn Sie Vorlesung hielten, denn ich finde Ihre Vorlesungen wirklich sehr interessant.« Er sagt: »Das soll ich Ihnen glauben? Ich will Ihnen mal was sagen. Sie haben damals keine einzige Vorlesung meines Deutschen Privatrechts besucht. Als ich Sie jetzt da immer in der ersten Reihe habe sitzen sehen, wußte ich gleich, der kommt nachher zu mir und geht mich um ein Nach-Testat an. Und noch etwas will ich Ihnen sagen: aus Leuten wie Ihnen rekrutiert sich der Nachwuchs für die vielen saudämlichen Amtsrichter. nehmen Sie mir das nicht übel, ich bin erschöpft, aber sehen Sie, ich unterschreibe ja schon.« Er unterschreibt, ich unterdrücke mein Frohlocken, schaue zerknirscht. Er sagt beim Abschied: »Was wollen Sie denn mal werden?« Ich sage: »Herr Professor, wie können Sie fragen! Ich werde Amtsrichter, natürlich, selbstverständlich Amtsrichter.«

In den letzten Jahrzehnten wird im Bildungsbereich furchtbar viel herumgewurschtelt, nicht nur die Bundesregierung, auch mehr als ein Dutzend Länder und Ländchen toben sich da aus, jeder weiß es besser als der andere. Heute eine »Reform«, morgen eine »Nachbesserung«, übermorgen »Klärungsbedarf«, daraufhin ein weiteres Reförmchen, über allem schwebt der Geist von Pisa. Ich verfolge das Hin und Her mit Aufmerksamkeit, lege aber Wert darauf, mir von dem Inhalt, wenn man das überhaupt so bezeichnen darf, nichts zu merken. So weiß ich nicht, wie heute das Jurastudium abzulaufen pflegt. In meiner Zeit war die Universität nur dazu da, den Studenten in fünf verschiedenen Rechtsgebieten »Scheinc« zu ermöglichen. Einen solchen »Schein« stellte der Professor dann aus, wenn man in einem Semester eine Hausarbeit und eine Klausur geschrieben hatte, die von den Hilfskräften des Professors als mindestens ausreichend eingestuft worden waren. Gelernt wurde auf der Universität wenig oder nichts, richtig gelernt wurde beim Repetitor. Repetitoren sind freiberuflich tätige Prüfungsvorbereiter, die nicht nur genau wissen, was für die »Scheine«, sondern vor allem was für das Justizprüfungsamt notwendig ist, denn der Jurist legt die wirklich wichtigen Prüfungen nicht in der Universität ab, sondern vor dem Justizprüfungsamt.

Ich bin nicht zum Repetitor gegangen, ich verachtete diesen Nachhilfeunterricht, wobei sich diese Geringschätzung jedoch zu einem guten Teil auch aus knappen Finanzen speiste, denn gute Repetitoren waren nicht gerade billig. Was tun? Auf die Universität konnte man nicht bauen, nur auf Selbststudium zu setzen, kann auch schlecht ausgehen. Ich kam auf die Idee, mich mal bei einem Gericht näher umzusehen, eine gute Idee schien mir, denn schließlich gibt es ja Rechtssysteme, in denen der Jurist fast ausschließlich bei Gerichten und in Anwaltskanzleien ausgebildet wird. Ich wohnte damals in der Nähe des Botanischen Gartens in Steglitz, und Steglitz gehörte zu jener Zeit zum Sprengel des Amtsgerichts Lichterfelde, das heute nach einem Reförmchen dem Amtsgericht Schöneberg zugeschlagen ist. Amtsgericht Lichterfelde, schon das Gebäude gefiel mir auf Anhieb, und ich hatte das Glück, daß ich dem Gerichtsdirektor gefiel. Der zeigte sich zwar zunächst überrascht, als man ihm meldete, da sei ein Student unaufgefordert erschienen, der an seinem Gericht etwas lernen wolle. Aber dann freute ihn das, er verpflichtete mich zum Stillschweigen, sagte allen Bescheid, daß ich mich frei bewegen dürfe, und verlieh mir den wohl einmaligen Titel »Kandidat am Amtsgericht«. Ich habe den Gerichtsdirektor und das ganze kleine Gericht in bester Erinnerung und sehe sogar noch das verblüffte Gesicht des Direktors vor mir, als ich ihn fragte, wie es denn komme, daß in der Amtsgerichts-Bibliothek Lenins gesammelte Werke stünden. Der Direktor faßte sich schnell und sagte, diese Konterbande sei bestimmt von einer gewissen Dr. Hilde Benjamin eingeschleppt worden, die nach dem Krieg kurze Zeit die Direktorin des Gerichts gewesen sei, bevor sie in den Osten gegangen, dort Präsidentin des Obersten Gerichts und Justizministerin und schließlich, wie man manchmal hört, verrückt geworden sei.

Ende Juli 1961 fuhr ich frühmorgens mit zwei Freunden zu einer Kahnpartie an den Müggelsee. Es war ein phantastischer Sommertag. Aber so recht genießen konnte ich ihn nicht. Mir ging das BGB, das Bürgerliche Gesetzbuch im Kopf herum. In der »Großen BGB-Übung« der Universität hatte ich, fast will ich sagen, wider Erwarten eine Hausarbeit erfolgreich in die Scheuer gebracht, die Klausur aber hatte ich »in den Sand gesetzt«, worüber ich mich allerdings nicht besonders grämte, denn jede Klausur, aber auch wirklich jede, ist Glücksache, dagegen kann man gar nichts sagen. Just diesen phantastischen Sommertag nun fand im fernen Dahlem der zweite und letzte Klausurtag statt. Schriebe ich da mit und hätte ich diesmal auch Glück, bekäme ich den »Schein« und rückte damit ganz nahe an das Prüfungsamt heran. Jedoch: Wer kann an einem phantastischen Sommertag auf dem Müggelsee in BGB-Laune sein, wer bringt es fertig, den Kahn in Friedrichshagen mit dem Hörsaal im fernen Dahlem zu vertauschen? Ist das nicht wirklich zu viel verlangt? Andererseits: Wie würde die Hausarbeit im nächsten Semester aussehen? Würde mir das Glück noch einmal hold sein?

Mir schwirrte der Kopf, und ich streckte mich in die Sonne. Da schreckte mich die innere Stimme auf, und ich hörte mich sagen: »Freunde, bringt mich dort vorn zu dem Landesteg, es ist vielleicht zu spät, aber ich muß versuchen, Dahlem zu erreichen.« Sage niemand, daß es in der DDR keine Taxis gab. Helga Hahnemann sagte mal im Friedrichpalast: »Wir haben inne Hauptstadt zwee Droschken. Mit eene bin ick jekommen, und die andere steht immer am Bahnhof Friedrichstraße, det man sieht, wir haben welche.« Ich weiß nicht, was Hahnemann dazu gesagt hätte, ich kriegte in Friedrichshagen sofort ein Auto, eine richtige Droschke der Marke »EMW«, was eigentlich ein »BMW« war, aber Bayern war durch Eisenach ersetzt worden. Dieses Prachtauto fegte mit mir über die Stalinallee und Unter den Linden entlang bis zum Brandenburger Tor. »Tut mir leid«, sagte der Droschkenfahrer, als ich ihm fünfundzwanzig Ost und zwei West gab, »tut mir leid, nach drüben dürf ick nich, det Auto is nämlich Volkseigentum und könnte wechkommen da drüben, obwohl die ja schon viel mehr Autos haben als wir hier, und ein Volk jibt et da ja schließlich ooch, det könnte mit dem Volkseigentum doch jenausoviel anfangen ...« Weiter ging es mit der S-Bahn von Unter den Linden nach Lichterfelde West, dann Dauerlauf, pünktlich um 18 Uhr im Übungssaal, Klausurglück war hold und damit fast die letzte Chance, nicht Jurist zu werden, vertan.

Später im Gerichtssaal habe ich mich oft gefragt, warum ist der so geworden, wie er jetzt ist, hätte der nicht das Zeug zu etwas ganz anderem gehabt. Gerade bei Säufern – und ich sage ausdrücklich Säufer und nicht verharmlosend Trinker oder Alkoholiker –, gerade bei Säufern also war der Unterschied zwischen der äußeren Kläglichkeit, die sie im Gerichtssaal boten, und dem, was man von ihren eigentlichen Möglichkeiten erahnte, meist besonders eindrücklich. Mir ging dann oft meine kleine Müggelseegeschichte durch den Kopf. Vielleicht hatten diese Leute auch irgendwann ihren entscheidenden Tag gehabt. Aber vielleicht hatte die innere Stimme nicht zu ihnen gesprochen, oder sie hatte zwar gesprochen, aber die Leute haben nicht auf sie gehört und sind einfach bequem weitergepaddelt. Wer weiß das zu sagen. Es gibt so viele Möglichkeiten. Es ist auch nicht ausgeschlossen, daß im entscheidenden Moment einfach kein Taxi zu haben war.

Referendar

Ich bin mir gar nicht sicher, daß jeder weiß, was ein Referendar ist. Ich bin mir auch gar nicht sicher, ob ich weiß, was heute ein Referendar ist. Zu meiner Zeit war ein Referendar ein Justizbeamter auf Probe, der ein kleines Gehalt bekam und sich dreieinhalb Jahre durch Hospitieren bei Gerichten, Staatsanwälten, Rechtsanwälten oder Behörden auf die Zweite Juristische Staatsprüfung vorbereiten konnte. Das Gehalt war klein, ich erhielt zum Schluß 305 DM monatlich, worin schon eine »Greisenzulage«, die man ab 27. Lebensjahr erhielt, eingeschlossen war. Ja, das war nicht besonders viel, aber man tat ja auch nicht besonders viel. Die Referendarzeit ist im Laufe der Zeit immer kürzer geworden, ich glaube, heute liegt sie bei zwei Jahren, dafür ist das Gehalt größer geworden, ein schöner Ausgleich.

Noch zu meiner Zeit kam es vor, daß sich Leute mit dem Bestehen der Ersten Juristischen Staatsprüfung, die gemeinhin Referendar-Examen genannt wird, begnügten. Man fand Arbeitsstellen, etwa bei Versicherungen oder in kleineren Unternehmen. Zum Referendar ließ man sich nur machen, wenn man »Volljurist« werden wollte, also nach der Zweiten Juristischen Staatsprüfung, die gemeinhin Assessor-Examen genannt wird, Richter, Staatsanwalt oder Rechtsanwalt werden wollte. Früher gab es sogar Leute, die nach dem Jurastudium an der Universität nicht einmal das Referendarexamen ablegen wollten. So ein Jurist war beispielsweise Kurt Tucholsky.

Tucholsky, geboren 1890, übrigens in Moabit, war von 1909 bis 1912 Student der Rechte. Er schloß sein Jura-Studium mit der Weihe zum Doktor der Rechte ab, also mit einer reinen Universitätsprüfung. An der Staatsprüfung war Tucholsky gar nicht interessiert. Zwar hatte er sich zunächst beim staatlichen Prüfungsamt angemeldet, es dann aber doch soweit nicht kommen lassen. Tucholskys Doktorarbeit hatte bemerkenswerterweise den Titel »Die Vormerkung aus § 1179 BGB und ihre Wirkungen«. Das hat mich immer lachen gemacht, denn ich habe mir nie etwas Langweiligeres vorstellen können als jenen Paragraphen des Bürgerlichen Gesetzbuches. § 1179 BGB steht im Hypothekenrecht und lautet: »Verpflichtet sich der Eigentümer einem anderen gegenüber, die Hypothek löschen zu lassen, wenn sie sich mit dem Eigentum in einer Person vereinigt, so kann zur Sicherung des Anspruchs auf Löschung eine Vormerkung in das Grundbuch eingetragen werden.« Man kann wirklich nicht sagen, daß das einen vom Stuhl reißt oder wenigstens in die Bibliothek, um die Doktor-Arbeit nachzulesen. Aber vielleicht spricht da aus mir auch nur einer, der sich den allergrößten Teil seines Jura-Lebens mit Strafrecht befaßt hat und der mangels Masse auch nie weder eine Hypothek bestellt noch genommen hat. Ich bin mir allerdings ganz sicher, daß sich auch Tucholsky für jenen § 1179 nicht die Bohne interessiert hat. Man kann ohne weiteres davon ausgehen, daß es ihm nur auf den juristischen Doktor-Titel ankam, was zeigt, welch kluger Mann er schon als Jüngling war. Tucholskys Interessen lagen nicht im Hypothekenrecht, sondern im Politisch-Gesellschaftlich-Kritischen. Er wußte genau, daß er sich dabei viel mit juristischen Fragen zu befassen haben würde und daß ihm dann der etablierte Juristenstand immer damit kommen werde »was weiß denn dieser Tucholsky davon, der ist doch Journalist, allenfalls Schriftsteller, jedenfalls kein Jurist«. Gegen solche »Argumente« ist ein juristischer Doktor-Titel (»doctor iuris utriusque«, Doktor beider Rechte) vor dem Namen ein ganz gutes Gegengift.

Zu meiner Referendarzeit hatte der Referendar eine Vielzahl von Stationen zu durchlaufen. Man war beim Amtsrichter des Strafprozesses, beim Amtsrichter des Zivilprozesses, bei der Strafkammer, bei der Staatsanwaltschaft, beim Nachlaßrichter, beim Vormundschaftsrichter, beim Grundbuchamt, beim Arbeitsgericht, beim Verwaltungsgericht, bei der Verwaltungsbehörde, beim Rechtsanwalt und zum krönenden Abschluß beim Kammergericht. Ich finde diese Vielfalt gar nicht so schlecht, und ich denke, von alledem ist auch ein bißchen klebengeblieben. Vom Zivil-Amtsrichter ist mir die Richterin aus Schöneberg besonders in Erinnerung geblieben, die zwischen einem in Streit liegenden Ehepaar den Haushalt aufteilen mußte, wobei das angeblich wertvolle Ehebett besonders umstritten war. Die Richterin fragte: »Weshalb haben Sie sich denn überhaupt getrennt?« Der Ehemann sagte: »Die hat die Ehe jebrochen!« Die Richterin entschied: »Dann kriegt sie das Doppelbett, die kann es gebrauchen!«

Vom Verwaltungsgericht ist mir ein ganz scheußlicher Fall in Erinnerung. Ich habe den Fall vor vielen Jahren einmal im Almanach des Berliner Presseballs geschildert. Den Almanach habe ich nicht mehr, Einzelheiten sind mir entschwunden, aber das Wesentliche hat sich mir eingeprägt. Mein Beitrag in dem Almanach trug den Titel »Ich denke oft an Kirschenstein«. »Kirschenstein« war eine redaktionelle Verfälschung, denn ich hatte geschrieben »Ich denke oft an Kirszenstajn«, was ja doch ein wesentlicher Unterschied zu »Kirschenstein« ist. Natürlich hieß der Mann auch nicht Kirszenstajn, aber er hatte doch einen Namen, der ihn zwang, ihn während der Nazizeit bei Lebensgefahr nicht zu verwenden. Seine Eltern waren schon vor der Nazizeit verstorben, und er hatte, ähnlich wie Hans Rosenthal, Unterschlupf gefunden und war gerettet worden. Nach dem Kriege »legalisierte« er sich. Er war jetzt zwar wieder Mensch, brauchte sich nicht mehr zu verheimlichen, aber einen deutschen Paß bekam er nicht. Da seine Eltern mit ihm als kleinem Jungen Ende der zwanziger Jahre aus der Sowjetunion nach Berlin gekommen waren, war das äußerste, was er verlangen konnte, ein Fremdenpaß mit einer Aufenthaltserlaubnis. Das ging die Jahre hindurch gut. 1959 allerdings kriegte der Mann Bedenken. Die politische Lage war in Berlin immer angespannt, aber das sogenannte Chruschtschow-Ultimatum klang denn doch sehr bedrohlich. Viele befürchteten Veränderungen, und der Mann meinte, solche Veränderungen könnten für ihn als in Rußland geborenen, in West-Berlin wohnenden Fremdenpaßinhaber nur unangenehm sein. Er entschloß sich, die Veränderungen nicht gerade im Brennpunkt zu erleben, und verließ schweren Herzens seine und seiner Frau und beider Töchter Heimatstadt Berlin, um mit seiner Familie im gesicherten Hinterland, in Bayern, die weitere Entwicklung abzuwarten. Was ihm dort allerdings geschah, das hätte er sich nicht einmal als Albtraum träumen lassen. Er schilderte die Geschehnisse einprägsam in seinen Schriftsätzen. Daß er mit seiner »Berliner Schnauze« auf dem platten Lande dort auffiel, geschenkt, damit muß man rechnen. Dort ein Berliner zu sein, ist schlimm, aber man kann, wenn nötig, durchhalten. Aber als man dort erfuhr, er sei nicht nur aus Berlin, sondern »auch noch Russe«, da brach die Hölle los. Als er auf dem Landratsamt Haar bei München erschien, damit man in seinem Fremdenpaß seine Aufenthaltserlaubnis verlängere, gab es plötzlich Schwierigkeiten. All die Jahre zuvor in Berlin war das ganz reibungslos geschehen, aber das bayrische Amt gab ihm die Aufenthaltserlaubnis nur mit der Einschränkung, daß die Erlaubnis erlösche, wenn er sich weiter als sechzig Kilometer ohne amtliche Erlaubnis von seinem Wohnort entferne. Kirszenstajn, der, wie gesagt, nicht wirklich Kirszenstajn hieß, sondern weit unverfänglicher, aber denn doch noch auffällig genug, dachte gar nicht daran, sich an diese Gemeinheit zu halten. Und er hielt sich auch nicht daran. Als das Amt allerdings davon erfuhr, zeigte es ihn an, und Kirszenstajn wurde tatsächlich von einem deutschen Gericht zu einer Geldstrafe verurteilt, weil er sich, da seine Aufenthaltserlaubnis durch eine über sechzig Kilometer lange Reise erloschen war, als Ausländer ohne Erlaubnis in Deutschland aufgehalten habe. Kirszenstajn hatte die Nase voll, »die Faxen dicke«, wie er schrieb. Reumütig und zur Freude seiner Frau und seiner beiden Töchter kehrte er mit der Familie nach Berlin zurück, lieber mit der Russengefahr leben, die allerdings durch die mittlerweile errichtete Mauer etwas nachgelassen hatte, als ein russischer Berliner in Bayern zu sein. Er dachte sich nach diesem Ausflug in eine andere Welt zu Recht, so geht es auch für meine Kinder nicht weiter, wir sind Deutsche, wir wollen jetzt die deutsche Staatsbürgerschaft. Als er das bei dem Amt in Berlin beantragte, war er der Ansicht, nichts könne hier in Berlin einfacher sein als das, und ich war auch sofort seiner Ansicht. Ich bekam den Fall als Referendar, um ihn meinem Verwaltungsrichter mit einem Vorschlag aufzubereiten. Kirszenstajn mußte nämlich klagen, der Innensenator hatte das Gesuch des Mannes abgelehnt. Als Begründung war angegeben, Kirszenstajn sei vorbestraft, er habe ja in Bayern gegen das Ausländergesetz verstoßen. Ich war empört, und mein Verwaltungsrichter fast auch. Aber die Kammer sagte dann, man müsse doch noch genauer prüfen, ob der Mann mit seiner Familie überhaupt ein wertvoller Zugang zum deutschen Volkskörper sei, das sei nämlich entscheidende Voraussetzung für die Verleihung der deutschen Staatsbürgerschaft. Ich hielt eine kleine Rede, an deren Ende mein Richter sagte: »Nun bitte, beruhigen Sie sich mal wieder!« Ich hatte lediglich die Frage gestellt, ob jeder Anwesende nachweisen könnte, welchen Wert er denn für den deutschen Volkskörper darstelle. Nachdem nicht nur ich, sondern alle anderen sich auch beruhigt hatten, wurde mein Vorschlag angenommen, sich den Mann in öffentlicher Sitzung mal anzusehen und vor allem anzuhören. Wie gesagt, ich weiß nicht mehr alle Einzelheiten, aber ich erinnere mich doch daran, daß der Auftritt des Mannes nicht ohne Eindruck auf die Kammer blieb. Er leitete seinen Vortrag, wenn man das so nennen darf, mit den Worten ein: »Also, ick will Ihnen mal wat sagen, ick hab die Faxen jetzt aber wirklich bald mal absolut dicke!«

In meiner Verwaltungsstation war ich bei der Senatsverwaltung für kulturelle Angelegenheiten. Die saß damals am Messedamm, dort, wo ich mich fast zehn Jahre zuvor als flüchtiger Ost-Abiturient gemeldet hatte. Ich »arbeitete« im Pressereferat und zeitweilig auch in der Theateraufsicht. Gerade war Erwin Piscator gestorben, und schon ging es los, wer übernimmt jetzt die Freie Volksbühne in der Schaperstraße, dessen Intendant oder Direktor der Berühmte gewesen war. Der Aufseher der Theateraufsicht rief mich und sagte: »Herr Warnstädt, Sie gehen doch so oft ins Theater. Da hat sich ein Herr Strehler als Piscator-Nachfolger beworben. Kennen Sie den?« Ich war schon abgehärtet, aber da mußte ich mich denn doch sehr zusammennehmen, um nicht völlig aus der Rolle zu fallen. Jeder, der sich auch nur ein bißchen für Theater interessierte, wußte, daß Giorgio Strehler der berühmteste Theaterregisseur Italiens war. Leider wollte der aber überhaupt nicht nach Berlin kommen, sondern nur mit seiner Bewerbung Italien veranlassen, mehr Geld für sein Mailänder Theater, die Piccola Scala Milano, herauszurücken.

Hübsche Erinnerungen habe ich an meine Tätigkeit beim Rechtsanwalt und sogar an das Kammergericht. Als ich zu meiner letzten Referendarstation an das Kammergericht, das damals noch in der Witzlebenstraße in Berlin-Charlottenburg im heute leerstehenden Gebäude des früheren Reichskriegsgericht saß oder arbeitete, überwiesen wurde, kam ich ein paar Tage später als der große Haufen der Referendare und wurde von dem Referendarverteiler mit den Worten empfangen: »Sie tun mir leid, alle netten Richter sind schon vergeben. Ich habe nur einen Senat, der furchtbar sein soll, meine besten Wünsche begleiten Sie.« Wie man es nimmt, der Senat, zu dem ich kam, kann ohne weiteres in gewisser Beziehung als furchtbar bezeichnet werden, und ein Arbeitsgemeinschaftsleiter, der erfuhr, wo ich gelandet war, sagte: »Sie tun mir leid, die können gar nichts, die tun nur so, die trinken Sekt, wenn sie vom Bundesgerichtshof mal nicht aufgehoben werden.« Ich habe mich da angepaßt, ich gebe das offen zu, ich denke nicht gern daran zurück, aber ich habe mir das verziehen. Es ging für mich um die Wurst, ich mußte jetzt hier in der letzten und zugleich wichtigsten Station ausgleichen, was ich mir woanders eingebrockt hatte, denn meine Auftritte zum Beispiel in Sachen Kirszenstajn oder Giorgio Strehler hatten in den Beurteilungen keinen so besonders günstigen Niederschlag gefunden, waren eher niederschlagend.

Ich habe von dem Herrn, dem ich beim Kammergericht zugewiesen war, doch viel gelernt, vor allem Genauigkeit. Er pflegte zu sagen, Großzügigkeit sei bei Telefonnummern, Blattzahlen und Aktenzeichen völlig unangebracht. Da hatte er ohne weiteres recht, denn auf dem Gebiet kann man ja hanebüchene Schlamperei im Gewande der großzügigen Betrachtungsweise erleben. Mir schien allerdings, daß Großzügigkeit auch da, wo sie vielleicht denn doch angebracht gewesen wäre, nicht seine Sache war. Aber eben die Genauigkeit! Ich habe von ihm den Satz übernommen, den er einem Referendar, nicht mir, auf die Arbeit geschrieben hatte: »Das Aktenzeichen hätte doch nun wenigstens richtig sein können!« Ich bin mir fast sicher, daß ich ohne diesen Herrn die Zweite Juristische Staatsprüfung nicht so reibungslos überstanden hätte.

Im Mai 1968 war es soweit. Das freudige Ereignis sollte natürlich sofort dem fernen alten Vater in der Ostseestadt Wismar gemeldet werden. Am Abendpostamt im Bahnhof Zoologischer Garten schrieb ich das Telegramm: »Prüfung bestanden stop Assessor Warnstädt.« Der Schalterbeamte besieht sich das Telegramm, wendet sich dann mir zu und fragt: »Ist Assessor Ihr Vorname, Herr Warnstädt?« Ich bin etwas pikiert und frage zurück: »Wie kommen Sie darauf? Assessor, das ist die Berufsbezeichnung des sogenannten Voll-Juristen, der ich ab heute bin.« Der Schalterbeamte antwortet trocken: »Na, ich dachte nur so, weil man den Beruf Assessor doch mit viermal S schreibt und nun schauen Sie mal, wie Sie es geschrieben haben!« Tatsächlich, da fehlte ein S. Der Schalterbeamte guckt mich an und sagt dann: »Trösten Sie sich, ist bestimmt ein gutes Omen!«

IV. Rechtsanwalt, Gerichtsassessor, Staatsanwalt

Rechtsanwalt

Noch am Tage der erfolgreichen Assessorprüfung meldete ich mich bei dem Rechtsanwalt, bei dem ich während der Referendarzeit als »Geldreferendar«, wie ich es nannte, gearbeitet hatte. »Geldreferendare« bekamen für ihre regelmäßige Aushilfstätigkeit in einer Rechtsanwaltskanzlei ein kleines Gehalt, während die »Stationsreferendare«, die dem Rechtsanwalt für drei oder vier Monate zur Ausbildung überwiesen waren, kein Geld bekamen. Aber dafür taten sie auch nichts, häufig ließen sie sich nicht einmal in der Kanzlei blicken. Ich erhielt vom Rechtsanwalt jeden Monat 150 DM und war so in der Lage, mir ein Auto zuzulegen, einen nagelneuen VW-«Sparkäfer« für 4300 DM, mit dem ich mehrmals nach Italien und Ungarn fuhr. Ich empfand die Referendarzeit als eine unbeschwerte Zeit, vor allem wohl auch deshalb, weil man damals im Gegensatz zu heute wußte, so richtig schiefgehen kann es gar nicht, irgendwo kommt man immer unter.

»Mein Anwalt« hatte seine Kanzlei in Moabit, Turmstrasse 4, direkt neben der heutigen Dorotheenstädtischen Buchhandlung und direkt gegenüber vom Haupteingang des Kriminalgerichts. Diese Lage freute den Anwalt besonders, denn nichts machte er lieber als Strafverteidigungen. Nur Ehescheidungen waren noch beliebter, die machten im Grunde gar keine Arbeit, waren jedoch fast immer lukrativ, woran ein Anwalt ja auch denken muß, und zwar durchaus nicht zuletzt. Durfte ich den Anwalt in einem Straffall vertreten, war ich immer besonders stolz, wenn ich auch wußte, ich wurde geschickt, weil damit zu rechnen war, daß der berühmte Expreß-Krüger seine Amtsgerichtssitzung wieder mal bis in die späten Abendstunden dehnen werde, was so häufig vorkam, daß viele den ironischen »Expreß-Krüger« durch »Mondschein-Krüger« ersetzten. Ganz auf die Schnelle mußte ich mal zu einer Ehescheidung zum Landgericht am Tegeler Weg eilen. Ich redete auf die Mandantin ein, alles gut sein zu lassen, damit die Sache heute noch rechtskräftig zu Ende gehe. Ich sage: »Gehen Sie auf alles ein! Sie wissen doch, in welcher prekären Lage wir wären, wenn Sie sich dem Gericht in drei oder vier Monaten erneut zeigen müßten. Nicht auszudenken! Völlig unmöglich! Die Sache muß daher heute zu Ende gehen, noch sieht man nichts, wie ich sehe.« Die Mandantin sieht mich groß an und sagt: »Dunkel ist der Rede Sinn, wovon reden Sie überhaupt?« Ich sage: »Gut, daß Sie so fragen, das zeigt, daß ich mich selbst Ihnen gegenüber mit der mir eingeschärften Diskretion ausgedrückt habe.« Sie sagt: »Ich weiß immer noch nicht, was Sie meinen.« Ich sage: »Nun, um die Katze aus dem Sack zu lassen, ich meine die Schwangerschaft. Noch sieht man nichts davon.« Sie sagt: »Wer ist denn schwanger?« Ich flüstere: »Na, Sie sind schwanger, ich weiß alles.« Sie sagt, etwas erstaunt: »Da wissen Sie mehr als ich, bis zum Betreten des Gerichtsgebäudes war ich jedenfalls noch nicht im geringsten schwanger.« Als ich das »meinem Anwalt« erzählte, sagte er: »Nein, die nicht, die von heute nicht, die, die wir morgen zu vertreten haben, die ist schwanger. Das ging wohl alles zu schnell heute morgen. Aber wie die Sache nun liegt, ist es am besten, Sie vertreten den Fall von morgen auch. Fahren Sie morgen wieder zum Tegeler Weg, Sie haben sich ja heute als Meister der Diskretion erwiesen, das werden Sie morgen brauchen können.«

»Mein Anwalt« war die Großzügigkeit in Person. Legte ich ihm einen Schriftsatz vor, sah er mich an und fragte: »Haben Sie sich alles gut überlegt? Stehen Sie zu dem Schriftsatz?« Bejahte ich, sagte er: »Wenn das so ist, unterschreibe ich.« Ging er mit seiner Familie in die Ferien nach Portugal, was damals noch was ganz Besonderes war, ließ er mich als stolzen »amtlich bestellten Vertreter« zurück. In der Zeit lernte ich am meisten, denn nun war ich voll verantwortlich und daher wirklich aufmerksam. Vor allem aber lernte ich von den beiden reizenden Rechtsanwaltsgehilfinnen Regina, 22 Jahre, und Genia, 19 Jahre. Die Schule und die Betreuung, die die beiden mir zuteil werden ließen, sind mir unvergeßlich.

Vor nun auch schon wieder einiger Zeit saß ich in bester Gegend, in wunderschönem Haus, an festlich gedeckter Tafel neben einer Professorengattin. Wir machten Konversation, sie fragte mich: »Sie sind mir als Theaterfreund bekannt. Sagen Sie, waren Sie schon in der Baracke des Deutschen Theaters, da gibt es ›Shoppen und Ficken‹? Sehr interessant!« Ich sage: »Ist bestimmt geil, aber schon wegen des Titels, da gehe ich nicht hin.« Sie sagt: »Nun mal nicht so prüde! Gerade in unserem vorgerückten Alter muß man mit der Zeit gehen. Und man muß doch auch wissen, wie das Leben heute so ist, in ›Shoppen und Ficken‹ wird es gezeigt.« Ich sage: »Fahren Sie mal öffentliche Verkehrsmittel, gehen Sie zu Fuß durch die Stadt, da sehen Sie genug ›Shoppen‹ und, wenn Sie wollen, auch ›Ficken‹. Und noch vieles mehr. Dafür braucht man das Theater nicht. Im übrigen, prüde bin ich nicht, ich sage, wie Sie gemerkt haben, doch ›geil‹. Immerhin etwas, meinen Sie nicht?«

Als ich bei Regina und Genia in der Lehre war, konnte ich noch nicht einmal »geil« sagen, ich war bestimmt nicht etepetete, aber »geil« sagten damals nur Straßenjungen. Heute fragt die Mutter das achtjährige Kind: »Wie schmeckt das Eis?« und das Kind antwortet: »Schmeckt geil, Mama!« Bei Regina und Genia war es, da erschien eines Tages in meiner Sprechstunde als »amtlich bestellter Vertreter« des Rechtsanwalts eine Frau, die mir eine schreckliche Geschichte erzählte. Die Frau wohnte eigentlich mit ihrem Mann in der Pritzwalker Straße, hatte ihren Mann aber verlassen, weil er sie, wie sie sagte, »unaushaltbar schlecht« behandelte. Sie wohnte jetzt vorübergehend bei Nachbarn »Pritzwalker Ecke Dreyse«. Sah ihr Mann sie nun nur über die Straße gehen, öffnete er jedes Mal das Fenster und brüllte über die Straße: »Da isse wieder, seht Se euch an, die olle Pflaumentüte!« Da muß ich nun leider sagen, der Mann hat nicht »Pflaumentüte« gerufen, ich nehme »Pflaumentüte« hier nur sozusagen als mein Schamwort. Der Mann benutzte nach Angaben der Frau einen Ausdruck, den ich einfach nicht wiedergeben kann, auch heute noch nicht, obwohl mir, wie gesagt, »geil« mittlerweile mühelos über die Lippe geht. Ich diktierte aufs Tonband einen Schriftsatz fürs Amtsgericht, in dem ich die Einstweilige Verfügung gegen den Mann beantragte, ihm unter Androhung von Strafe zu verbieten, seine Frau als »Pflaumentüte« zu bezeichnen. Das bewußte Wort vermochte ich nicht aufs Band zu sprechen. Ich verwies meine reizenden Damen auf einen Zettel, auf den ich die Frau das Wort hatte schreiben lassen, wobei ich mich erinnere, daß die Frau mich beim Schreiben fragte: »Herr Anwalt, entschuldigen Se mal, schreibt man beidet mit F oder beidet mit V oder eens mit F und det andre mit V?« Am nächsten Morgen sitze ich, der »amtlich bestellte Vertreter«, auf dem Chefstuhl, da geht die Tür auf, und es erscheinen die beiden jungen Damen. Sie hatten mein Tonbanddiktat geschrieben und dabei den Zettel mit dem bewußten Wort gefunden. Den Zettel hielten sie nun in der Hand und lasen das Wort abwechselnd laut vor, wieder und immer wieder »Pflaumentüte, Pflaumentüte ...« Die beiden Mädchen waren hartnäckige Erzieherinnen, sie ließen nicht ab, bis ich das Wort wenigstens einmal ausgesprochen hatte. Sie sagten: »Herr Referendar, das muß man können, wenn man bei der Justiz arbeitet. Wir können es doch auch, hören Sie mal ...« Und nun riefen wir alle drei: »Pflaumentüte, Pflaumentüte ...«

Als ich mich als »Assessor« bei »meinem Rechtsanwalt« meldete, sagte der am Telefon: »Prüfung also bestanden, Glückwunsch, hatte nie den geringsten Zweifel. Wollen Sie nicht morgen mal in die Kanzlei kommen? Regina und Genia würden sich auch freuen.« Am nächsten Tag gab es in der Turmstraße 4, direkt neben der heutigen Dorotheenstädtischen Buchhandlung und direkt gegenüber vom Haupteingang des Kriminalgerichts, Kaffee und Kuchen. Dann wird mir ein geschmackvoll eingerichtetes Bürozimmer gezeigt. Regina sagt: »Da sollen Sie arbeiten. Wir alle meinen, Sie sind nichts für den Beamtenladen da drüben.« Sie zeigt mit dem Finger auf das Kriminalgericht.

Ich fuhr den nächsten Tag mit meinem Sparkäfer in die Ferien nach Holland und beantragte zehn Tage später meine Zulassung als Rechtsanwalt beim Landgericht Berlin und, da gebürtiger Charlottenburger, auch beim Amtsgericht Charlottenburg.

Proberichter beim Landgericht

Der Rechtsanwalt war weiterhin großzügig, und die beiden Damen Regina und Genia weiterhin reizend und lehrreich. Aber etwas, das merkte ich bald, war anders geworden. Der Ernst des Lebens war eingekehrt. War ich als Referendar in die Kanzlei gekommen, war das fast ein privater Besuch, konnte ich mich quasi als Gast fühlen. Aber nun war ich Rechtsanwalt und in gewissem Sinne doch auch für das Wohlergehen der Kanzlei verantwortlich. Nun gut, das ist ja eigentlich selbstverständlich, daß man das Beste für seinen Arbeitsplatz will und tut. Aber jetzt kam etwas hinzu, was ich bisher nicht kannte. Ich mußte nun auch daran denken, daß alles, was ich tue, auch finanziell der Kanzlei zugute kommt. Das war eine neue Dimension, wie ich bald merkte.

Eines Tages sitzt mir in meinem geschmackvoll eingerichteten Büro eine Frau gegenüber. Die ist völlig aufgelöst, ihr Mann muß in den nächsten Tagen ins Gefängnis einrücken, sie weiß nicht, was mit ihr und den Kindern werden soll. Die einzige Möglichkeit ist ein Gnadengesuch. Wir nehmen es auf, ich gehe nach draußen und sage zu Regina: »Für ein Gnadengesuch nehmen wir doch nichts, oder?« Regina guckt mich groß an und sagt: »Warum denn nicht? Dachten Sie, hier wird was für umsonst gemacht? Umsonst ist der Tod, gerade für eine Rechtsanwaltskanzlei.«

An einem anderen Tag wird mir ein auf den ersten Blick unsympathischer Mensch hereingeschickt. Der Mann hatte mehrmals Straftaten im Autoverkehr begangen, und der Strafrichter hatte ihm deswegen schon zweimal die Fahrerlaubnis entzogen. Nun hätte der Mann die Fahrerlaubnis eigentlich, soweit das Strafgericht damit zu tun hatte, wieder erhalten können. Aber da machte ihm die Straßenverkehrsbehörde einen Strich durch die Rechnung. Sie lehnte es ab, dem Mann erneut die Fahrerlaubnis zu erteilen. Sie sagte, der Mann sei nach seinem bisherigen Verhalten im Autoverkehr charakterlich ungeeignet, am Autoverkehr teilzunehmen. Der Mann hatte gegen diesen Bescheid der Behörde beim Verwaltungsgericht geklagt, war aber unterlegen. Nun sitzt der Mann bei mir und sagt: »Autofahren hat doch nichts mit Charakter zu tun. Ich will den Führerschein zurück. Legen Sie sofort Berufung gegen das Fehlurteil des Verwaltungsgerichts ein!« Damals fuhr ich noch selbst Auto und wußte somit noch genauer als heute, daß Autofahren mit Charakter aber auch gar nichts zu tun hat. Ich sage: »Warten Sie einen Moment, ich komme gleich wieder.« Draußen sagt Regina zu mir: »Der da gerade bei Ihnen drinnen sitzt, der ist für uns ganz wichtig, der hat hier viele Sachen zu laufen.« Ich ging zum »Chef« und sagte: »Bei mir sitzt einer, dem gibt man zu Recht den Führerschein nicht wieder. Ich möchte den gern rausschmeißen, aber er soll ein guter Kunde der Kanzlei sein.« Der »Chef« sah mich an und sagte: »Sie haben recht, der ist wirklich sehr unangenehm. Schicken Sie ihn zu mir, ich mache die Sache weiter!«

Nach etwa zwei Monaten Rechtsanwalt sagt der Persönliche Referent des Senators für Justiz zu mir am Telefon: »Ich habe mich bei unserer Personalstelle erkundigt, Sie können morgen bei der Justiz anfangen, man hat eine freie Stelle für Sie bei der Staatsanwaltschaft.« Ich sage: »Nein, das bitte nicht. Ich möchte zum Gericht!« Zwei Wochen später sagt der Persönliche Referent des Senators für Justiz am Telefon: »Am 20. September können Sie sich hier beim Senator Ihre Ernennungsurkunde zum Gerichtsassessor abholen. Sie kommen zum Landgericht, vergessen Sie nicht, vorher zur Kasse zu gehen und sich die tausend Mark Vorschuß abzuholen.«

Gerichtsassessor, das war ein schöner Titel. Als Gerichtsassessor konnte man in allen Gerichtszweigen und bei der Staatsanwaltschaft eingesetzt werden. Man arbeitete »auf Probe«, nach zwei Jahren konnte man als Staatsanwalt, nach drei Jahren als Richter auf Lebenszeit übernommen werden. Höchstens fünf Jahre durfte man ausprobiert werden, wurde man dann nirgends auf Lebenszeit gewollt, hatte man zu gehen.

Ich wurde zum Landgericht geschickt, wurde Beisitzer in einer Zivilkammer. Die Zivilkammer saß nicht in dem imposanten Gerichtsgebäude am Tegeler Weg, sondern in einem häßlichen Neubau Am Karlsbad. Die Kammer hatte sogar drei Beisitzer, weil sie sich mit einer sehr speziellen Materie befaßte. Es war eine Wiedergutmachungskammer, zuständig für die beiden Rechtsgebiete, als deren Ziel das Ausgleichen der durch die Naziverfolgung hervorgerufenen Schäden galt, nämlich Rückerstattung und Entschädigung. Ich denke heute, das hätte eigentlich mehr als später das Strafrecht zum wesentlichen Inhalt meines Berufslebens werden können. Die Nazizeit hat mich immer brennend interessiert, und zwar vor allem, mehr noch als die einzelnen grauenvolle Vorgänge der schrecklichen Jahre, in denen Kriminelle im Gewand von Regierung, Armee, Polizei, Justiz ihre Gewaltherrschaft ausübten, die Art und Weise, wie man nach Nazizeit und Krieg damit umging. Ich hatte als junger Mensch eigentlich erwartet, daß man nach dem Krieg etwa diejenigen, die aus Deutschland vertrieben worden und damit glücklicherweise der Mord-Maschinerie entgangen waren, sozusagen kniefällig um Rückkehr anflehen werde. Weit gefehlt, das Gegenteil war der Fall. Verfolgte hatten schon Glück, wenn sie sich irgendwie hereinschleichen und hier ein paar Almosen erlangen konnten. Auch Prominenten ging es nicht besser: Marlene Dietrich wurde als Vaterlandsverräterin bezeichnet und Willy Brandt wegen seiner Emigration in den Schmutz gezogen, und 1948 wurde nicht etwa Carl Ebert Intendant der Städtischen Oper Berlin, sondern Heinz Tietjen. Ebert hatte 1931 an dem Charlottenburger Opernhaus, dessen Nachfolgerin sozusagen die heutige Deutsche Oper Berlin ist, seine erfolgreiche Tätigkeit als Intendant und Regisseur begonnen, hatte aber 1933 vor den Nazis fliehen müssen. Heinz Tietjen hingegen hatte während der Nazizeit führende Positionen der deutschen Staatstheater und in Bayreuth innegehabt. Zwar hatten in den ersten Nachkriegsjahren die Alliierten in Nürnberg eine Reihe von Kriegsverbrecherprozessen durchgeführt. Das wurde dann aber ganz allgemein auch als Schlußpunkt angesehen, die Nazizeit galt damit als ausreichend bearbeitet.

Ich kam zu einer Zeit in die Wiedergutmachung, als alles bereits gelaufen war, vorwiegend negativ. Die Verfahren, die da bei den Kammern noch liefen, hatten sich bürokratisch festgefahren. Obwohl sich die Forderungen der Nazi-Verfolgten wegen ihrer Schäden an Leib oder Leben, am Eigentum, an der Berufsausbildung, am beruflichen Fortkommen auf geradezu lächerliche Beträge beliefen, wurde um Nachweise erbittert gefeilscht. Da sollte einer den Nachweis erbringen, daß sein Vater bei normalem Lauf der Dinge vom Postsekretär zum Obersekretär befördert worden wäre, daß jemand einen Telefonanschluß gehabt habe, daß die Familie so gutsituiert gewesen sei, daß die Kinder zum Klavierunterricht gegangen seien. Das Pfennig-Gefeilsche der Ämter und die völlige Abwesenheit von Großherzigkeit oder wenigstens Großzügigkeit ist mir spontan eingefallen, als ich jetzt von den Mannesmann-Abfindungen von 59 Millionen Euro las. Mit dem Geld hätte man allen damals noch lebenden Nazi-Opfern wenigstens einigermaßen Trost zurufen können.

Ich beschäftigte mich dort in der Kammer längere Zeit mit der Frage, wo die Briefmarken geblieben seien, die die deutschen Besatzer im Generalgouvernement den Polen, vor allem den jüdischen Polen gestohlen hatten, und wo die Möbel hingekommen waren, die die Spedition Schenker im Auftrag der deutschen Besatzer bei den griechischen Juden in Thessaloniki abgeholt hatte, nachdem man die Eigentümer der Möbel in Güterwagen Richtung Auschwitz verfrachtet hatte. Wo die Sachen hingekommen waren, war wichtig. Rückerstattung gab es nur, wenn festgestellt werden konnte, daß das Stehlgut auf das Gebiet der Bundesrepublik gelangt war. War die Spur etwa in Ungarn oder in der von Deutschen besetzten Tschechoslowakei verlorengegangen, gab es nichts. Ich habe nie jemanden gefunden, der diese Regelung als gerecht empfunden hätte.

Ich mache mir heute keine Vorwürfe, daß ich mich nicht bekennend in die Materie hineingeworfen habe, denn mir ist heute klar, daß ich das alles instinktiv für vergeblich gehalten habe und auch halten mußte. Man bedenke: In der Zeit, als ich dort in jener Landgerichtskammer war, war in Baden-Württemberg ein gewisser Filbinger Ministerpräsident. Filbinger, den man dank des Moralisten Hochhuth einen »furchtbaren Juristen« nennen darf, war Nachfolger eines gewissen Kiesinger. Kiesinger wiederum, der früher Nazi-Parteigenosse und während der Nazizeit im Auswärtigen Amt tätig gewesen war, hatte man zum Bundeskanzler aufrücken lassen. An seinem Kabinettstisch saß der Nazi-Gegner Willy Brandt als Vizekanzler. So schien die Nazizeit ihren versöhnten Abschluß gefunden zu haben, aber im Grunde war nicht versöhnt, sondern nur verschwiegen worden.

Nach dieser doch recht belastenden Materie war ich eigentlich ganz froh, für die letzten beiden Monate meiner Landgerichtsprobezeit zu »normalen« Zivilkammern am Tegeler Weg abgeordnet zu werden, zumal ich damit in ein, wie mir scheint, besonders schönes Gebäude kam. Das Gebäude wurde um 1900 als Haus für das Landgericht III gebaut. Berlin hatte zu jener Zeit drei Landgerichte, eines in der jetzigen Littenstraße, eines in der Möckernstraße und eben dieses am Tegeler Weg. Daneben gab es natürlich noch das Kriminalgericht Moabit für die Strafkammern aller drei Landgerichte. Ich hatte am Tegeler Weg in gleich zwei Zivilkammern Dienst zu tun, die, was ich als besonders lehrreich empfand, voneinander völlig verschieden waren. Die eine Kammer hatte einen auffällig schwachen Vorsitzenden und eine auffällig starke erste Beisitzerin. Ich war nun der zweite Beisitzer und als solcher hatte ich zur Beratung und Verhandlung einen Fall vorzubereiten, in dem es darum ging, ob der Beklagte von einem Kind oder, besser gesagt, von dessen Mutter zu Recht als Vater in Anspruch genommen werde. Der Beklagte berief sich darauf, er könne gar nicht der Vater sein, denn er sei zeugungsunfähig. Damals gab es für die Vaterschaftsfeststellungen noch nicht die heutigen einfachen Methoden, sondern die Zeugungskraft des Mannes mußte aufwendig untersucht werden. Ein medizinischer Sachverständiger hatte das schon getan und mitgeteilt, der Mann könne auf einen, wie soll man sagen, Hieb nur knapp dreihunderttausend Samenzellen hervorbringen. Diese Zahl klinge gewaltig, reiche aber doch nicht zur Zeugung aus, weil Hunderttausende von Zellen auf ihrem Wege vom Mann zur Frau abstürben. Normal sei eine Million Zellen. Man habe zwar auch schon Fälle gefunden, wo es bei nur achthunderttausend Zellen zu einer Befruchtung des weiblichen Eis gekommen sei, ja, in Kalifornien, wo eben vieles anders als woanders ist, sei sogar ein Befruchtungsfall mit nur sechshunderttausend registriert worden. Aber dreihunderttausend, das sei nun wirklich viel zu wenig, völlig ausgeschlossen, daß der Beklagte das Kind gezeugt habe. Vor der Kammerberatung sage ich zu der ersten Beisitzerin: »Die Sache scheint mir klar zu sein. Ich werde also vorschlagen, die Klage auf Grund des Sachverständigengutachtens abzuweisen. Meinen Sie nicht auch?« Die erste Beisitzerin sagt: »Ja, die Sache ist klar. Für uns, aber nicht unbedingt auch für unseren Vorsitzenden. Ich kenne den gut, seien Sie gewappnet, machen Sie sich auf etwas gefaßt! Aber, lieber Kollege, egal was Sie von ihm hören werden, argumentieren Sie mit ihm bloß nicht. Denken Sie immer daran, Sie sind noch nicht auf Lebenszeit ernannt! Sie leisten hier zwar die volle Arbeit, aber Sie sind nur Gerichtsassessor. Wollen Sie ein gutes Zeugnis haben, so ist Argumentation nicht der rechte Weg. Also tragen Sie morgen vor, hören Sie dann aber schweigend zu, was immer er auch sagt. Ich werde auch nichts sagen. Aber wenn er fertig ist, dann werden wir beide ihn überstimmen.« Wie die erfahrene Kollegin vorhergesagt hatte, so kam es, der Vorsitzende sagte: »Das sehe ich aber gar nicht ein. Meiner Meinung nach ist nur eine einzige Samenzelle zur Befruchtung nötig und der Sachverständige hat doch selbst festgestellt, daß der Beklagte sogar dreihunderttausend Zellen produziert. Das reicht doch für dreihunderttausend Kinder!«

In der anderen Kammer war der erste Beisitzer ein freundlicher alter Herr kurz vorm Rentenalter. Der sagte eines Tages zum Vorsitzenden: »Ich weiß nicht, ob wir morgen verhandeln können, denn ich weiß nicht, wo die Akten sind.« Am nächsten Tag erschien er aber stolz mit den Akten zur Beratung. Kleinlaut gestand der alte Kollege, er habe nach intensivstem Nachdenken herausgefunden, daß er die Akten beim Fußpfleger vergessen hatte. Ich zeigte mich sehr amüsiert und bemerkte: »Da lerne ich schon jetzt, was im Alter nottut, Fuß und Gehirn müssen gleichermaßen gepflegt werden.« Der alte Kollege schien die Bemerkung für witzig zu halten, mittlerweile, selbst altgeworden, denke ich, er tat nur so. Gar nicht amüsiert zeigte sich der Vorsitzende. Er blickte mich mißbilligend an und sagte: »Das soll witzig sein? Ich sage Ihnen, auch jugendlicher Hochmut kommt vor dem Fall. Ich bin gespannt, was Ihnen noch alles passiert.« Er mußte nicht lange warten, ich glaube, fast schon in der Woche darauf war es so weit. Die Akten waren zwar da, aber ich fehlte in der Verhandlung. Ich hatte den Sitzungstag völlig vergessen. Nähere Einzelheiten teile ich dazu nicht mit, habe ich vergessen, besser so, Vergessen ist manchmal reine Wohltat.

Proberichter beim Amtsgericht

Eines Tages übergab mir die Geschäftsstelle des Landgerichts einen Brief, in dem es hieß, ab nächsten Montag hätte ich mich zum Dienst beim Amtsgericht Tiergarten im Kriminalgericht Moabit einzufinden. Das war mein Übergang zur Strafjustiz. Ich bin der Strafjustiz eigentlich nie wieder entkommen. Das habe ich damals nicht wissen können, aber ich meine doch, daß ich es ahnte. Das imposante Gebäude hatte mich immer begeistert. Es war und ist für mich das ideale Gerichtsgebäude, repräsentativ, aber nicht eigentlich protzig. Die vielen Jahre, die ich dort gearbeitet habe, habe ich es mir nie nehmen lassen, zu meinem Schreibtisch und zu meinem Sitzungssaal durch die große Haupthalle an der Turmstraße zu gelangen. Betrat ich die Halle, fühlte ich, hier betritt man nicht irgendein Bürogebäude, hier kommt man in ein Haus, in dem Gerichtsverhandlungen stattfinden, gar Strafgerichtsverhandlungen. Das Gebäude an der Turmstraße ist 1906 als Kriminalgericht für Berlin gebaut worden, das damals nicht nur die Reichshauptstadt, sondern, man kann sagen, vor allem auch die Hauptstadt des Königreichs Preußen war, was in dem Gebäude in der mehrmaligen Verwendung KCG zum Ausdruck kommt, KCG ist die Abkürzung für Königliches Criminal-Gericht. Das Haus wird heute als »Altbau« bezeichnet, war zur Zeit seiner Entstehung aber der Neubau. Der eigentliche Altbau stand an der Rathenower Straße Ecke Alt-Moabit, war zwischen 1877 und 1882 erbaut, im letzten Krieg beschädigt und dann 1954 unverzeihlicherweise abgerissen worden. Man nahm den Platz zur Verbreiterung der Rathenower Straße. Im Kriminalgericht sitzen die Staatsanwaltschaft bei dem Landgericht Berlin und die Strafkammern des Landgerichts Berlin und die Strafrichter des Amtsgerichts Tiergarten, das als einziges Amtsgericht Berlins ein Strafgericht ist, alle anderen elf Amtsgerichte Berlins sind nur Zivilgerichte.

Jetzt also Strafrichter in Berlin-Moabit! Allerdings führte ich zunächst noch keine Hauptverhandlungen durch, sondern wurde, wie man das wohl immer mit den Anfängern machte, Vernehmungsrichter. Vernehmungsrichter sind dazu da, die richterlichen Handlungen zu verrichten, die im sogenannten Ermittlungsverfahren erforderlich werden. Das Ermittlungsverfahren ist der erste Teil eines Strafverfahrens, es beginnt mit dem Verdacht einer Straftat und endet mit der Entscheidung der Staats- oder Amtsanwaltschaft, das Verfahren entweder einzustellen oder mit Anklage zum Gericht zu geben. Es ist eigentlich ganz und gar eine eigene Sache der Staats- oder Amtsanwaltschaft, man sagt, Staats- oder Amtsanwaltschaft seien die Herren des Ermittlungsverfahrens und in der Tat führen sie das Ermittlungsverfahren mit Hilfe der Polizei, insbesondere der Kriminalpolizei, völlig selbständig durch. Aber es gibt Ausnahmen, einige Sachen sind auch im Ermittlungsverfahren dem Richter vorbehalten. Der wichtigste Fall ist der Erlaß eines Haftbefehls. Nach dem Grundgesetz dürfen, abgesehen von kurzfristigen vorläufigen Festnahmen, Freiheitsentziehungen nur von einem Richter angeordnet werden, und dafür ist regelmäßig der Amtsrichter zuständig. Ich war jetzt also im Grunde Haftrichter, einer von mehreren übrigens, ich glaube, einer von dreien, so viel gab es und gibt es in Berlin zu verhaften.

Meine Haftrichterarbeit begann gleich mit einem Knall. Am Montag, meinem ersten Tag dort, erschien ein Staatsanwalt und beantragte den Erlaß eines Haftbefehls gegen einen Mann, von dem er gerade erfahren hatte, daß der Mann sich in Frankfurt am Main für einen Straffall, der beim dortigen Amtsgericht anhängig sei, im Gefängnis befinde. Der Staatsanwalt sagte: »Dort in Frankfurt am Main ist am Donnerstag die Hauptverhandlung. Wer weiß, was das dortige Amtsgericht mit dem Mann macht. Immerhin möglich, daß es seinen Haftbefehl aufhebt und den Mann aus dem Gefängnis hinausläßt. Und dann ist der Mann erst mal weg, und wir müssen ihn für unser Verfahren erneut suchen lassen. Da ist es doch besser, Sie erlassen jetzt einen Haftbefehl in meinem Verfahren, dann wird der Mann dafür auf jeden Fall festgehalten.« Das hörte sich absolut vernünftig an, und ich erließ meinen ersten Haftbefehl.

Am Freitag derselben Woche ruft mich am Mittag die Polizei an und sagt: »Sie haben am Montag gegen einen Mann, der in Frankfurt am Main im Gefängnis gesessen hat, den Haftbefehl erlassen. Erinnern Sie sich an den?« Ich sage: »Ich erinnere mich schon deshalb, weil das der erste Haftbefehl meines Lebens ist. Was ist denn damit los?« Der Polizist sagt: »Herzlichen Glückwunsch zu dem ersten Haftbefehl Ihres Lebens. Sie werden sich freuen, der Haftbefehl wird schon vollstreckt. Gestern war in Frankfurt am Main die Hauptverhandlung in der dortigen Strafsache. Das Amtsgericht hat den Mann zwar verurteilt, den dortigen Haftbefehl aber, wie wir hier schon vorausgesehen hatten, aufgehoben. Gut, daß wir Ihren Haftbefehl hatten. Der Mann wurde auf Grund Ihres Haftbefehls noch am Gefängnistor aufgehalten und, da sehen Sie mal, wie schnell alles gehen kann, gleich ins Flugzeug nach Berlin gesteckt. Jetzt ist er also hier. Jetzt müssen Sie ihm nur noch Ihren Haftbefehl verkünden. Gehen Sie also nicht nach Hause, sondern warten Sie bitte auf uns. Wir bringen Ihnen den Mann spätestens um 5 Uhr zur Verkündung des ersten Haftbefehls Ihres Lebens.« Ich war begeistert. Um 5 Uhr sah ich den Mann und fragte ihn, ob er Einwendungen gegen die Vollstreckung des Haftbefehls habe. Er sagte: »Und ob ick die habe ... Ick beantrage sofortige Freilassung. Ick bin nämlich gestern in Frankfurt am Main zwar verurteilt worden, aber ick habe Bewährung jekricht.« Ich sage: »Mein Herr, ob Sie dort Strafaussetzung zur Bewährung bekommen haben oder nicht, das ist nicht die Frage, ist hier völlig belanglos. Die Frankfurter Sache ist die Frankfurter Sache, hier geht es um die Berliner Sache, Verdacht des schweren Diebstahls, begangen in Berlin im letzten Herbst. Auf diese Sache bezieht sich mein Haftbefehl.« Der Mann ist widerspenstig, er sagt: »Mir bekannt, aber ick bin jestern in Frankfurt ooch schon wejen die Berliner Sache verurteilt worden.« Ich sage: »Das ist Unfug, die Akten wegen der Berliner Sache liegen hier vor mir. Die Berliner Sache ist noch nicht einmal angeklagt, und da wollen Sie deswegen schon verurteilt worden sein! Nochmals, das ist Unfug!« Der Mann wird direkt kiebig, er sagt: »Anjeklagt nich, aber verurteilt schon, und zwar jestern in Frankfurt.« Ich sage: »Abführen!«

Das war am Freitag. Am Montag meldet sich bei mir der Staatsanwalt am Telefon: »Können Sie sich an den Mann aus Frankfurt am Main erinnern? Ach ja, das ist ja der Mann mit dem ersten Haftbefehl Ihres Lebens, entschuldigen Sie bitte, daß ich das vergessen hatte. Ich teile Ihnen hierdurch mit, daß wir den Mann heute aus dem Gefängnis hinauslassen mußten. Sie werden staunen, der Mann war tatsächlich dort in Frankfurt am Main am Donnerstag auch in der Berliner Sache schon verurteilt worden.« Ich sage: »Wie das? Es lag doch gar keine Anklage vor!« Der Staatsanwalt sagt: »Die Sache ist die, daß der Mann bei dem Frankfurter Richter die Berliner Straftat gestanden hat. Daraufhin hat der dortige Staatsanwalt in der dortigen Hauptverhandlung sofort mündliche Anklage erhoben, und der Richter hat die Sache gleich mitverurteilt. So etwas habe ich noch nie erlebt.« Ich sage: »Na und ich sowieso nicht.« Der Staatsanwalt sagt weiter: »Das versteht sich. Aber nun muß ich Ihnen noch etwas sagen, bitte nicht übelnehmen! Ich habe soeben gegen Sie ein Ermittlungsverfahren eingeleitet. Ich werde in dem Verfahren prüfen, ob Sie sich wegen Verfolgung Unschuldiger nach § 344 Strafgesetzbuch strafbar gemacht haben, denn Sie haben einen Menschen eingesperrt, der nicht hätte eingesperrt werden dürfen, jedenfalls nicht jetzt. Nehmen Sie es aber nicht so tragisch, der Fehler liegt eigentlich bei dem Gericht und der Staats anwaltschaft in Frankfurt am Main, die hätten uns doch sofort anrufen müssen. Das wird dann bei Ihnen bestimmt strafmildernd berücksichtigt.« Ich gehe davon aus, daß der letzte Satz witzig gemeint ist und sage: »Vielleicht dachten die da im Westen, wir seien hier Osten und hätten kein Telefon.« Als ich rund neun Monate danach ein Dienstzimmer bei der Staatsanwaltschaft bezog, lag im Schreibtisch eine Abschrift des Verfahrens »gegen Beamte der Justiz, hier: Gerichtsassessor Warnstädt, wegen Verfolgung Unschuldiger«. Das Verfahren trug das Aktenzeichen 51 Js 9/70. Es gehörte zu meinem Dezernat, ich war jetzt also sozusagen mein eigener Staatsanwalt geworden.

Den wahrscheinlich wichtigsten Fall meiner Amtsgerichts-Assessorenzeit, vielleicht sogar meiner gesamten Justiztätigkeit, erlebte ich beim Amtsgericht Neukölln. Dorthin war ich aushilfsweise als Vormundschaftsrichter geschickt worden. Ein von Tag zu Tag mehr beeindruckender Rechtspfleger empfing mich: »Hier das Richterzimmer. Fallen Sie nicht um! Hier herrscht die Katastrophe. Die ordentliche Richterin, wie man so zu sagen pflegt, ist seit langem krankgeschrieben, seitdem haben hier Kollegen von Ihnen höchstens mal stundenweise vertreten. Um Gottes willen, Vorsicht! Auf keinen Fall Akten aus dem Haufen da ziehen! Den Haufen haben die Registratoren kunstvoll mit Hilfe von stützenden Besenstielen errichtet, wie Sie sehen. Fällt der Haufen zusammen, findet man auf Jahre nichts mehr wieder. Die wirklich wichtigen Sachen legen wir Ihnen gesondert vor. Sie sind zwar bestimmt kein versierter Vormundschaftsrichter, können es natürlich gar nicht sein.

Sie sehen aber so aus, als ob wir gemeinsam doch so einiges erreichen könnten. Hier zum Beispiel diese Sache, die liegt mir am Herzen ...«

Das war eine fürchterliche Geschichte. Eine Tochter bodenständiger Neuköllner Handwerker, so etwas gab es damals noch, hatte einen nicht ganz so bodenständigen Mann geheiratet. Das ging zunächst auch gut, ein Knabe ward geboren. Die Ehe begann aber zu kriseln. Man versuchte, die Risse zu kitten, aber auch die Geburt des zweiten und des dritten Kindes, jeweils Mädchen, fügte die Ehe nicht wieder zusammen. Es kam zur Scheidung. Der damals achtjährige Junge kam zum Vater, die beiden Mädchen blieben bei der Mutter. Jetzt war der Junge zwölf. Mit dem Vater war es so ein bißchen bergab gegangen, er hatte eine neue Frau, zwei weitere Kinder, da hatte der Junge gestört, und man hatte ihn in ein Heim gebracht, weit weg, hinten am Olympiastadion. Die Mutter des Jungen war mittlerweile wieder verheiratet. Mit ihrem Mann, einem Amerikaner, und ihren beiden Mädchen und mit dem Kind, das sie von dem Amerikaner bekommen hatte, lebte sie in Kalifornien. Der Rechtspfleger, mit dem ich in dem Katastrophenzimmer Platz genommen hatte, erzählte: »Die waren alle aus Amerika schon voriges Jahr hier und haben die ordentliche Richterin, wie man so zu sagen pflegt, aufgesucht und sie gebeten, ihnen den Sohn mitzugeben. Sie haben vorgetragen, der Junge weine sofort, wenn er nur die Namen seiner beiden Schwestern höre, und die beiden Schwestern haben hier in diesem Zimmer auch geweint, als sie den Namen ihres Bruders hörten. Aber die Richterin wurde dann krank, und Sie wissen ja vielleicht doch schon, wie das in solchen Fällen zu gehen pflegt. Der Vater wird zur Stellungsnahme aufgefordert, das Jugendamt will sich äußern und prüft und prüft und äußert sich dann dahin, es werde sich nach weiterer Prüfung äußern.«

Der Rechtspfleger schlug die Akten auf. Es war auf den ersten Blick verheerend. Das Jugendamt hatte sich noch nicht entscheiden können, der Vater hatte »auf stur geschaltet«, das Heim, in dem der Junge untergebracht war, hatte mehrfach eine baldige Entscheidung angefordert, der Junge erhalte nie Besuch, der Vater habe kein Interesse an ihm und verhindere sogar Besuche der Großeltern, also des bodenständigen Handwerkerehepaars aus Neukölln, weil er meine, daß die die Ursache für das Scheitern seiner Ehe gewesen seien, der Junge weine immerzu. Ich sage: »Lieber Rechtspfleger, um Gottes willen, was machen wir denn da?« Der Rechtspfleger antwortet: »Da müssen Sie entscheiden, jetzt oder nie. Machen Sie sich selbst ein Bild von den Leuten, die ganze amerikanische Familie ist vor zwei Tagen wieder hier eingetroffen.« Noch am selben Abend klingle ich an der Wohnung des Vaters des Jungen. Er ist erstaunt und sagt: »Sie sind der Vormundschaftsrichter? Haben Sie denn gar keinen Feierabend? Na, wenn Sie schon da sind, kommen Sie herein!« Ich hatte bei dem Mann irgendwie gewonnen, weil er sichtlich davon beeindruckt war, daß ich nicht Feierabend gemacht hatte. Das kannte er von Amtspersonen nicht, höchstens vom Gerichtsvollzieher, dessen guter Bekannter er war, wie ich schnell feststellen konnte. Der Mann war an dem Jungen im Grunde gar nicht interessiert, war mit seiner neuen Familie auch vollständig ausgelastet und hatte sich nur so stur angestellt, weil ihn die Ehescheidung und vor allem die unheilvolle Rolle, die seine früheren Schwiegereltern dabei angeblich gespielt hatten, immer noch wurmten.

Am nächsten Morgen fuhren der Rechtspfleger und ich in das Kinderheim und gegen Mittag rückte die gesamte amerikanische Familie mit den Neuköllner Großeltern im Amtsgericht an. Alles sehr nette Leute. Zwar war auch der Vater des Jungen nicht direkt unangenehm gewesen, aber der neue amerikanische Ehemann, der war schon ganz was Besonderes, es gibt ja tatsächlich ganz fabelhafte Amis. Der Rechtspfleger bereitete den Beschluß vor, daß das Sorgerecht für den Jungen mit sofortiger Wirkung auf die Mutter übertragen werde. Ich unterschrieb. Die Großeltern und die »Amerikaner« konnten es nicht fassen. Der »Ami« sagte: »Ist jetzt wirklich alles in Ordnung? Wir können den Jungen heute noch aus dem Heim holen? Wunderbar, dann machen wir uns alle zusammen noch ein paar schöne Tage in Berlin, bevor wir nach Amerika fliegen.« Ich gucke den Rechtspfleger an, der Rechtspfleger guckt mich an, dann sagt der Rechtspfleger zu mir: »Die scheinen nicht zu wissen, daß es gegen Ihren Beschluß noch Rechtsmittel gibt, die ab morgen, wenn ich den Beschluß dem Jugendamt und dem Vater zustelle, eingelegt werden könnten. Nun, der Vater wird ja nach Ihrem Eindruck sogar froh sein, wenn er den Jungen jetzt auch juristisch loswird. Aber das Jugendamt, das legt nach meinen Erfahrungen immer Beschwerde ein, es will immer noch mal prüfen und prüfen und prüfen. Auch wenn eine solche Beschwerde nur vorsorglich eingelegt wird, geht alles wieder von vorn los und dauert wieder und dauert wieder ...« Er wendet sich an den »Ami«: »Wann wollen Sie abreisen?« Der Großvater antwortet: »Na, ich hoffe, daß die alle noch gut zehn Tage hier in Berlin bleiben. Dann fliegen wir alle nach Frankfurt am Main, wir Großeltern verabschieden dann unsere Amerikaner zu ihrem großen Flug nach Amerika, der diesmal ja was ganz besonderes ist, weil auch der Junge mitfliegen wird.« Der Rechtspfleger sagt: »Und wann geht das nächste Flugzeug?« Der »Ami« lacht: »Morgen früh um neun ab Tempelhof, um 11 Uhr 30 ab Frankfurt am Main.« Der Rechtspfleger verabschiedet sich mit einem langen Blick auf uns alle und sagt dann bedeutungsvoll zu dem bodenständigen Großvater: »Hier, nehmen Sie den Beschluß des Richters, ich habe ihn gerade gesiegelt, der Junge kommt damit durch die Paßkontrolle. Ich habe meine Gründe, Ihnen ganz dringend den Flug morgen früh um neun ab Tempelhof zu empfehlen, fragen Sie nicht nach, sondern fliegen Sie! Und dann vergessen Sie bitte nicht, morgen vormittag vom Flughafen in Frankfurt am Main den Herrn Richter anzurufen, ob alles in Ordnung gegangen ist.« Am nächsten Vormittag klingelt bei mir das Telefon, der Großvater meldet sich vom Flughafen Frankfurt am Main: »Alles in Ordnung, das Flugzeug nach Amerika ist bereits in der Luft. Aber hätten die nicht wirklich noch ein paar Tage hierbleiben können?« Ich benachrichtige den Rechtspfleger. Der sagt: »Ich denke, der Vorgang ist anständig abgeschlossen, was man ja wirklich nicht von vielen Vorgängen behaupten kann. Als ich Sie sah, wußte ich gleich, daß wir das schaffen. Ich habe dem Direktor davon erzählt, der hat gesagt, er wird vorschlagen, daß Sie hier bleiben.«

Wenige Tage danach erhielt ich einen Brief, meine Neuköllner Zeit sei beendet, ich solle wieder nach Moabit kommen. Jetzt durfte ich dort meine ersten Hauptverhandlungen machen, war Richter in Autoverkehrsstrafsachen. In einer Hauptverhandlung tritt eine junge Dame auf mich zu. Sie sagt:

»Entschuldigen Sie bitte, ich bin Gerichtsassessorin und komme als Staatsanwältin in Ihre Sitzung. Seien Sie bitte nachsichtig mit mir, diese Verhandlung hier ist nämlich mein erster Sitzungstag überhaupt.« Ich sage zu der jungen Dame, die später Leiterin der Amtsanwaltschaft wurde: »Sie können sich ganz und gar auf mich verlassen, ich mache heute schon meine zweite Sitzung.«

Staatsanwalt und schwebendes Verfahren

»Ich höre«, sagt der ältere Herr, dem gegenüber ich Platz nehmen darf, »Sie sind ganz gern zur Staatsanwaltschaft gekommen, stimmt das? Normalerweise soll das ja nicht der Fall sein.« Ich sage: »Vor einiger Zeit war ich auch noch strikt dagegen. Ich bin jetzt aber bis zu meiner Versetzung zur Staatsanwaltschaft ein sehr gutes halbes Jahr in Moabit Strafrichter gewesen und habe dort so viele schlechte Anklagen gesehen, daß ich mir sage, du gehst nun zur Staatsanwaltschaft und hast dadurch die Gelegenheit, bessere Anklagen zu machen.« Der ältere Herr schaut amüsiert und sagt: »Sie gefallen mir, wollen Sie nicht in meiner Behörde in die Spezialgruppe kommen, die die Straftaten des Reichssicherheitshauptamts, kurz RSHA, aufklären soll? Das wäre doch was für Sie, da Sie mir gerade erzählt haben, daß Sie beim Landgericht bei den Entschädigungs- und Rückerstattungskammern gewesen sind und daß Sie sich jetzt sehr für die Ohrfeige interessiert haben, die Beate Klarsfeld dem Bundeskanzler Kiesinger gegeben hat.«

Der ältere freundliche Herr ist der Generalstaatsanwalt bei dem Kammergericht, heißt Hans Günther und hat mich zum Antrittsbesuch empfangen, ich bin gerade zum Staatsanwalt ernannt worden. Von dem Herrn sagt man böswillig, er sei in der »SPD, aber der CDU nahestehend«. Wenn das so gewesen sein sollte, so lag er damit durchaus richtig, denn West-Berlin wurde jahrelang von einer SPD/CDU-Koalition beherrscht und bis zum Jahr davor gab es auch in Bonn eine solche Regierungsvereinigung. Wahrscheinlich wollte man einfach etwas Böswilliges gegen den alten Herrn sagen, weil er ein Schöngeist war, und das gefällt den meisten nicht. Ich mochte ihn gern, er hatte das bemerkt und sich anscheinend auch gemerkt, denn einmal nach einer Personalversammlung der Staatsanwälte im Rathaus Schöneberg, wenn ich mich recht erinnere, zog er mich beim Hinausgehen zur Seite und sagte: »Die Redebeiträge! Wenn die von Taxifahrern gehalten worden wären ... Aber es waren Staatsanwälte, die da gesprochen haben, unsere Kollegen, man kann es kaum glauben. Ich gehe übrigens mit einigen Herren jetzt ins ›Tegernseer Tönnchen‹, wenn Sie wollen, begleiten Sie mich!«

Ich ging nicht mit zum »Tegernseer Tönnchen«. Und ich ging auch nicht zum RSHA, sondern ich bearbeitete bei der Staatsanwaltschaft fortan zusammen mit sieben oder fünf Kollegen, einer war immer im Urlaub, einer immer krank, »Buchstabensachen«, wie die allgemeinen Strafsachen dort deshalb heißen, weil sie nach den Anfangsbuchstaben der Namen der Beschuldigten sortiert sind. Die »allgemeinen Strafsachen« waren mir immer die liebsten, das blieb auch später beim Amtsgericht so. Zur Staatsanwaltschaft kann ich sagen, ich war gern Staatsanwalt. Als ich Jahre später als Amtsrichter in Strafsachen bei einigen Staatsanwälten in den Ruf geriet, die Staatsanwälte schlecht zu behandeln, konnte ich immer auf meine Staatsanwaltszeit verweisen und sagen, ich achte das Amt des Staatsanwalts sehr hoch. Der Staatsanwalt sei eigentlich die wichtigste Person im Strafprozeß. Er sei es, der entscheide, ob Anklage erhoben werde oder nicht. Das Erheben einer Anklage gegen einen Bürger sei ein so ernster Vorgang, daß der Staatsanwalt mit seiner ganzen Person hinter dieser Entscheidung stehen müsse. Ich hätte aber leider oft den Eindruck, daß die Bedeutung der Anklage lediglich darin gesehen werde, einen Aktenvorgang bürokratisch korrekt zu Ende zu bringen, ganz abgesehen davon, daß ich auch eine Fülle hingeschmierter Anklageschriften habe sehen müssen, was mich zu Recht grantig mache. Fast am interessantesten war für mich am Amt des Staatsanwalts, daß man viel im Gericht herumkommt, mit sehr vielen Gerichtspersonen zu tun hat und so seine Beobachtungen machen kann. Man geht als Staatsanwalt heute in einer Betrugssache zum Amtsrichter, in der nächsten Woche in einer Rauschgiftsache zum Schöffengericht, dann zu einer Jugendkammer wegen einer Einbruchsserie, wieder eine Woche später zu einer großen Strafkammer wegen eines umfangreichen Straßenraubs. Gelegenheiten zu unschätzbaren Beobachtungen! Mir sind sehr viele Gerichtspersonen in Erinnerung geblieben, so der alte August, Strafkammervorsitzender. Der war unverwechselbar, ein Original könnte man sagen, wenn das Wort nicht immer auch ein bißchen negativen Beigeschmack hätte. Er war unverkennbar aus Schlesien, woher ja bekanntlich früher die besten Berliner kamen, sehr intelligente Leute, intelligent vielleicht vor allem deshalb, weil sich dort so viel Verschiedenes mischte, Polen, Deutsche, Katholiken, Juden, Protestanten, Preußen, Österreicher. Ein Freund von mir, gebürtiger Ausländer und mit einem besonders klaren Blick für deutsche Verhältnisse ausgestattet, pflegt zu sagen, die berühmte Berliner Intelligenz sei möglicherweise solche Mangelware geworden, weil es den Bevölkerungszustrom aus Schlesien nicht mehr gebe, die anderen deutschen Landstriche könnten das offensichtlich nicht ausgleichen. Ich habe von dem alten Schlesier eine Redensart übernommen, die mich im Laufe der Jahre über viele brenzlige Situationen hinweggebracht hat. Schon beim ersten Erleben war ich von der Redensart hell begeistert, ich wurde in einer Hauptverhandlung Zeuge eines interessanten Zwiegesprächs. August fragt den Angeklagten: »Angeklagter, wo sind Sie geboren?« Angeklagter sagt: »In Rybnik, Herr Vorsitzender!« August sagt: »Niederschlesien.« Angeklager sagt: »Nein, Herr Vorsitzender, Oberschlesien.« August schließt das Gespräch ab und sagt: »Na seh'n Se!« Man sieht, mit einem überzeugten »Na seh'n Se!« bleibt man überzeugend Herr der Situation, gegen ein überzeugtes »Na seh'n Se!« kommt niemand und nichts an.

Bei einem anderen Strafkammervorsitzenden hatte ich öfter mal spitze Bemerkungen gemacht, weil ich meinte, der sehe manche Sachen unzulässigerweise zu milde oder zu nachsichtig. Er ließ sich das immer milde und nachsichtig gefallen. Als ich es einmal wohl zu spitz trieb, sagte er nach der Sitzung zu mir: »Sie sind noch jung, Sie können das noch nicht wissen. Aber alles, was wir hier machen, hat gar keinen Zweck. Es gibt nicht die geringste Hoffnung, daß sich irgendeiner davon beeindrucken läßt, nicht mal zum Negativen. Das ist der Grund, warum ich mich nie aufrege, nicht einmal über Ihre spitzen Bemerkungen.«

Wenn es etwas gibt, was ich überhaupt nicht ausstehen konnte und kann, so ist das Arroganz und Hochmut, zumal das immer mit Dummheit verbunden ist. Eines Tages kam ich zu einem mir völlig unbekannten Schöffengericht. Als Vorsitzender saß da ein ziemlich junger Mann, noch Proberichter und trotzdem oder gerade deswegen sehr ersichtlich von sich überzeugt und damit unangenehm. Er war unangenehm gegen jedermann, gegen den Angeklagten sowieso, versteht sich, aber er war auch unangenehm gegen die Protokollführerin und den Wachtmeister und sogar gegen die beiden Schöffen. Das ging so weit, daß die Schöffen sich mit Blicken immer wieder bei mir meldeten und daß ich mit Antwort-Blicken tröstend zu verstehen gab, daß gemeinsames Leid besser zu ertragen sei, denn der Vorsitzende gab auch mir immer wieder zu verstehen, daß er der bessere Jurist sei und also auch der bessere Staatsanwalt wäre. Niemand konnte ihm etwas recht machen, er war die personifizierte Unfehlbarkeit.

So litten wir alle die ersten beiden Schöffenverhandlungen durch. Dann jedoch kam die dritte Sache und mit ihr unvorhergesehen aber noch rechtzeitig die Gelegenheit zur Revanche, die ich mir, was mir keiner verdenken kann, auch nicht nehmen ließ. Die Verhandlung im Fall Nummer 3 begann ganz unauffällig. Der Vorsitzende ließ den Fall aufrufen, der Angeklagte trat herein, und der Vorsitzende vernahm ihn zur Person. Ist im Strafprozeß das getan, so hat der Staatsanwalt die Anklageschrift zu verlesen. Und so rief denn der Vorsitzende mich, daß ich die Anklage verlese. In diesem Moment stellte ich jedoch fest, daß die Staatsanwaltschaft die Anklage gar nicht zum Schöffengericht erhoben hatte, sondern zum Strafrichter oder, wie man auch zu sagen pflegt, zum Einzelrichter. Und ich stellte ferner fest, daß unser Unfehlbare die Anklage auch zur Verhandlung vor dem Einzelrichter zugelassen hatte, womit das Schöffengericht hier für diese Sache ganz und gar unzuständig war. Der Unfehlbare hatte das offensichtlich übersehen. Somit war es völlig falsch, daß er in der Sache Nummer 3 mit der Verhandlung vor dem Schöffengericht begonnen hatte. Nicht auszudenken, wenn er die Verhandlung gar fortgesetzt hätte, denn eine Verhandlung vor einem unzuständigen Gericht ist absolut für die Katz, verlorene Zeit, verlorene Mühe und auch verlorenes Geld, denn so ein Prozeß ist ja nicht gerade billig.

Ich will mich jetzt hier nicht darüber verbreiten, welche Fehler mir alles in meinem langen Gerichtsleben passiert sind. Aber das will ich doch sagen, immer wenn bei mir so ein Fehler zu Tage trat, war die Stimmung unter den Beteiligten so, daß mir alle halfen, den Fehler zu korrigieren. Der Grund für diese Hilfe war der, daß ich mich nie als Unfehlbarer aufgeführt habe, im Gegenteil: Ich hatte als Amtsrichter immer Protokollführerinnen und Protokollführer, die zu jeder Zeit und Stunde meines besonderen Danks sicher sein konnten, wenn sie mich möglichst frühzeitig auf einen Fehler aufmerksam machten. Der Unfehlbare aber konnte Hilfe schlechterdings nicht erwarten.

Hätte er sich auch nur ein bißchen Sympathie erworben gehabt, hätte ich ganz bestimmt nicht so hinterlistig, gar gleisnerisch gesagt: »Herr Vorsitzender, gestatten Sie die Frage, haben Sie die Anklage zur Verhandlung vor dem Schöffengericht ordnungsgemäß zugelassen?« Der Vorsitzende wirft mir einen vernichtenden Blick zu: »Was soll die Frage! Wir säßen doch sonst gar nicht hier! Sie sehen mich doch hier unverkennbar als den Vorsitzenden mit zwei Schöffen sitzen, also als Schöffengericht!« Ich sage: »Ich frage nicht, um Ihnen zu nahe zu treten, sondern ich frage, weil die Staatsanwaltschaft in der mir hier vorliegenden Anklage beantragt hat, die Sache vor dem Einzelrichter zu verhandeln und weil ich Sie hier tatsächlich als ein Schöffengericht vor mir sehe. Nun gut, das ist ja unter bestimmten Voraussetzung auch möglich, aber ...« Der Blick des Vorsitzenden ist eiskalt, und eiskalt ist auch die Stimme, mit der er hoheitsvoll zu mir spricht: »Ich weiß wohl, was unter welchen Voraussetzungen möglich ist, das muß mir hier niemand sagen ...« Während dieses Gedankenaustausches hatte er die ganze Zeit in den Akten herumgefingert. Plötzlich brach er seine Rede ab, verfärbte sich und sagte dann mit völlig veränderter Stimme: »Ach du lieber Gott, ich habe die Anklage, wie von der Staatsanwaltschaft beantragt, zur Verhandlung vor dem Einzelrichter zugelassen.«

Die Schöffen schauten freudig auf und wollten ersichtlich gerade damit beginnen, sich an diesem Fehler des Unfehlbaren zu weiden, da hatte sich der schon wieder ganz nach oben geschwungen und sagte kurz und bündig zu den Schöffen: »So, Sie sehen ja, das ist keine Schöffensache. Sie werden jetzt nicht mehr gebraucht, können also gehen. Ich fahre in der Verhandlung jetzt ohne Sie als Einzelrichter fort!«

Die Schöffen wußten nicht, wie ihnen geschah. Sie erhoben sich zögernd und schoben sich unentschlossen zur Tür. Von dort guckten sie verständnislos und hilfesuchend zu mir. Ich dachte, das geht dich ja eigentlich gar nichts an, aber auch, so geht es doch nun wirklich nicht. Kurz entschlossen eilte ich zu den Schöffen, drückte ihnen die Hand und sagte: »Vielen Dank für Ihre Mitarbeit im Dienste der Gerechtigkeit. Auf Wiedersehen, behalten Sie uns so gut es geht im Gedächtnis!« Ein Schöffe sagte laut: »So gut es geht, versprochen, danke, auf Wiedersehen!«

Der nunmehrige Einzelrichter hatte diese Szene mit deutlicher Mißbilligung verfolgt, und es schien, als wolle er, als ob nichts geschehen sei, fortfahren. Ich versalzte ihm das gründlich, indem ich sagte, er müsse als Einzelrichter, der er nunmehr ja sei, mit der Sache ganz von vorn beginnen. Als erstes müsse er ein Einzelrichterprotokoll anlegen lassen, denn das Schöffenprotokoll sei nicht mehr zu verwenden und müsse geschlossen werden. Dann müsse er die Sache neu aufrufen lassen, nunmehr als Einzelrichtersache. Habe er danach den Angeklagten erneut, aber nunmehr als Einzelrichter, zur Person vernommen, dann, ja dann würde ich die Anklage verlesen. Man hörte das Knirschen seiner Zähne, aber er führte alles wunderbar aus. Dumm war der nicht, er hatte sofort verstanden. Nicht lange später wurde er in kurzer Zeit zweimal befördert, was bestimmt schon deshalb richtig war, weil er zum Amtsrichter jedenfalls gar nichts taugte. Unser Abschied war frostig, an der Tür sagte ich: »Herr Kollege, schicken Sie uns doch demnächst das Protokoll über die Schöffenverhandlung zu. Daraus wird sich ja ergeben, wie Sie die von Ihnen begonnene, dann aber abgebrochene Schöffenverhandlung zu einem juristisch einwandfreien Ende gebracht haben werden, das Verfahren kann ja nicht in der Schwebe bleiben.« Der Mann hat sich nie gemeldet, auch kein Protokoll geschickt. Vielleicht schwebt das Verfahren noch in Moabit umher, es gibt ja nicht umsonst den Ausdruck »schwebende Verfahren«.

Staatsanwalt und Osterei

Eine Zeitlang bearbeitete ich bei der Staatsanwaltschaft das Sachgebiet oder, wie es da heißt, das Dezernat 1Mü/1Glü. Das klingt kryptisch, aber »Mü« ist ganz einfach die Abkürzung für Münzdelikte und »Glü« für Glücksspielstraftaten. Die Zahlen vor den Abkürzungen waren nur für den Fall gedacht, daß man vielleicht mal ein Dezernat 2 Mü oder auch 3 oder 4 Mü oder auch Glü einrichten werde. Zu den besonderen Eigenschaften von Beamten gehört ja die Vermehrung, wo gestern noch zwei saßen, sind morgen schon drei und in einem halben Jahr vielleicht sogar schon vier anzutreffen. Bei der Staatsanwaltschaft bei dem Landgericht Berlin gab es zu meiner Zeit zwölf Abteilungsleiter, die Zahl hat sich seither mindestens vervierfacht.

Bei der Verfolgung der verbotenen Glücksspiele konnte man so allerhand Hinterstuben kennenlernen, in denen sich Leute durch Kartenspiel ruinierten. Bei den heutigen vielfältigen Möglichkeiten, sich zu ruinieren, klingt das, scheint mir, allerdings ziemlich idyllisch. Manchmal sollte so eine Spielhöhle ausgehoben werden. Das wurde nach meiner Erinnerung so gemacht, daß sich Polizeibeamte einschlichen und mitspielten. Das Staatsgeld, das sie setzten, konnte anhand der zuvor notierten Banknoten-Nummern immer bei den Spielern sichergestellt werden, so daß nie etwas wegkam. Als ich während meiner Studentenzeit noch Nachtschichten im Ullsteinhaus schob, machten ein paar Freunde und ich manchmal danach Ausflüge ins Verruchte, man muß sich schließlich allgemein bilden. Wer beschreibt unsere Überraschung, als wir eines frühen Morgens in einem »Club« am Stuttgarter Platz in Charlottenburg einen Kommilitonen von der Jura-Fakultät entdeckten, der dort als Freizeit-Croupier tätig war. Vielleicht in Erinnerung daran war es mir als Staatsanwalt stets das größte Vergnügen, die immer besonders flotten Polizisten in die Spielhöllen zu begleiten. Ich kam jedoch immer erst dann nach vorn, wenn der Ruf ertönte: »Keiner verläßt den Raum, alle vorläufig festgenommen!« Mitspielen durfte ich nie, ich wäre vermutlich durch Ungeschick sofort aufgefallen und hätte das ganze Unternehmen dadurch gefährdet. Als ein besonderes Erlebnis ist mir auch in Erinnerung, wie vor einer rustikalen Gaststube in Mariendorf der Möbelwagen vorfuhr und wie in meiner Gegenwart aber auch das gesamte Mobiliar zur Asservatenstelle der Polizei gebracht wurde. Wir hatten alles beschlagnahmt, weil es dem verbotenen Glücksspiel gedient hatte: auf den Stühlen hatten die Übeltäter gesessen, auf die rustikalen Tische hatten sie die Karten knallen lassen.

Von den Münzdelikten will ich die Geschichte »Osterei« erzählen. Eigentlich war das ein Fall vorwiegend zum Lachen. Ein junger Mann, etwa fünfundzwanzig Jahre alt, lebte bei zwei alten Tanten, die ihn innig liebten. Als Ostern kam, bastelten die Tanten ihrem Liebling ein Nestchen und legten ihm allerlei Leckerei hinein. Aber aus dem Nestchen lugte auch ein 50-Mark-Schein hervor. Das war besonders schön, denn mit Barem waren die Tanten aus erzieherischen Gründen nicht ganz so großzügig wie mit ihren ideellen Liebesbeweisen. Fünfzig Mark war damals, so etwa um 1970, nicht ganz wenig Geld, damit konnte sich ein sonst knapp gehaltener Student schon was Besonderes leisten. Aber da war noch eine Osterkarte der Tanten, und aus der ergab sich, der Geldschein war gar nicht echt. Die Tanten hatten ihn gemalt. Sie hatten ihrem Liebling ein Sparkonto eingerichtet und darauf fünfzig Mark eingezahlt. Da das Sparbuch jedoch erst nach Ostern zugeschickt werden würde, waren sie auf den Gedanken gekommen, einen 50-Mark-Schein zu malen und das Gemälde sozusagen als Symbol für das Sparbuch in das Nestchen zu tun. Der junge Mann dankte den Tanten und beglückwünschte sie zu ihrer künstlerischen Leistung: »Ausgezeichnet, Fälschung nur bei ganz genauem Hinsehen und bei hellem Licht zu erkennen ...« Als die Sonne gesunken war, begab sich der junge Mann in den Tiergarten und ließ sich dort von einer netten Dame für fünfzig Mark österlich verwöhnen. Wie das geschah, gefiel ihm sehr, die Zeit dafur war auch gekommen, das fühlte er, ihm ein Mädchen zuzuführen, das hatten die Tanten bislang versäumt, jetzt mußte er selbst tätig werden.

Der Ausflug in den Tiergarten war gut gegangen, der junge Mann sann auf Wiederholung. Ihm fiel ein, daß die Tanten immer gesagt hatten, auch er sei künstlerisch begabt, Zeichnen und Malen, das liege in der Familie. Und tatsächlich: der 50-Mark-Schein, den er jetzt herstellte, der stand dem der Tanten in Puncto echtem Aussehen ganz gewiß nicht nach. Und er fand sie auch wieder, die nette Dame im Tiergarten.

Ostern war zwar vorbei, aber wirklich Schönes wird ja bei jedem Mal immer noch schöner. »Schätzchen«, flötete die Schöne oder wenigstens Nette, »das war wieder schön mit dir, so schön, daß ich heute Schluß mache, Feierabend. Sei doch bitte so nett und fahr mich mit deinem Auto zur nächsten U-Bahn!« Als sie am Großen Stern an einem Polizeiauto vorbeifuhren, griff die Dame dem Mann an den Zündschlüssel und zog ihn raus. Dann rief sie den Polizisten zu: »Kommen Se mal, nehmen Se den hier fest! Das ist ein Geldfälscher und ein Betrüger, der hat mich heute zum zweiten Mal mit 'nem falschen Fuffziger geprellt.«

Im vorigen Jahr saß ich am Wannsee im Garten, und meine reizenden Gastgeber erzählten mir von einem Staatsanwalt, der in ihrer Nachbarschaft gewohnt hatte und der, bevor er starb, von diversen Schicksalsschlägen heimgesucht worden sei. »Kennst du den?« Ja, den kannte ich, ich erinnerte mich an ihn, und mit der Erinnerung an ihn kam auch der junge Mann mit dem Falschgeld in mein Gedächtnis zurück. Die Sache war so gelaufen, daß die von der Schönen des Tiergartens gerufenen Polizisten noch am Großen Stern ein Strafverfahren wegen Geldfälschung gegen den Liebling der Tanten eingeleitet hatten und daß der Fall dann zu mir in meiner Eigenschaft als Staatsanwalt für 1 Mü/1 Glü gekommen war. Ich gebe zu, daß meine Referendare und ich, als wir die Geschichte in dem Polizeibericht zum ersten Mal gelesen hatten, laut lachten. Als wir aber die juristische Tragweite der Sache erkannten, erstarb uns das Lachen und wich die Farbe aus unseren Gesichtern. Geldfälschung (§ 146 StGB) steht im Strafgesetzbuch noch vor Mord und Totschlag (§§ 211ff StGB). Wer Geld fälscht, wird mit »Freiheitsstrafe nicht unter zwei Jahren« bestraft. Uns schwindelte. Der Beschuldigte, wie der junge Mann jetzt bei uns hieß, stand ja sogar unter der Beschuldigung zweier Fälle, denn das »Inverkehrbringen« des Tanten-Scheins war nach dem Strafgesetz nicht weniger übel als das Fälschen selbst. Und zu beiden Taten trat auch noch jeweils ein Betrug an der willigen Dame. Wir wollten, wir mußten uns ein Bild vom Beschuldigten machen und bestellten ihn zur Vernehmung ins Kriminalgericht.

Der Mann fiel aus allen Wolken, als wir ihm den Ernst der Lage klarmachten, er hatte das alles mehr oder weniger für einen Witz gehalten, allenfalls für zwei Witze, aber doch nicht für ein Verbrechen! Er verlor die Nerven, brach in Tränen aus und rief: »Ich stehe mitten im Examen an der Technischen Universität, ich bringe mich um!« Wir trockneten ihm die Tränen, und als er sich, soweit er konnte, beruhigt hatte, sagte ich zu ihm: »Noch nicht umbringen, konzentrieren Sie sich jetzt erst mal auf Ihr Examen und bestehen Sie es. Wir vergessen nicht, aber wir warten ab. Ich gehe morgen ohnehin erst mal in die Ferien, danach sehen wir weiter. Aber was Sie denn doch jetzt schon machen sollten, ist zu einem Rechtsanwalt zu gehen. Sie brauchen unbedingt und sowieso einen Verteidiger!« In die Akten schrieb ich: »Die Sache wird nicht übers Knie gebrochen, der Mann ist mitten im Examen. Nach Rückkehr aus meinem Urlaub soll mit der Strafkammer erörtert werden, ob hier nicht von vornherein minderschwere Fälle angenommen werden sollten, so daß man wenigstens weitaus kürzere Freiheitsstrafen oder sogar nur Geldstrafe in Betracht ziehen könnte.«

Vier Wochen später. Schon am ersten Tag nach meiner Rückkehr ins Kriminalgericht begegne ich jenem Kollegen, von dem am Wannsee die Rede war. Er lachte sein dröhnendes Lachen, für das er bekannt und berüchtigt war, und rief mir schon von weitem entgegen: »Mensch, Warnstädt, Sie haben vielleicht lustige Dinger in Ihrem komischen 1 Mü/1 Glü-Laden. Erinnern Sie sich an den Studenten, der die Nutte im Tiergarten mit den beiden Blüten und auch sonst beglückt hat? Irre Sache, die Strafkammer wird sich freuen, zwar kein Geständnis, aber doch einfach, nur zwei Zeugen, die Nutte und der Polizist vom Großen Stern.« Ich frage: »Große Strafkammer, nur zwei Zeugen, wird sich freuen ... Was soll das alles heißen?« Er brüllt: »Große Strafkammer, na da ist die Sache jetzt, mit Anklage. Ich hatte Sie doch in Ihrem Urlaub zu vertreten, und da habe ich diese irre Sache meinem Referendar gegeben und der hat dann die Anklage geschrieben. Mensch, Warnstädt, ich kann Ihnen sagen, ham wir jelacht!« Ich bin erschüttert, muß mich zusammennehmen, um kühl sagen zu können: »Man lacht nicht, wenn man Anklage zur großen Strafkammer erhebt. Man lacht überhaupt nicht so dröhnend wie Sie. Ich sage Ihnen offen, Sie waren mir immer unangenehm, jetzt sind Sie mir sogar widerlich geworden.«

In diesem Jahr saß ich in Reinickendorf im Garten. Der Gastgeber, mein alter Freund Hans-Jürgen Efrém, der ein so begeisterter Zivilrichter ist wie ich ein begeisterter Strafrichter war, sagte zu mir: »Ich werde nie verstehen können, wie du dich dein ganzes Leben mit Strafrecht befassen konntest. Ich habe das immer nur mit Widerwillen getan. Als ganz furchtbar ist mir ein Fall in Erinnerung, ewig her, da war ich noch Rechtsanwalt, Verteidiger. Der Fall war etwa so, ein junger Mann, Student, etwa fünfundzwanzig Jahre alt, lebte bei zwei alten Tanten und die malten ihm zu Ostern einen 50-Mark-Schein ...« Ich unterbreche Efrém und sage: »Ja, ich weiß, mit dem Schein ging er in den Tiergarten und ...« Nun unterbricht Efrém mich und sagt: »Woher weißt du? Ja, es war so, er ging mit dem Schein in den Tiergarten, und er ging sogar noch ein zweites Mal. Da hatte er sich selbst einen Geldschein gefälscht und geriet damit an dieselbe Frau ...« Ich unterbreche erneut und sage: »Und die zog ihm dann am Großen Stern den Zündschlüssel ab.«

Ich merke, ich habe in meinem Freund Efrém den Mann gefunden, der offensichtlich weiß, wie die Geschichte weitergegangen war. Ich hatte das vergessen. Ich sage zu Efrém: »Mein lieber Freund, ich kenne die Geschichte sehr gut.« Efrém sagt: »Das kann ich mir vorstellen, denn ich habe sie dir ganz sicherlich nicht nur einmal erzählt. Der Fall hat nämlich für mich eine ganz bestimmte Bedeutung. Er war mein letzter Straffall überhaupt, weder als Verteidiger noch als Richter habe ich je wieder einen Straffall übernommen. Aber höre, warum! Bei der großen Strafkammer war es furchtbar. Das lag am Angeklagten. Die Richter wollten das Beste aus der schlimmen Sache machen. Sie wollten sogar von Strafe absehen, aber das nur, wenn der Angeklagte ein volles Geständnis ablege. Und nun denk dir, der wollte das nicht. Der schwieg hartnäkkig, warum weiß ich nicht. Du ahnst nicht, was es mich für Mühe gekostet hat, den Mann zu einem Geständnis zu bringen und ihn damit zu retten.«

Jetzt kann ich sagen: »Offensichtlich hast du vergessen, daß ich den Mann zu dir geschickt hatte, weil ich zu Recht annahm, du holst den Unglücksraben da heraus. Ist dir ja auch gelungen. Daß der Mann übrigens partout nicht gestehen wollte, hast du mir zu verdanken. Ich hatte ihm gesagt, er solle nicht mehr an die Sache denken und vor allem absolut nichts dazu sagen, bevor er nicht sein Examen abgelegt haben würde. Ich hätte dich natürlich aus diesem Schweigegebot ausdrücklich ausnehmen müssen. Das hatte ich wohl vergessen. Verzeih mir die Unannehmlichkeit!« Freund Efrém guckt mich lange an, dann sagt er: »Was heißt verzeihen? Ich muß dir ja dankbar dafür sein, denn ich bin durch diesen Fall endgültig vom Strafrecht erlöst worden. Ich kann wirklich nicht verstehen, wie sich jemand sein ganzes Leben mit Strafrecht beschäftigen kann. Es lebe das Zivilrecht!«

Staatsanwalt und Tennis

Eine bestimmte große Strafkammer des Landgerichts Berlin war, obwohl der Vorsitzende sich oft ausgesprochen ungehobelt benahm, bei uns Staatsanwälten gar nicht so unbeliebt, wie es ihr eigentlich zugestanden hätte. Das lag daran, daß die Verhandlungen vor jener Strafkammer immer schnell zu Ende waren. Der Vorsitzende war ein begeisterter Tennisspieler und wohl auch ein guter, wie er jedenfalls nie zu erwähnen vergaß, und es war ihm gewissermaßen Herzenssache, auch an den Sitzungstagen so früh wie möglich auf dem Tennisplatz zu sein. Das gelang ihm dadurch, daß er in den Verhandlungen nicht lange fackelte, wie man das wohl nennt.

An dem Tag, an dem ich wieder mal zu der Kammer geschickt worden war, lief in diesem Sinne alles gut. Bereits vor Beginn der ersten, um 9 Uhr beginnenden Hauptverhandlung war gemeldet worden, daß der Angeklagte, gegen den die zweite und zugleich auch letzte Verhandlung um 11 Uhr stattfinden sollte, aus dem Gefängnis, in dem er sich in anderer Sache aufhielt, nicht werde vorgeführt werden können. Man erfuhr, daß der Angeklagte, der in der anderen Sache nur noch eine kurze Strafe zu verbüßen hatte, am Vortag Ausgang aus dem Gefängnis bekommen hatte, um zum Zahnarzt zu gehen. Man wisse nicht, so die Meldung, ob der Angeklagte beim Zahnarzt gewesen sei, das sei aber auch einerlei, jedenfalls sei der Angeklagte nicht ins Gefängnis zurückgekehrt, was zur Folge habe, daß man ihn heute eben nicht zu der großen Strafkammer zur 11-Uhr-Verhandlung werde bringen können.

Als die Strafkammer das erfuhr, rief einer der beiden Beisitzer erfreut aus: »Das ist fein, Herr Vorsitzender, da kommen wir heute nicht so spät zum Tennisplatz wie letzte Woche. Wenn wir uns beeilen, könnten wir heute schon um halb 1 da sein.« Dieser Bemerkung konnte man unschwer entnehmen und sollte das wohl auch, daß sich auch der Beisitzer dem Tennisspiel hinzugeben pflegte, was ja bei allen sonstigen Vorteilen des Tennisspiels bei diesem Vorsitzenden jedenfalls nun durchaus und ganz und gar kein Nachteil sein konnte. »Gut so«, sagte denn auch der Vorsitzende, »es läuft tatsächlich prachtvoll. Der Angeklagte ist zu unserer Hauptverhandlung im Gefängnis ordnungsgemäß geladen worden. Da er es nun vorgezogen hat, abzuhauen und also nicht vorgeführt werden zu können, fehlt er hier um 11 Uhr unentschuldigt. In wenigen Minuten werden wir dann seine Berufung gegen das Urteil des Schöffengerichts, über die wir hier heute verhandeln wollten und sollten, verwerfen können. Nicht wahr, Herr Staatsanwalt, das werden Sie so dann auch beantragen!« Ich sage: »Sehr wohl, Herr Vorsitzender, ich kenne den § 329 Strafprozeßordnung, der solches vorsieht.« Der Vorsitzende erwidert: »Das freut mich!«

11 Uhr kommt und pünktlich um 11 Uhr schickt der Vorsitzende den Justizwachtmeister hinaus: »Na, dann rufen Sie mal die bewußte Berufungshauptverhandlung auf, pro forma, denn der Angeklagte ist ja nicht da. Aber aufgerufen werden muß. Und hier drinnen nehmen wir schon ins Protokoll auf, daß der Angeklagte trotz ordnungsgemäßer Ladung unentschuldigt ausgeblieben ist.« Der Wachtmeister lächelt und geht hinaus, um »pro forma« nach dem Angeklagten zu sehen und die Sache aufzurufen. Er geht hinaus, erscheint aber gleich wieder im Saal und sagt: »Entschuldigen Sie bitte mal, Herr Vorsitzender, es tut mir leid, aber er ist da.« Der Vorsitzende schrickt auf und fragt: »Wer ist da?« Der Wachtmeister sagt: »Der Angeklagte, Herr Vorsitzender, der ist da, draußen sitzt er auf der Banke.«

Der Angeklagte genoß die Überraschung sichtlich, die sein unerwartetes Erscheinen auslöste, und ich bin mir ganz sicher, daß er bei seiner Gerichtserfahrung wußte, welch herbe Enttäuschung er dem Gericht damit bereitete. Er sprach: »Ja, da bin ick, is doch klar, det ick komme, sonst lehnen Sie mir meine Berufung ja ab, ohne det ick wenigstens dazu jehört jeworden bin. Die Sache is die, ick war jestern mit Ausjang aus Tejel beim Zahnarzt. Danach bin ick noch zu meine Verlobte jejangen. Hat bei der een bißken länger jedauert, wie man vielleicht verstehen wird. Plötzlich kam uns die Idee, det ick nich mehr nach Tejel zurückfahre, sondern bei meine Verlobte nächtije. Meine Verlobte wohnt in der Bandelstraße, det is hier gleich umme Ecke. Wir dachten, det wäre doch zu blöd, erst noch nach Tejel zurückzufahren und dann heute morgen nach Moabit zurückjefahren jemußt zu werden. Da haben wir sogar noch Transportkosten jespart. Sehen Sie det ooch so? Ick hoffe und wenn nich, ick bin jedenfalls hier und wünsche juten Morjen allerseits.«

Dem Vorsitzenden gelingt es trotz der herben Enttäuschung und trotz der kessen Rede des Angeklagten, sich zu bezwingen, und er macht Anstalten, in anscheinend völliger Ruhe mit der Hauptverhandlung wie üblich zu beginnen. Ich blicke ungläubig auf und sage dann: »Wie denn, Sie beginnen mit der Hauptverhandlung, als sei nichts geschehen und als hätte auch nichts zu geschehen? Ich bitte um Veranlassung des Erforderlichen!« Der Vorsitzende tauscht erstaunte Blicke mit seinen Beisitzern und fragt: »Und was wäre weshalb von mir zu veranlassen?« Ich schaue noch erstaunter und sage: »Da fragen Sie? Der Angeklagte gehört hinter Schloß und Riegel. Ich bitte, ihn festzunehmen!«

Der Vorsitzende blickt seine Beisitzer vielsagend an, die blikken vielsagend zurück. Dann sagt der Vorsitzende kalt: »Herr Staatsanwalt, der Angeklagte ist bei mir hier freiwillig erschienen. Da in meinem Verfahren also kein Haftgrund besteht, bin ich gar nicht befugt, ihn festnehmen zu lassen.« Er erhält Beifall von beiden Beisitzern, mir scheint, etwas mehr vom Tennisspieler. Ich sage: »Sie wollen ihn tatsächlich wieder ziehen lassen, wenn Sie hier fertig sind? Lehnen es also ab, den rechtswidrigen Zustand, in dem sich der Angeklagte befindet, zu beenden? Ich ersuche, darüber nachzudenken, und verlange auf jeden Fall einen Beschluß der gesamten Strafkammer, wenn Sie, Herr Vorsitzender auf Ihrer Meinung beharren sollten.« Wenn Blicke töten könnten! Das Gericht entfernt sich zur Beratung, wie es sagt, und der Vorsitzende verkündet, als das Gericht in Windeseile wieder erscheint, den Beschluß, daß mein Antrag auf Festnahme des Angeklagten abgelehnt werde. Ich stelle noch zwei weitere Anträge, die Kammer verschwindet noch zwei weitere Male im Beratungszimmer und der Vorsitzende verkündet jedes Mal grimmiger, aber immer dasselbe: »Der Antrag des Staatsanwalts wird abgelehnt.«

Jetzt gehe ich zum Angriff über. Ich sage zu dem Wachtmeister: »Nehmen Sie den Angeklagten fest, er kann und darf nicht auf freiem Fuß bleiben, auch wenn die Strafkammer das anders, also falsch sieht!« Das schlägt ein. Der Vorsitzende springt auf und ruft dem Wachtmeister zu: »Sie sind Wachtmeister des Landgerichts und brauchen den Anordnungen des Staatsanwalts nicht nachzukommen.« Und zu mir sagt er mit offensichtlich nur mühevoller Beherrschung: »Wenn man Sie in der Sitzung hat, ist man nie vor Überraschungen sicher.« Ich sage, dazu könne er mir und im Grunde doch auch sich selbst nur gratulieren, und bitte um Unterbrechung der Sitzung oder unterbreche sie eigentlich selber. Ich gehe nämlich zum Angeklagten, der dem ganzen Geschehen übrigens mit sichtlichem Interesse und unverhohlenem Vergnügen gefolgt war, und sage zu ihm: »Sie gehören ins Gefängnis, wir beide jedenfalls wissen das. Ich bringe Sie daher jetzt dorthin. Machen Sie kein Theater und folgen Sie mir oder, besser, gehen Sie voran, Sie kennen den Weg ins Gefängnis schließlich besser als ich.« Der Angeklagte lacht und sagt: »Ja, da müssen wir da durch die kleene Tür, dahinter sind die Verbindungsgänge und am Ende is dann das Eisentor zum A-Flügel der JVA Moabit. Wenn wa schnell machen, krieje ick um zwölf dreißig noch det Mittagessen und um dreizehn dreißig könnte ick dann wieder hier bei der Strafkammer sein, damit mein Berufungsverfahren zu Ende jebracht wird.«

Was geschah, als der Angeklagte und ich an die unterirdische Eisentür zum Moabiter Gefängnis pochten, hatte geradezu klassisches Format, so pochen noch nicht gestorbene Sterbliche an die Pforte zum Reich der Unsterblichen oder der schon Gestorbenen, vergeblich. Wir sollten nicht hinein, wir erklärten alles, aber wir hatten keine Unterlagen. Der Angeklagte und ich entschlossen uns notgedrungen, das alles amüsant zu finden. Es kam schließlich doch noch zum guten Ende, man gewährte dem Mann Einlaß, man speiste ihn und man führte ihn um 13 Uhr 30 der Strafkammer zu. Ich war guter

Dinge, machte mir keine Vorwürfe, denn es reicht doch aus, wenn eine Strafkammer an einem Sitzungstag um 15 oder allenfalls 15 Uhr 30 auf dem Tennisplatz ist.

Staatsanwalt und links

Nach ungefähr zwei Jahren bei meinen geliebten allgemeinen Strafsachen und den Münz- und Glücksspieldelikten wurde ich sozusagen erhoben, kam in eine richtige Spezialabteilung. Mein »Mü/ Glü« war lediglich was Spezielles, galt aber nicht als was Speziales, es gibt in allen Behörden Seltsamkeiten. Ich kam in die Spezialabteilung für Wirtschaftsstrafsachen, die sich mit größeren Betrugsverfahren, Steuer- und Konkursstraftaten befaßte. Unsere Beschuldigten waren zumeist Vertreter der sogenannten freien Wirtschaft, und das brachte es mit sich, daß in unseren Reihen ab und zu Kritik am Wirtschaftsgefüge geäußert wurde. Obwohl man diese Kritik, wenn sie überhaupt mal ein bißchen grundsätzlich wurde, wirklich als zurückhaltend bis zaghaft bezeichnen muß, brachte sie der Wirtschaftsabteilung bei den übrigen Staatsanwälten den Ruf ein, »links« zu sein. Das war so lachhaft, daß der Leiter unserer Abteilung uns spöttisch als »Rote Zelle Wirtschaft«, abgekürzt RoZWi, bezeichnete. Da er Humor hatte, bekam man von ihm unter dieser Firma lustige Schreiben, da ich immer das Kürzel »Wa« führte, begannen Schreiben an mich mit der Anrede »Lieber RoZWi-Wa«. Daß wir als »links« galten, war wirklich sehr komisch. Zwar waren, ich glaube, drei der zehn Kollegen Mitglieder der SPD, aber damals war die SPD in Berlin so etwa das, was die CSU immer noch in Bayern ist, die Staatspartei. Wie heute in Bayern nicht nur soziale Christen in der CSU sind, so waren damals in der Berliner SPD nicht nur soziale Demokraten. In einer Staatspartei ist immer alles das drin, was was werden will, und das, was mit ihrer Hilfe schon was geworden ist, das heißt, letztere meist nur bis zum Ablauf einer gewissen Dankbarkeits-Schamfrist, alle nur bis zum nächsten Regierungswechsel, Ausnahmen, das muß ich denn doch sagen, bestätigen bestimmt auch hier die Regel. Also, wenn damals SPD in Berlin, so bedeutete das nicht ohne weiteres und unbedingt »links«, ganz und gar nicht. Und was heißt denn überhaupt »links«? Ist der seit 1998 amtierende Bundesinnenminister links? Heute wohl kaum. Aber war er es denn früher? Wer weiß. Und jener bekannte Rechtsanwalt, den er früher in einem aufsehenerregenden »Links-Terroristen«-Prozeß verteidigte, war der damals links? Wohl kaum, denn wer so rechts ist, wie der heute ist, kann denn doch niemals links gewesen sein. Das »links« für die Wirtschaftsabteilung der Staatsanwaltschaft war, abgesehen von all dem, auch deshalb noch lächerlich, weil deren Leiter ein durch und durch konservativer Herr alter und guter Schule war. Er war gebildet-konservativ, also weit entfernt von reaktionär. Selbst auf die Gefahr von Mißverständnissen hin sage ich, er war ein Mann positiven Preußentums, sein Vater soll übrigens sogar hohenzollernscher Schloßverwalter gewesen sein. Das hat man nicht alle Tage.

1974 wurde die Staatsanwaltschaft in Moabit umorganisiert. So ist es ja stets, in gewissen Abständen muß umorganisiert werden. Es kommt zwar meist nichts dabei heraus, aber man zeigt Beweglichkeit, die ja der Beamtenschaft immer wieder abgesprochen wird, zu Unrecht, wie man hier sieht. Bei der Umorganisation wurden zwischen die Abteilungsleiter, die Oberstaatsanwälte, und den Behördenleiter, den Generalstaatsanwalt bei dem Landgericht, Hauptabteilungsleiter geschoben. Unsere »Wirtschaft«, bisher Abteilung, wurde Hauptabteilung, gegliedert in zwei Abteilungen. Hatten wir bisher einen Abteilungsleiter, so gab es fortan zwei Abteilungsleiter und dazu einen Hauptabteilungsleiter. Irgendwie ist man, wenn man das bedenkt, auf dem richtigen Wege, wenn man sagt, vielleicht ist der Staat heute deswegen so pleite, weil so viele Leute so viel wegfressen.

Einer der neuen Abteilungsleiter in unserer »Wirtschaft« war so eine Art »Kommißkopp«. Selbst das kleine bißchen »links«, was es vielleicht bei uns denn doch gab, war ihm noch zu links. Manche Leute dachten damals bei »links« gleich an den Osten, der war links, wir aber waren doch Westen. Ich glaube heute sogar, daß dieser Herr gerade wegen seiner Kommißköpfigkeit ausgesucht worden war, um bei der »RoZWi« mal nach dem Rechten zu sehen. Es ging gleich unangenehm los. Wir sollten kleingemacht werden. Bei »Wirtschaft« mußte immer viel nach »Oben«, an die Generalstaatsanwälte und an den Senator für Justiz, berichtet werden, was einzusehen war, weil es sich meistens um Strafsachen handelte, die wegen ihres Umfangs oder wegen der Beschuldigten im besonderen öffentlichen Interesse oder Blickpunkt standen. Diese Berichte schrieb der Staatsanwalt, unterschrieben wurden sie dann aber vom Abteilungsleiter, das war nun mal so in der Beamtenhierarchie und wahrscheinlich ist es auch immer noch so. Unser bisheriger Abteilungsleiter, jener positiv-konservative Herr, hatte unsere Berichte immer mit Wohlwollen aufgenommen, er konnte das auch tun, denn er hatte all die Jahre seine Staatsanwälte zu der für diesen Beruf besonders erforderlichen Selbständigkeit zu bringen versucht. Ein guter Chef eben, und manchmal denke ich, nur ein Konservativer kann ein guter Chef sein, allerdings, nochmals gesagt, konservativ, nicht reaktionär, das ist ein großer Unterschied.

Wir hatten bei der »Wirtschaft« nicht schlechte Leute, einer ist später Generalstaatsanwalt mit Bundesverdienstkreuz geworden, einer wurde sein geschätzter Stellvertreter, dreie wurden angesehene Hauptabteilungsleiter, alle hatten was Besonderes, haben sich nicht lediglich »hochgesessen«, wie es ja sonst recht häufig der Fall ist. Einigen dieser, wie sich sage, nicht schlechten Leute, schrieb Kommißkopp nun neue Sätze in ihre Berichte, nahm alte Sätze heraus, stellte um und schaltete und waltete. Die Betroffenen murrten, unter uns sagten sie, der Neue mache das nur um zu zeigen, daß er weiter »oben« sei und um zu kränken, und im übrigen sei das, was er da mache, auch noch Pfusch. Ich sagte hochmütig: »Warum laßt ihr euch das gefallen? Ihr seid doch gestandene Leute. Wehrt euch! Ich bin zwar noch nicht so lange hier wie ihr, ich ließe mir das aber nicht gefallen.« Die Antwort war: »Wart es ab! Es wird dich auch bald erwischen und dann werden wir sehen ...«

Der Tag kam eher als ich dachte, und nun mußte ich ran. Meine forsche Behauptung, ich ließe mir das nicht gefallen, ließ mir auch gar keine andere Wahl. Aber was war denn das auch, was jener in meinem Bericht geändert hatte! Ich hatte geschrieben, das Verfahren sei »nach § 153 StPO eingestellt« worden, jetzt hieß es, es sei in dem Verfahren »gemäß § 153 StPO verfahren« worden. Absurd! Ich sagte jenem: »Die Änderung, die Sie in meinem Bericht vorgenommen haben, ist absolut absurd. Ich werde ab heute keinen Bericht mehr schreiben, das müssen Sie schon selber machen. Ich treffe ja offensichtlich Ihren Geschmack nicht. Oder ich schreibe, lege Ihnen den Bericht aber nicht vor, sondern unterschreibe ihn selbst. Für Absurditäten stehe ich nicht zur Verfügung!«

So spricht man natürlich nicht zu einem Vorgesetzten. Jener nahm also erwartungsgemäß übel und beschwerte sich beim Hauptabteilungsleiter. Das war nun trefflicherweise unser früherer Abteilungsleiter. Und der war nicht nur konservativ, sondern auch ein Fuchs und machte was Dolles. Er ermahnte uns beide, nicht nur einen, beide. Er schrieb jenem und mir, wir sollten kein leeres »Wortgeklingel« veranstalten und damit unsere Zeit verschwenden, wir sollten das sein lassen und anständig arbeiten, Arbeit gebe es genug.

Der Abteilungsleiter fühlte sich gerügt. Er ging zum Generalstaatsanwalt und beschwerte sich über den Hauptabteilungsleiter. Und der beschwerte sich dann über den und dann beschwerten sich alle beide und wenn sie nicht gestorben wären ... Ich nahm die Gelegenheit wahr und beantragte beim Senator für Justiz, bei dem die »Affäre«, so wurde die lächerliche Sache tatsächlich genannt, gelandet war, aus der Staatsanwaltschaft herausgenommen und dem Richterwahlausschuß vorgestellt und zum Amtsrichter gemacht zu werden. Das ging nun aber überhaupt nicht, denn dann hätte man in der »Affäre« ja etwas getan, gar Stellung bezogen, und das vermeidet jede Verwaltung, wenn es irgendwie geht, und irgendwie geht es ja auch immer. Es wäre, wenn es nicht so traurig wäre, zum Lachen. Eines Tages klingelte bei mir das Telefon, die Senatsverwaltung für Justiz hat mir was mitzuteilen. Amtsrichter könne ich, wenigstens jetzt, nicht werden. Ich müsse also Staatsanwalt bleiben, aber ich brauche bei der Staatsanwaltschaft nicht mehr zu arbeiten, wenn ich das nicht wolle. Man schlage mir nämlich vor, ins Bundesministerium der Justiz zu gehen. Berlin dürfe wieder einmal einen Beamten hinschicken, es sei seit altersher so, daß die Länder den Bund, früher das Reich, in gewissem Umfang mit Nachwuchs versorgten. Ich überlege, das Ministerium sitzt in Bonn, ich bin gern in Berlin ... Gleichwohl, ich bin einverstanden. So kommt man, so kam ich nach Bonn.

V. Justizministerium Bonn, Justizpresse Berlin

Bonn

Ich kam Anfang 1975 nach Bonn. Das erste, was mir auffiel, war »Ei, Ei, Ei Verpoorten«. Das stand in sehr großen Buchstaben an einer Häuserwand, an der ich leider immer vorbeikam, wenn ich in meine neue Wohngegend kam. Da dort sonst nichts zu sehen war, trat diese Häuserwand mit der bewußten Inschrift um so aufdringlicher ins Auge. Sah ich das, schluckte ich, weiß aber nicht genau warum. Eigentlich war Bonn eine recht hübsche Stadt. Ein gewisser Charme rührte von der Vergangenheit als Residenzstadt her. Nicht jeder weiß vielleicht, daß Bonn früher schon mal Residenzstädtchen war. Bis zum Reichsdeputationshauptschluß von 1805 residierte dort der Erzbischof von Köln als Kurfürst von Köln. In Köln selbst, der bürgerlichen Reichsstadt, war er nicht gern gesehen, und sein Dom dort war ja auch bis zum Ende des 19. Jahrhunderts Fragment geblieben. Erst die preußische Regierung ließ ihn fertigbauen. Köln war 1815 durch den Wiener Kongreß zu Preußen gekommen, und auch Bonn wurde damals preußisch und sollte dafür auch dankbar sein, denn in die freigewordene kurfürstliche Residenz kam auf Berliner Anordnung die bis heute bestehende Rheinische Friedrich-Wilhelm-Universität.

Bonn ist eine unglücklicherweise zu groß gewordene kleinere Stadt. Ich merkte sofort, Bonn ist eine Stadt, zu der 100000 Einwohner passen. Mitte der siebziger Jahre des vergangenen Jahrhunderts schritt die Stadt aber schon auf die 300000 zu. Das bekam der Stadt nicht, die städtische Harmonie war dadurch gesprengt. Gerade der Reiz, der zwischen Bonn und Bad Godesberg bestanden haben muß, man konnte ihn nicht einmal mehr erahnen, weil die ganze Fläche zwischen den beiden Ortschaften amorph zugebaut worden war. Gewiß, es hat auch früher Städte mit enorm schnellem Wachstum gegeben, man denke nur an das Berlin zwischen 1871 und 1914. Aber als Bonn sich so vergrößerte, hatte man leider verlernt, organische Stadtkörper zu bauen.

Als ich nach Bonn ins Justizministerium kam, hatte ich gedacht, ich käme noch in die sogenannte Rosenburg. Aber kurz vor meinem Zuzug hatte das Ministerium die Rosenburg verlassen und war in eines der neuen großen Betonhäuser gezogen, die zwischen Bonn und Bad Godesberg in den Rheinauen für verschiedene Bundesministerien errichtet worden waren. Die Regierung hatte es anscheinend satt, in Provisorien zu sitzen, obwohl Bonn es sich immer noch gefallen lassen mußte, die provisorische Bundeshauptstadt genannt zu werden, was allerdings seltener und immer seltener der Fall war. In dem Ministerium war ich, so hieß das, Hilfsreferent. Als Hilfsreferent bekam ich ein Zimmer mit anderthalb Fensterbreiten. Meine Vorgesetzte, die Referentin, hatte zwei Fensterbreiten. Die Hierarchie ging so weiter, daß über mehreren Referenten, meist Ministerialräten, ein Unterabteilungsleiter saß, der ein Ministerialdirigent war und übrigens drei Fenster breit. Mehrere Unterabteilungen wiederum bildeten eine Abteilung, an deren Spitze ein Ministerialdirektor als Abteilungsleiter stand, dann kamen, wenn man so will, als krönender Abschluß, der Staatssekretär und ein Parlamentarischer Staatssekretär und der Minister. Um wieviel Fensterbreite es sich ab Abteilungsleiter handelte, daran kann ich mich nicht erinnern, ich weiß allerdings auch nicht, ob ich je so hoch empfangen wurde, obwohl ich einmal zum Staatssekretär und zweimal gar bis zum Minister habe vordringen dürfen oder müssen. Die Fensterbreite dieser Herren kann ich schon gar nicht angeben. Ich nehme an, daß ich geblendet war entweder durch das Licht, das durch enorme Fensterbreite hereinbrach, oder durch das Licht, das von den Persönlichkeiten ausging. Meine Ministerialrätin war eine ganz reizende Dame, sehr nett. Da auch alle anderen in dem Ministerium nett waren, muß es die reine Langeweile gewesen sein, die mich eines Tages ritt. Mußte dem Minister vorgetragen werden, so war es üblich, wie folgt zu schreiben: »Über Herrn Unterabteilungsleiter und über Herrn Abteilungsleiter und über Herrn Staatssekretär dem

Herrn Minister.« Ich sagte, aber da werden doch die Herren Unterabteilungsleiter, Abteilungsleiter, Staatssekretäre nur als Durchlaufadressen quasi als Boten benutzt, das könnte die doch kränken. Ich schlug vor, ab sofort wie folgt zu schreiben: »Herrn Unterabteilungsleiter und über Herrn Unterabteilungsleiter Herrn Abteilungsleiter und über Herrn Abteilungsleiter Herrn Staatssekretär und über Herrn Staatssekretär dem Herrn Minister.« Gesagt, getan. Aber dann kam ein Wink von »Oben«, eigentlich gute Idee, aber der Minister sei so zu verstehen gewesen, daß man doch besser so verfahre, wie man bisher verfahren sei. Alle hatten den Eindruck, man habe dennoch guten Eindruck gemacht, und beglückwünschten mich.

Ich wurde in dem Ministerium sofort als Berliner geführt und führte mich selbst auch so. Auf die Frage: »Also Sie kommen aus Berlin ...«, sagte ich sofort: »Ja, ich komme aus der Hauptstadt.« Hörte ich dann ein erstauntes »Hauptstadt?«, sagte ich: »Ja, Bonn ist nur provisorisch, Berlin jedoch sogar doppelt Hauptstadt, Hauptstadt Deutschlands, das es rechtlich immer noch gibt, und auch Hauptstadt der DDR, die es nach den Viermächtevereinbarungen von 1972 ja nun nicht mehr nur faktisch, sondern auch rechtlich gibt.«

Solche Rede machte verdächtig. Da ich mich zudem auch noch ständig nach diesem und jenem erkundigte, brachte mir das bei einigen eine Zeitlang den Verdacht ein, ich sei Günter Wallraff, jener Mann also, der sich mehrfach unter falschen Namen in Betriebe, Zeitungen und Behörden eingeschlichen hatte, um von innen heraus ungeschminkt berichten zu können. Ich erfuhr allerdings, auch ohne Wallraff zu sein, viel über das Innenleben eines solchen Beamten-Konglomerats, am meisten vielleicht von dem alten Ministerialrat, der schon vom ersten Tag des Ministeriums an dabei war. Der erzählte mir im einzelnen, wie sich das Personal des Ministeriums in den mittlerweile fünfundzwanzig Jahren verzehnfacht hatte. Ich sagte: »Na, Geld haben die ja genug. Alle hier kriegen zu ihrem normalen Gehalt noch die Ministerialzulage, ich nenne das übrigens Provinzialzulage. Und ich kriege außerdem, weil von Berlin getrennt, Trennungsgeld. Ich nenne das Schmerzensgeld.« Der alte Ministerialrat lachte und sagte: »Ja, Geld ist genügend da, aber nicht genügend Arbeit. Ich zeige mich kollegial und tue nichts. Sehen Sie da drüben das Siebengebirge? Da schaue ich immer hin, das ist so ruhig, da tut sich nichts, ganz so wie in dem Rechtsgebiet, das ich zu betreuen habe.«

Der alte Herr ist natürlich längst im Ruhestand. Aber er hat bestimmt einen Nachfolger. Nun gewiß, man kann der Ansicht sein, daß man die mit Ach und Krach schließlich doch vorgenommene Umbettung von Bonn nach Berlin hätte zum Anlaß nehmen können, mal nachzuschauen, ob man nicht etwas ausfegen könne, fast hätte ich ausmisten gesagt, wenn sich dieser Ausdruck, wenn zugleich Beamte erwähnt werden, nicht strikt verböte. Dieser Ansicht kann man sein, aber man weiß seit längerem doch leider ganz genau, nichts ist unbeweglicher als Beamten-Ansammlungen. Da geschieht nichts und so ist der ganze Laden auch eins zu eins umgezogen worden. Saßen die Leute bislang in Bonn, so sitzen sie jetzt eben in Berlin. Wo sie sitzen, ist im Grunde auch einerlei, Hauptsache, man sitzt. Ich bin mittlerweile der Meinung, daß mir das eigentlich alles egal sein sollte, denn zu ändern ist da nichts mehr und schon gar nicht von mir. Aber manchmal würde ich doch gern wissen, wo schauen die denn nun im Fall der Fälle hin, da ihnen das Siebengebirge so schnöde entrissen worden ist.

Wessis

Der Ausdruck »Wessi« ist, meine ich, erst nach dem Fall der Berliner Mauer entstanden. Er war wie »Ossi« zunächst durchaus freundlich gemeint. Beide Ausdrücke entwickelten sich aber bekanntlich zu regelrechten Schimpfwörtern. Manche erstaunte das. Mich nicht, ich kannte die DDR und Berlin, nach meinen zwei westdeutschen Jahren auch das übrige Deutschland. Als die Bauarbeiter, die in Bonn am neuen Plenarsaal für den Bundestag arbeiteten, hörten, daß die Berliner Mauer gefallen war, legten sie die Arbeit nieder, weil sie meinten, der Plenarsaal werde nicht mehr gebraucht, da Parlament und Regierung nun ja nach Berlin gehen könnten und also auch würden. Sie hatten offensichtlich noch geglaubt, was jahrzehntelang verkündet worden war: Berlin sei die wahre

Hauptstadt Deutschlands. Schnell kam die Order: Weiterbauen! Manch einer war erstaunt, ich nicht.

Im Bundesbankgesetz hieß es immer, die Bundesbank habe ihren Sitz am Sitz der Bundesregierung, so lange die Bundesregierung aber nicht in Berlin sitze, sitze die Bundesbank in Frankfurt am Main. Das änderte sich schlagartig. Kaum hatte der Bundestag mit Ach und Krach beschlossen, daß die Bundesregierung ihren Sitz in Berlin zu nehmen habe, wurde das Bundesbankgesetz geändert: Sitz der Bundesbank war fortan endgültig Frankfurt am Main. Manch einer war erstaunt, ich nicht.

Ich kannte Bonn, hatte dort viel gelernt. Ich wußte schon lange, daß das Gerede von den »Brüdern und Schwestern im Osten« und von Berlin als der »wahren Hauptstadt« nichts als Phrasen waren. Der Osten lag weit, sehr weit entfernt und Berlin lag irgendwie in Richtung Osten, jedenfalls seitab. Was Berlin anging, so hieß es zwar immer, West-Berlin gehöre trotz oder gerade wegen seiner vom Osten bedrohten Lage zur Bundesrepublik oder werde, da es alliierte Vorbehalte gebe, wenigstens intern so behandelt. Aber dem war bei weitem nicht so. Ein ausländischer Freund, der in Bonn Fremdsprachen-Unterricht gab, berichtete mir, er habe, als er seine erwachsenen, meist aus den Ministerien stammenden Schüler einmal im Unterricht nach der größten Stadt Deutschlands gefragt habe, bizarre Antworten bekommen. Daß Köln genannt wurde, war wohl noch der rheinischen Lokalkenntnis oder, besser gesagt, Unkenntnis geschuldet. Aber dann wurden nur noch Hamburg und München genannt. Als mein Freund fragte: »Ich bin zwar Ausländer, aber ich denke, Berlin ...«, da kam die Antwort: »Aber Berlin gehört doch nicht dazu.«

Es muß so um die Mitte der achtziger Jahre gewesen sein, da hörte ich in den Nachrichten von RIAS Berlin die Meldung, mit dem Sinfonieorchester des Norddeutschen Rundfunks Hamburg gastiere demnächst zum ersten Mal ein Orchester der Bundesrepublik in der DDR. Mir war da irgendwie etwas mit den Berliner Philharmonikern in Erinnerung, ich rief an. Der Presseverantwortliche der Philharmoniker sagte: »Ja, das weiß ich auch nicht so genau, ob wir auch schon mal ... Ich bin noch nicht so lange hier.« Ich sagte: »Das sollten Sie aber trotzdem wissen. Ich empfehle, jemanden zu fragen, der Bescheid weiß. Ich bin mir ganz sicher, daß es bei Ihnen da auch so einen geben wird.« Wenig später klingelt das Telefon: »Hier Stresemann. Sie haben recht, das hätte der eigentlich wissen dürfen. Nun, so hören Sie jetzt aus meinem Munde, die Berliner Philharmoniker haben mit Herrn von Karajan schon vor einiger Zeit sowohl in Leipzig als auch in Dresden gastiert.« Nach diesem Anruf Wolfgang Stresemanns, des Intendanten des Berliner Philharmonischen Orchesters, rufe ich beim RIAS an und stoße Bescheid. Dort sagt man mir, man hätte eine Meldung der Deutschen Presse-Agentur übernommen, bedauerlicherweise ohne Nachprüfung, man nehme die Falschmeldung aber nun sofort aus der Sendung. Ich lasse nicht locker und rufe die Deutsche Presse-Agentur an, die in Hamburg sitzt. Deren Auskunft ist hanseatisch kurz und bündig: »Das ist ja gern möglich, aber bei den Berliner Philharmonikern handelt es sich nicht um ein Orchester der Bundesrepublik.« Dr. Wolfgang Stresemann hatte seinen bemerkenswerten Anruf bei mir mit den offensichtlich zutreffenden Worten geschlossen: »Es gibt leider sehr viele Ignoranten.« Was ich besonders schlimm fand war, daß sich Leute in West-Berlin dieser Arroganz im Hinblick auf den Osten angeschlossen hatten. Man wird mir vielleicht nicht glauben, aber ich versichere an Eides Statt, daß ich in meinen Hauptverhandlungen Schulklassen gehabt habe, bei denen nicht einmal die Lehrer wußten, wo Magdeburg oder Weimar liegt. Einmal habe ich gefragt: »Lessing ist in Kamenz geboren, wo liegt das?« Das hätte ich mir aber sparen können, denn nun mußte ich feststellen, daß die Leute noch nie etwas von Lessing gehört hatten, und da muß ich nun wirklich sagen, daß ich von jemand, der nicht weiß, wer Lessing ist, gar nichts wissen möchte, selbst dann nicht, wenn er zufällig wissen sollte, wo Kamenz liegt.

Es war im Frühjahr 1990, da saß ich in der S-Bahn, und es stieg plötzlich ein alter Kollege Amtsrichter ein. Ich war erstaunt, nur sehr wenige meiner Kollegen benutzen nämlich öffentliche Verkehrsmittel, sehr zu ihrem Nachteil übrigens, denn in öffentlichen Verkehrsmitteln lernt man das Leben kennen, wie es wirklich ist oder sein kann. Dem Kollegen war es, schien es, etwas peinlich, in der S-Bahn gesehen zu werden. Man fuhr als anständiger West-Berliner nämlich eigentlich nicht S-Bahn, das war dem Kollegen wohl noch so im Blut als Überbleibsel aus der Zeit, als die S-Bahn von der Deutschen Reichsbahn, also vom Osten, betrieben wurde. Nach dem Mauerbau hieß es, wer S-Bahn fahre, unterstütze das Ulbricht-System. Daß die S-Bahn in West-Berlin 1984 in westliche Hände übergegangen war, hatten viele West-Berliner gar nicht mitbekommen, denn mittlerweile benutzten sie ohnehin keine öffentlichen Verkehrsmittel mehr, was ich indessen heute auch niemand mehr verübeln kann. Habe ich früher noch meine Freunde und Freundinnen den öffentlichen Verkehrsmitteln zuführen wollen, habe ich das jetzt völlig aufgeben. Die öffentlichen Verkehrsmittel sind auf dem Wege, völlig zu verkommen, und es ist offensichtlich, daß sich die Lage ständig verschlechtert. Es ist mittlerweile so schlimm geworden, daß ich nicht einmal überrascht bin zu erfahren, daß die Leiter der BVG sich achtzig Dienstlimousinen angeschafft haben, denn wie ekelhaft es gerade in den ihnen anvertrauten Verkehrsmitteln aussieht und zugeht, das wenigstens wissen sie ganz genau, dafür brauchen sie ausnahmsweise nicht einmal externe Berater. Als der Kollege mich sah, faßte er sich schnell. Er wies auf das Polyglott-Bändchen »Berlin, Hauptstadt der DDR« in seiner Hand. Er fuhr, wie er mir anvertraute, »gen Osten«, zum ersten Mal in seinem Leben. Er fragte mich: »Waren Sie auch schon mal drüben?«

Ein Synonym für solche aus Arroganz gespeiste Ignoranz war und ist mir immer »Frankfurt«. Ich bin machtlos, aber mein Zorn ereilt die, die »Frankfurt« sagen, wenn sie Frankfurt am Main meinen, denn sie ignorieren damit Frankfurt (Oder). Frankfurt (Oder) ignorieren, das ist strafbar. In Frankfurt (Oder) ist Heinrich von Kleist geboren. Heinrich von Kleist hat »Amphitryon« und »Penthesilea« und »Prinz Friedrich von Homburg« geschrieben und, was für den Juristen besonders interessant ist, »Michael Kohlhaas« und »Der zerbrochene Krug«. Was den zerbrochenen Krug angeht, so bedaure ich alle, die die Inszenierung von Thomas Langhoff am Deutschen Theater Berlin nicht gesehen haben, Jörg Gudzuhn als Dorfrichter Adam, Käthe Reichel als Frau Brigitte, Gudrun Ritter als Marthe Rull, Ulrike Krummbiegel als Eva Rull und so weiter. Aber halt! Nicht »und so weiter«, es müssen alle genannt werden: Klaus Piontek als Gerichtsrat Walter, Horst Weinheimer als der Bauer Veit Tümpel, Bernd Stempel als dessen Sohn Ruprecht und Wolf-Dietrich Köllner (Bedienter), Walter Lendrich (Büttel), Heidrun Perdelwitz und Annelene Hischer als zwei Mägde und dann – wahrlich nicht der Letzte – Thomas Neumann als der Schreiber Licht. Ich zähle wahrlich alle auf, habe es immer gehaßt, wenn in den Theaterberichten der Zeitungen nicht einmal so viel Platz ist, um alle Mitwirkenden zu nennen, das ist Geringschätzung künstlerischer Leistung.

Eines Abends höre ich zufällig und wider Erwarten den Sender Freies Berlin (SFB), nun endlich dahingeschiedenes dörfliches Überbleibsel des alten West-Berlin. Ich höre in den Nachrichten: »Die Staatsanwaltschaft Frankfurt hat heute in den frühen Abendstunden ...« Mich interessiert weder die frühe Abendstunde noch das, was die Staatsanwaltschaft da unternommen hat, ich verlange beim SFB den Nachrichtenredakteur. Ich höre: »Hier Chef vom Dienst, worum geht es?« Ich sage: »In den frühen Abendstunden hat die Staatsanwaltschaft Frankfurt ... Welche Staatsanwaltschaft, Main oder Oder? Sie verstehen hoffentlich, was ich meine.« Ich höre: »Natürlich verstehe ich, warten Sie ... Hier ist es, ja, es handelt sich natürlich um Frankfurt am Main.«

Ich frage: »Wieso natürlich?« Ich höre: »Na, ich bitte Sie ...« Ich sage: »Worum bitten Sie mich? Ich bitte Sie! Und zwar davon Kenntnis zu nehmen, daß es keine Stadt mit dem Namen Frankfurt gibt.« Ich höre: »Wie bitte, was?« Ich sage: »Ja, kein Frankfurt! Es gibt Frankfurt am Main, und es gibt Frankfurt (Oder), aber kein Frankfurt. Beide Städte haben übrigens Staatsanwaltschaften, insofern ist Ihre Meldung auch insofern ungenau und damit unbrauchbar.« Ich höre: »Sind Sie aber pedantisch ...« Ich sage: »Nein, nicht pedantisch, sondern nur genau und, gestatten Sie, gebildet. Und Sie sind jedenfalls ungenau ...«

Der Mann gibt nicht auf. Er will mich offensichtlich aufs Glatteis führen und fragt: »Und Eintracht Frankfurt? Bei Ihnen wohl Eintracht Frankfurt am Main!« Ich höre eine kleine Lache. Aber damit kann er mir nicht kommen. Ich sage: »Nein, auch bei mir Eintracht Frankfurt! Ich erkläre es Ihnen. Eintracht Frankfurt ist der Eigenname eines Fußball- oder Sportvereins in Frankfurt am Main.« Der Mann bleibt, was er ist, und so höre ich ihn fragen: »Und was ist mit den Frankfurter Würstchen?« Jetzt ist es überfällig, die furchtbare Diskussion zu schließen, ich tue es mit den zutreffenden Worten: »Ich habe den Eindruck, ich habe die ganze Zeit mit einem Würstchen telefoniert. Auf Nimmerwiederhören!«

Justizpressestelle Moabit

Das war ein unüberhörbar Berliner Ehepaar, das da auf den Marktplatz von Bonn einbiegt. Es schaut auf das Rathaus. Er sagt: »Kieck dir mal det Rathaus an! Sieht aus wie von Pappe.« Sie sagt: »Is ooch von Pappe. Komm, wir jehn wieder!«

Es war Zeit, nach Berlin zurückzukehren. Ich hätte nach meinen zwei Jahren im Bonner Justizministerium bleiben können, aber mich zog es zurück nach Berlin. Es lockte, es lockten vor allem die blühenden Theaterlandschaften beider Berlin. Die Bonner hörten das nicht gern, sie sagten mir dazu immer: »Nun gut, das Bonner Stadttheater, das allein mag einem verwöhnten Berliner vielleicht nicht genügen, es wird ja auch nicht so viel Geld hineingepumpt wie nach Berlin. Aber Sie haben doch hier die gesamte rheinische Kulturlandschaft vor der Nase, von Frankfurt am Main und Wiesbaden über Köln und Düsseldorf bis nach Essen, Wuppertal und Bochum ...« Rheinische Kulturlandschaft vor der Nase, das war ein Witz. Ich habe in Bonn nie jemanden gefunden, der am Abend schnell mal nach Frankfurt am Main oder nach Bochum ins Theater gefahren wäre. Vielleicht mal nach Köln, das aber auch nur selten. Ich allerdings hatte die Zeit genützt und mir viel angesehen. Je mehr ich sah, desto stärker zog es mich nach Berlin zurück.

Anfang Januar 1977 tauche ich wieder bei der Berliner Justiz auf. Was nun? Formell war ich noch immer Staatsanwalt, aber ich konnte und wollte zur Staatsanwaltschaft nicht zurück. Vielleicht bin ich abergläubisch, aber ich meine, man soll sich besonders gut überlegen, ob man dahin zurückkehrt, von wo man mal weggegangen ist. Ich versuche sogar zu vermeiden, dort wieder hinzufahren, wo ich mal besonders schöne Ferien gehabt habe. Rückkehr oder Wiederkehr bedeutet oft Enttäuschung. Die Personalgewaltigen der Berliner Justiz akzeptierten diese Ansicht. Donnerwetter, ich war begeistert. Also jetzt

Amtsrichter? Nein, das nun doch nicht. Was man gern möchte, das bekommt man jedenfalls bei der Justiz nie, gerade das nicht, da könnte ja jeder kommen. Ob es woanders anders ist, kann ich nicht sagen. Ich vermute, daß es das nicht ist. Wir haben über diese seltsame Personalbehandlung immer Witze gemacht, aber es stimmte fast immer: »Du willst keinesfalls zum Vormundschaftsgericht? Beantrage es! Dann kannst du sicher sein, daß du dort nicht hinkommst.«

Für mich ergab sich was völlig Unvorhergesehenes. Die Justizpressestelle im Kriminalgericht war frei, und der Pressereferent des Senators für Justiz ging weg. Ich erhielt gleich beide Stellen. Der Grund dafür war, daß der Senator von der FDP oder, wie man damals schrieb, F Punkt D Punkt P Punkt war und daß man sich daran erinnerte, daß ich auch dadrin war, was ich heute komisch finde. Die Justizpressestelle im Kriminalgericht gefiel mir auf Anhieb. Ihren absoluten Mittelpunkt bildete seit rund dreißig Jahren Edith Basdorf, eine beeindruckende Mischung aus Gesellschafts- und Bürodame, ganz so, wie es die jeweilige Situation erforderte. Sie war eine unerschöpfliche Quelle des Wissens für jedermann, der es verstand, sie sich gewogen zu machen. Dazu gehörte nicht viel, man mußte sich nur anständig benehmen und durfte nicht doof sein, wenngleich sie den richtig Doofen auch bei ihrer Arbeit half, aus Mitleid. Sie schmiß den Laden mit drei Damen virtuos. Ich pflegte zu sagen, ich bin der Leiter der Justizpressestelle, ich leite die Justizpressestelle unter Frau Basdorf. Eine der drei Damen sprach waschechtes Sächsisch. Ich fragte: »Haben Sie noch Verwandte in Sachsen?« Sie sagte: »Ja, vier Schwestern, eine davon in Dresden.« Ich sagte: »Dresden, wie interessant, wenn man da mal hin könnte auf ein paar Tage ...« Sie: »Ich besorg Ihnen die Papiere.« Vier Wochen später klingeln ein Freund, der mich begleitete, und ich in Dresden-Neustadt bei der Schwester, wir bekommen das Ehebett abgetreten und sind glücklich, in Dresden zu sein, was damals für »Westler« was so Unerhörtes war, wie man es sich heute überhaupt nicht mehr vorstellen kann. Wir machen am nächsten Tag einen kleinen Rundgang und gehen uns dann anmelden. Die Volkspolizistin nimmt unsere Anmeldungen entgegen, studiert die Papiere und sagt dann maliziös: »Ist ja komisch. Ihre Gastgeberin hat, als sie die Einreisepapiere beantragt hat, angegeben, ihre beiden Besucher, also Sie und Ihr Freund, seien mit ihr in eine Grundschulklasse gegangen. Da hat der Kollege wohl übersehen, daß Sie fünf Jahre älter sind als Ihre Gastgeberin. Und hier sehe ich auch noch, daß Ihr Freund fünf Jahre jünger ist als die Frau und außerdem noch Ausländer. Na ja, nun sind Sie beide mal hier und können auch bleiben. Aber Ihr Freund muß zu einer anderen Stelle zum Anmelden. Er hat zwar Einreisepapiere als West-Berliner, da wäre er hier bei mir schon richtig. Aber er hat einen ausländischen Paß und muß daher zur Ausländerstelle.« Wir wandern zur Ausländerstelle. Der Paß und die Einreisepapiere werden geprüft, Ergebnis: »Mit dem Paß sind Sie hier schon richtig, aber die Einreisepapiere, die sind für West-Berliner bestimmt, sie passen nicht zu dem Paß. Sie können sich also bei uns nicht anmelden und müssen noch heute ausreisen.« Wir haben Glück, daß man uns die Papiere beläßt und wandern zurück zu der ersten Dame. Die wiegt den Kopf und sagt nach langem Schweigen: »Ist ja sowieso eine komische Sache, aber wenn Sie beide unbedingt Ihre alte Grundschulfreundin sehen müssen, hier ist der Stempel.«

Die fast zwei Jahre in der Justizpressestelle waren fabelhaft. Ich hatte mit furchtbar vielen Menschen zu tun, konnte mir aussuchen, was ich mache, was ich nicht mache. Manchmal ging ich in Gerichtsverhandlungen. Einmal sah ich ein Stück des Strafkammerprozesses gegen eine des Terrorismus angeklagte frischgebackene Kollegin, eine lange dünne Frau, die gleich nach dem Assessor-Examen ins Kriminalmilieu abgegangen war. Als die Angeklagte nach einer Verhandlungspause wieder in den Gerichtssaal geführt wurde, jubelten die Zuschauer ihr zu. Der Gerichtsvorsitzende öffnete die Tür des Beratungszimmers einen kleinen Spalt, wohl um zu sehen, was los sei. Kaum hatte die Angeklagte ihn erspäht, brüllte sie: »Ich hab dich gesehen. Komm doch raus, du alte Sau ...« Der Jubel der Zuhörer ging in Ovationen über. Der Vorsitzende rief durch den Türspalt: »Räumen, räumen! Den Saal sofort räumen!« Ich überlegte mir, warum das Publikum so gegen das Gericht eingestellt war, und kam zu dem Schluß, daß es auch daran lag, daß der Vorsitzende wie aus einer anderen Welt kam, sein Kopf tauchte aus dem Beratungszimmer wie aus der Luke eines Unterseebootes auf. Ich hatte später als

Amstrichter zwar keine »Terroristen«-Prozesse, aber doch auch Prozesse, in denen mit unangenehmem Publikum zu rechnen war. Ich pflegte das dann so zu machen, daß ich, wenn das Publikum in den Saal gebeten wurde, an der Tür stand, dort ganz zufällig in ein Gespräch vertieft. Der Zweck der Übung war, daß jeder in der Lage war, mich ganz aus der Nähe anzusehen, und daß auch ich gleich sehen konnte, wer denn heute meine »Besucher« seien. Nach einiger Zeit fragte ich dann so beiläufig wie nur irgend möglich: »Haben Sie alle Platz gefunden? Na, dann können wir ja anfangen!« Die »Besucher« und ich, wir waren uns nun sozusagen bekannt, jedenfalls nicht mehr ganz fremd, und ich bin mir sicher, daß das der Grund dafür war, daß ich nie irgendwelchen Ärger mit irgendwelchem Publikum gehabt habe.

Während meiner Justizpressestellen-Zeit ging ich einmal in eine Pressekonferenz, die Beate Uhse im Europa-Center veranstaltete. Ich ging eigentlich nicht wegen Beate Uhse dorthin, sondern wegen ihres Verteidigers. Das war der damals in Berlin nicht unbekannte Rechtsanwalt Hermann Oxfort. Der Mann war vor nicht gar zu langer Zeit Justizsenator gewesen, dann aber wegen irgendeines Gefangenenausbruchs aus eigentlich nicht einsehbaren Gründen zurückgetreten. Nun griff er in seiner Eigenschaft als Verteidiger die Staatsanwaltschaft, die ihm in seiner Senatorenzeit unterstellt gewesen war, scharf an. Ein Staatsanwalt, dessen ganz besonderes Kennzeichen, wie man sagte, das Finden von verbotener Pornographie war, hatte der Beate Uhse einen Filmprojektor beschlagnahmen lassen. Mit diesem Filmprojektor hatte die Geschäftsfrau in ihrem Kino im sogenannten Ku-Damm-Eck, einem Gebäude am Kurfürstendamm Ecke Joachimtaler Straße, das wegen denn doch all zu großer Scheußlichkeit mittlerweile wieder abgerissen worden ist, Filme vorführen lassen, in denen ausschließlich Unterleiber gezeigt wurden. Die Strafvorschriften, die sich mit der Pornographie befassen, sind immer noch nicht die übersichtlichsten, aber was damals galt, war hanebüchen. In Etablissements durften zwar Pornofilme gezeigt werden, aber nicht einfach so. Das war nur dann erlaubt, wenn die Pornofilme sozusagen eine Zutat zu den sonstigen Leistungen des Etablissements waren. Diese »sonstigen Leistungen« des Etablissements, also vorwiegend Bier, Schnaps und schlechter, aber ganz gewiß deshalb nicht billiger Wein, mußten »überwiegen«. Diese Regelung hat nie jemand verstanden, ist von jedem als lächerliche Augenwischerei aufgefaßt worden und ist heute besonders lächerlich, wenn man bedenkt, was einem jetzt in der Werbung auf Schritt und Tritt und ungefragt an Unterleibern unter die Nase gehalten wird. Beate Uhse lächelte fein, als Oxfort die Berliner Justiz des spießigen Provinzialismus zieh, und sie wandte sich mir zu, als Oxfort sich plötzlich an mich wandte und sagte: »Hier ist der Leiter der Justizpressestelle, mir bekannt als Liberaler. Aus seinem Munde werden wir jetzt hören, daß die Sache durch einen übereifrigen Staatsanwalt in Gang gesetzt worden ist und daß der Senat absolut nichts dagegen hat, daß Beate Uhse jenes Kino dort betreibt, wo man ihr jetzt den Projektor beschlagnahmt hat.« Ich war etwas erstaunt, daß er mich unvorbereitet so aufrief, und sagte: »Ja, es ist ja vielleicht richtig, daß man an solche Sachen heutzutage großzügig rangeht. Aber nun sagen Sie mir doch, lieber Rechtsanwalt, warum macht Ihre Mandantin denn ihr Kino ausgerechnet am Kurfürstendamm auf? Ich nehme an, daß es zu der Beschlagnahme nicht gekommen wäre, wenn Ihre Mandantin ihre Filme irgendwo in der Potsdamer Straße oder am Stuttgarter Platz gezeigt hätte, wo es zweifelhafte Etablissements in Hülle und Fülle gibt.« Diese Rede fand nicht den geringsten Beifall bei Oxfort. Er sagte: »Das hätte ich von Ihnen nun keineswegs erwartet. Das ist ja ausgewachsenes Spießertum, Sachen, die es nun mal gibt, irgendwo zu verstecken, zu verheimlichen.« Ich erwiderte: »Das sehe ich aber ganz anders. Man nennt den Kurfürstendamm doch immer die gute Stube West-Berlins, und in eine gute Stube gehört eben kein Nachttopf, womit die Filme Ihrer Mandantin angemessen zurückhaltend bezeichnet sind.«

Das große Ereignis während meiner Zeit als Leiter der Justizpressestelle war der sogenannte Lorenz-Drenkmann-Prozeß vor einem Strafsenat des Kammergerichts im großen Saal 500 des Kriminalgerichts, dem Schwurgerichtssaal, der für diesen Zweck überfallsicher mit tonnenschwerem Panzerglas ausgebaut worden war. Peter Lorenz war der Berliner CDU-Vorsitzende, der von der »Bewegung 2. Juni« entführt, während Kammergerichtspräsident Günther von Drenkmann Ende 1974 von derselben kriminellen Vereinigung ermordet worden war. Die Anklage hatte die Bundesanwaltschaft erhoben. Die Anklageschrift stieß natürlich in der Öffentlichkeit auf riesiges Interesse, und so wurde die Justizpressestelle von den Journalisten regelrecht belagert. Einen der beiden Bundesanwälte kannte ich aus seiner Zeit bei der Berliner Staatsanwaltschaft. Ich bat ihn um eine Abschrift der Anklageschrift. Er sah ein, daß ich zur Unterrichtung der Presse unbedingt eine brauchte, sagte aber: »Gedulden Sie sich etwas, ich werde des guten Tones wegen den Generalbundesanwalt fragen.« Als ich mehrere Tage nichts höre, frage ich nach. Der Bundesanwalt sagt: »Tut mir leid, der Generalbundesanwalt möchte nicht, daß Sie eine Anklageschrift bekommen. Er befürchtet, daß Mißbrauch damit betrieben wird, nicht von Ihnen, sondern von der Presse ...« Ich sage: »Ich habe aber glaubwürdigen Bericht, daß ein bekanntes deutsches Nachrichtenmagazin – Sie wissen ja, welches Blatt so immer bezeichnet zu werden pflegt – und eine der bekannten Zeitungen aus Frankfurt am Main in ihren Berliner Redaktionsräumen bereits eine Anklageabschrift haben. Ich kann die anderen Journalisten ja kaum dorthin schicken.« Der Bundesanwalt zuckt die Schultern und wiederholt: »Tut mir wirklich leid, aber der Generalbundesanwalt ... Da kann ich wirklich nichts machen.« Am nächsten Tag gehe ich in die Registratur der Senatsverwaltung und sage kurz und bündig: »Tut mir leid, es eilt, ich brauche bis morgen früh eine Fotokopie der Lorenz-Drenkmann-Anklage.« Keiner der vielen Journalisten, die alsbald in meinem Moabiter Arbeitszimmer die Anklageschrift studierten, hat mich verraten. Und einer sagte: »Wissen Sie, ich weiß gar nicht, warum die sich damit so haben. Das Ding ist doch viel besser gearbeitet, als wir alle nach der Geheimnistuerei gedacht hätten.«

Pressereferent

Justizpressestelle war schön, aber es gab die Verbindung zum Senator. Zwar hatte man irgendwann einen Willigen gefunden, der mir nach einem knappen Jahr die direkte Arbeit beim Senator abnahm, aber ich mußte gleichwohl aus dem geliebten Moabit immer wieder hin zum Senator, zum Hofdienst, wie ich es nannte. Der »Hofdienst« bestand darin, sich morgens um 8 Uhr 15 beim Senatsdirektor, dessen Posten später aus aber auch gar keinem wichtigen Grund zum Staatssekretär umbenannt wurde, zur »kleinen Lage« einzufinden und sich dann um 9 Uhr zur »großen Lage« beim Senator zu begeben. Zum »Stab« des Senators gehörten außer den »Pressefritzen« auch noch ein Persönlicher Referent und ein weiterer Herr, der sich Planungsreferent nannte, von der SPD war und der so ein bißchen den Kontakt zur SPD im Rathaus Schöneberg halten sollte, weil der Senator ja von der FDP war und daher nicht alles erfuhr, was da im Rathaus Schöneberg, wo die SPD herrschte, vor sich ging oder, anders ausgedrückt, nicht vor sich ging. Alle bildeten sich ein, man mache Politik. Eigentlich wurde jedoch nur geplätschert, wenn auch heiter, wozu manchmal ein morgendliches Bier des Senators durchaus beitragen konnte.

Der Senator galt allgemein als klug und war schon deswegen ein Außenseiter. Leute, die klug sind, sind selten beliebt. Leute jedoch, die merken lassen, daß sie sich selbst für besonders klug halten, sind nie beliebt. So einer war der Senator. Er war, bevor er nach Berlin kam, Rechtsprofessor in Tübingen, wohin er übrigens auch wieder ging, nachdem es zu seinem unvermeidlichen Sturz gekommen war. In Tübingen muß die Welt Mitte der siebziger Jahre noch in Ordnung gewesen sein, denn der Senator war es ganz offensichtlich von seinem dortigen Professorenstuhl her gewöhnt, daß man sich um ihn versammelte und von seinen Lippen ablas. Jetzt in Berlin hatte er es allerdings zu seiner Überraschung nicht mit Assistenten und Studenten zu tun, sondern mit Leuten, die ihre eigenen Stühle hatten, auf denen sie, wie sie aber auch ganz genau wußten, fester und sicherer saßen als der Senator auf seinem Stuhl. Manchmal merkte er, daß fast niemand etwas tat, um des Senators, wie er es nannte, neue Ideen Wirklichkeit werden zu lassen. Dann klagte er und war traurig, aber zu trösten war er nur durch seine beiden Brüder im Geiste, den Hamburger Justizsenator Klug und den Bonner Innenminister Maihofer. Diese drei hatten sich sozusagen zu einem liberalen Dreigestirn verabredet, das sich gegenseitig dadurch Kraft gab, daß es sich wechselseitig an seinen neuen Veröffentlichungen berauschte, wobei es durchaus zulässig war, daß es sich bei den neuen Veröffentlichungen häufig auch um die alten handelte, nur neu gemischt. Das ist allgemein so üblich im geistigen Leben, und gute Gedanken kann man ja auch nicht oft genug hören, man muß sie nur immer wieder als neu anbieten. »Mein« Senator war darin besonders ergiebig, er hatte es bis damals allein schon auf 304 Veröffentlichungen gebracht. Das Dreigestirn allerdings erlosch schnell, noch 1978 kam einer nach dem anderen zu Fall, alle übrigens aus dem selben Grund, zu viel demonstrative Klugheit, kleine Patzer wurden so zum Anlaß genommen, sich ihrer zu entledigen.

Pressebeauftragte müssen ihren Auftraggeber »verkaufen«. Das ist zwar ein schrecklicher Ausdruck, aber in der Werbe- und Politikerbranche durchaus üblich. Den Senator »zu verkaufen«, wurde immer schwieriger. Er war einerseits insofern ganz Politiker, daß er zu allem und jedem etwas sagen konnte, vor allem wollte. Ich nehme an, man hätte ihn nachts wecken können, und er hätte auf jedes Stichwort etwas auszubreiten gewußt. Aber er galt denn doch nicht so recht als Politiker. Von ihm erwartete man im Gegensatz zu den echten Politikern, von denen man nichts zu erwarten pflegt, immer etwas Besonderes. Leider merkte man ziemlich schnell, daß da auch viel Geplappere war, so daß viele Journalisten abwinkten, wenn ich ihnen den Senator anbot. Wenn nichts mehr half, wurde der Südwestfunk oder der »Schwarzwälder Bote« alarmiert, für die war der Tübinger in Berlin immer noch ein Interview wert. Ich hatte allerdings mehr und mehr den Eindruck, daß der Senator sich auch selbst zunehmend langweilte. Das führte zum Beispiel dazu, daß er in einem Interview mit dem Südwestfunk mal vollständig das Thema verwechselte. Er hatte damals zwei Themen sozusagen als Dauerbrenner, das eine Thema war die Frage, ob auch Leute, die zu lebenslanger Haft verurteilt worden waren, vorzeitig entlassen werden dürften oder sogar sollten, und das andere Thema beschäftigte sich mit irgendeiner speziellen Frage aus dem Strafvollzugsgesetz, die ich, wie alle anderen wohl auch, längst vergessen habe. Ich merkte, daß die nette Dame vom Südwestfunk gemerkt hatte, daß der Senator, den sie zum ersten Thema hören wollte, zum zweiten Thema sprach. Ihr war es jedoch offensichtlich peinlich, den Senator in seinem Gedanken- oder auch nur Wortfluß zu unterbrechen. Daran und nur daran, denn ich hatte mir schon längst abgewöhnt, bei solchen Vorgängen überhaupt noch zuzuhören, merkte ich, daß etwas schieflief. Der netten Dame zuliebe griff ich ein. Ich zupfte den Senator an seinem Ärmel und flüsterte: »Senatore, andere Platte bitte, heute nicht die Lebenslänglichen ...« Er verstand erst nicht, wurde unwirsch, lachte dann aber, als er denn doch verstanden hatte. Die Szene war eigentlich filmreif, aber bei allem Humor, den er tatsächlich verhältnismäßig häufig hatte, die Szene gefiel ihm nicht, und er rächte sich dafür an mir. Er sagte zu der Dame vom Südwestfunk: »Da sehen Sie mal, das hier ist mein Pressereferent, er will, daß ich noch mal von vorn anfange. Dadurch gibt er sich unverkennbar als Beamter zu erkennen, die fangen immer und immer wieder mit derselben Sache an und kommen trotzdem oder gerade deswegen nie zu Ende. Aber meinetwegen, fangen wir noch mal von vorn an!« Er wußte, wie er treffen konnte, denn ich hatte ihm kurz vorher, zu seinem Vergnügen allerdings, einen Beamtenvorfall erzählt, einen Vorfall aus dem täglichen Leben eines Pressereferenten. Dabei ging es darum, daß ich mit großem Einsatz versucht hatte, aus einem Beamten etwas herauszuholen. Nach einiger Zeit des vergeblichen Bemühens hatte ich, zugleich erbost und entnervt, gesagt: »Mein Gott, seien Sie doch nicht so sämig!« Da kam endlich Bewegung ans andere Ende der Leitung, ich hörte den Aufschrei: »Was haben Sie da gesagt? Ich sei dämlich?« Ich hatte geantwortet: »Möchte mich dazu nicht weiter äußern, gesagt habe ich es jedenfalls nicht. Aber bitte! Seien Sie doch nicht so sämig!«

Konnte einerseits der Senator schon recht schwierig sein, so war andererseits, wenn auch aus ganz anderen Gründen, die Zusammenarbeit mit dem Beamtenkörper einschließlich Richtern häufig noch schwieriger, manchmal gar nervtötend. Es gibt unter den Justizpersonen zwei Gruppen. Die eine, recht kleine Gruppe, die will gern mal aus ihrem Kreis heraustreten und in der Zeitung oder im Radio oder in der Television endlich mal was Wichtiges sagen. Solch bewußtes Bestreben mißlingt meist. Zum einen merken die Journalisten die Absicht und sind verstimmt, und zum anderen gehört es bei Juristen zum guten Ton, langweilig zu sein. Kurzweil empfinden sie als unseriös. Die andere, weitaus größere Gruppe, die will um fast keinen Preis aus ihrem Kreis heraustreten. Auf manche dieser Leute habe ich mit Engelszungen eingeredet, sie mögen sich mit Namen, Alter und Geschlecht und mit ihrem oft doch sehr interessanten Arbeitsgebiet der Öffentlichkeit zeigen. Vergeblich, meist die Befürchtung, die Anonymität zu verlieren, nicht selten allerdings auch die Angst vor kritischen Fragen, wofür die Ursache ist, meine ich, daß die Angst, etwas falsch zu machen, den Justizjüngern in der juristischen Ausbildung recht frühzeitig eingepflanzt wird. Besonders bemerkenswert war bei den Justizpersonen auch eine gewisse Schwerfälligkeit. Einmal war wieder jemand aus dem Gefängnis abgehauen. In solchen Fällen war es Übung der Justizverwaltung, sofort abzustreiten, daß irgend jemand aus der Justiz Schuld daran habe, selbst wenn das noch niemand behauptet hatte. Zum Beweise dessen wurde dann an besonders feinsinnigen Formulierungen gedrechselt. In einem Fall saß eine ganze Reihe von Beamten in meinem Pressereferenten-Zimmer, um auf Geheiß des Senators, der selbst gern drechselte, für mich was zu drechseln, damit ich das Gedrechselte dann der Presse zur Veröffentlichung andiene, was ohnehin Unfug war, denn Gedrechseltes will dort zu Recht wirklich niemand haben. Die Leute drechselten in meinem Zimmer so intensiv, daß sie gar nicht bemerkten, daß ich im selben Zimmer die ganze Geschichte in mehreren Telefonaten schon mehreren Journalisten völlig ungedrechselt berichtet hatte, etwa so: »Ja, der Mann ist abgehauen. Nein, das ist unvermeidbar, aus jedem Gefängnis hauen ab und zu welche ab. Ja, das wird immer so sein, wird demnächst auch wieder vorkommen. Bin mir da ganz sicher. Nein, das wäre kein richtiges Gefängnis, aus dem niemand abhaute!« Und ich schloß: »Nein, die Polizei hat diesmal ausnahmsweise keine Schuld daran, vielleicht nächstes Mal.« Dies war eine höhnische Bemerkung, weil jeder wußte, daß, wenn etwas passiert war, die Justiz dazu neigte, den schwarzen Peter der Polizei zuzuschieben, wobei das allerdings auf Gegenseitigkeit beruhte. Und beruht, denn da hat sich in den ganzen Jahren bis heute auch gar nichts geändert. Die Schuld wird immer noch hin- und hergeschoben, nur gesagt, welches die Ursachen der Fehler sind, das wird nie, wahrscheinlich wissen die meisten das auch gar nicht, weil sie entweder nicht richtig nachdenken oder weil sie dann sagen müßten, daß es an ihnen liegt. Ist der Streit in der Öffentlichkeit nicht ganz so schnell vergessen, wird von dem Senator für Justiz und dem des Inneren, der für die Polizei, wenn man so sagen will, politisch verantwortlich ist, eine Zusammenarbeits-Kommission installiert, deren Aufgabe es ist, daß der Quatsch nun endlich doch vergessen werde, was dann alsbald auch immer der Fall ist, Überdruß und Langweiler sorgen dafür.

Eines Tages werde ich ganz ernsthaft und formell zum Senator gerufen. Vor ihm liegt ein Akt über mich, vom Verfassungsschutz. Ich war, als ich in Bonn beim Bundesjustizministerium gearbeitet hatte, zwei Mal vernommen worden. Das erste Mal nach etwa einem halben Jahr. Das hatte mich aus zwei Gründen irritiert. Zum einen mußte man mich doch kennen, denn ich war zu der Zeit schon fast sieben Jahre bei der Justiz. Und zum andern hatte ich in dem Ministerium schon mehrmals nächtlichen Notdienst versehen. Bekanntlich war in Berlin Kammergerichtspräsident von Drenkmann ermordet worden und man befürchtete weitere Anschläge. So war immer ein Beamter des sogenannten Höheren Dienstes, meist unterer wie ich, auf Wache. Der hatte die von überall eingehenden Fernschreiben, die es damals noch gab, darauf zu untersuchen, ob man nicht den Minister oder wenigstens den Staatssekretär oder allerwenigstens deren engeres Hilfspersonal wecken sollte. Wenn ich Dienst hatte, konnten immer alle weiterschlafen, was natürlich nicht an mir lag, sondern an der Lage, die sich beruhigt hatte. Bei dieser Nachtwache kam man selbstverständlich an alles heran, nicht nur an die Mitteilungen von Tagesordnungen der Europäischen Gemeinschaft, die Tag und Nacht kilometerweise heranklickerten, sondern auch an die als geheim deklarierten Dinge. Die Leute vom Verfassungsschutz zogen nach ihren Fragen mit meinen Antworten wieder ab, und es ging alles so weiter wie bisher, und ich machte auch weiter bei den Nachtwachen mit. Ein Jahr später kamen wieder Leute von jenem Amt und fragten mich erneut, es seien Unklarheiten und Widersprüche aufgetaucht. Ich sagte: »Sie haben ein ganzes Jahr gebraucht. Nicht auszudenken, was ich in der Zeit schon alles meinen östlichen Auftraggebern hätte verraten können, wenn ich mir auch nicht vorstellen kann, was hier verratenswert gewesen wäre.«

Nun war wieder ein Jahr vergangen und jetzt hatte man das, was ich da in Bonn gesagt hatte, offensichtlich endlich endgültig ausgewertet. Ich erfahre vom Senator, daß man meine und daß es so scheine, als ob sich da ein gewisser Verdacht ergeben könnte, ich sei vielleicht so eine Art neuer Guillaume. Dieser Guillaume war ein von der DDR in die Bundesrepublik eingeschleuster Spion, der es geschafft hatte, bis in die nächste Nähe von Willy Brandt vorzudringen, der dann nach Aufdeckung der Sache im Mai 1974 bekanntlich als Bundeskanzler zurücktrat. Ich bin erheitert, lache, sage, zu viel der Ehre, ich sei doch nur bei einem Berliner Senator gelandet, also bei einem der weit über hundert Landesminister, deren Bedeutung doch allein schon wegen ihrer Häufigkeit arg beschränkt sei, beiße mir dann aber auf die Zunge, das könnte der Senator übelnehmen und er hätte auch recht, zumal auch Guillaume mal klein angefangen hatte, Schritt für Schritt gegangen war, so wie es sich für einen guten Spion eben auch gehört.

Der Senator studiert den Akt. In Bonn war als bedenklich aufgefallen, daß ich aus der DDR, dem Osten, gekommen war, 1957 als Abiturient, daß ich aber gleichwohl sehr oft nach Ost-Berlin fuhr, sogar zweimal in Anklam gewesen sei, das, wie man zutreffend ermittelt hatte, auch »im Osten« lag, und man wußte auch, daß ich schon mindestens zwei Mal in Warschau gewesen war, das sogar noch weiter im Osten und damals sogar in einer richtigen Volksrepublik lag. Der Senator sagt: »Das mit dem Osten hätten die, da wir jetzt ja eine andere Ost-Politik haben, an sich gar nicht so schlimm gefunden. Aber was ist denn das, was Sie denen da in Bonn sonst noch zu Protokoll gegeben haben? Hören Sie mal! Auf die Frage, warum Sie Jura studiert hätten, sollen Sie geantwortet haben, das fragten Sie sich auch.« Ich erkläre dem Senator, ich hätte bei der Frage tatsächlich an Guillaume gedacht und zwar in dem Sinne »Guillaume ick hör dir trapsen« und beschlossen, witzig zu sein. Ich hörte weiter, daß ich auf die Frage, wo denn mein Bruder wohne, geantwortet hätte, ich würde ihn bei Gelegenheit fragen, ob er mir gestatte, seine Adresse zu nennen, er halte von Beamten, jedenfalls von Geheimdienstbeamten, noch weniger als ich. Das nun fand der Senator gar nicht so unkomisch und sogar schon deshalb richtig, weil mit der Frage in den Datenschutz meines Bruders eingegriffen worden sei.

Der Senator klappte den Akt zu, aber die alte Regel stimmt, irgend etwas bleibt immer kleben, und so fühlte sich der fürs

Geheime zuständige Beamte der Senatsverwaltung bemüßigt, in Besprechungen ab und zu, wenn »Geheimes« erörtert werden sollte, darauf hinzuweisen, daß das wohl nichts für meine Ohren sei. Ich verließ dann immer das Zimmer, tat pikiert, war es aber durchaus nicht, sondern ging froh hinweg, meist nach Hause. Ich hielt das alles wie auch so vieles andere für kompletten Unfug, zumal mir im sogenannten Umlaufverfahren auch weiterhin alles »Geheime« vorgelegt wurde. So ein Pressereferent gehört ja zum »Stab« und muß alles wissen. Ich hatte bis dahin das meiste »Geheime« gar nicht gelesen. Es handelte sich eigentlich auch nur um aufgedonnerten Allgemeinkram, hätte man den ans Schwarze Brett geheftet, niemand hätte ihn gelesen, weil viel zu langweilig und uninteressant. Ich vermute, daß das wenige wirklich Geheime den Interessierten längst bekannt war. Von diesem Tag an aber nahm ich mich des »Geheimen« penibel an. Nichts »Geheimes« verließ mehr meinen Schreibtisch, ohne daß ich deutlich und unübersehbar darauf vermerkt hätte: »Kenntnis genommen, Warnstädt«. Wirklich und wahrhaftig, das ist nie jemandem aufgefallen.

Überstellung

Es war mir während meiner zwei Jahre im Bonner Justizministerium durchaus nicht entgangen, daß das Leben als Ministerialbeamter erhebliche Vorteile hat, vor allem Ruhe und gutes Gehalt garantiert, eine ideale Kombination, von vielen, viel zu vielen, sehr geschätzt. Bei allen Überlegungen gab aber schließlich immer den Ausschlag, daß ich nach Berlin zurückwollte. Als ich nun mehr oder weniger zur Berliner Senatsverwaltung gehörte, war mir klar, daß ich da nicht werde bleiben können. Das war ja noch nicht einmal ein richtiges Ministerium, das tat nur so. Aber die Pressearbeit war einerseits für eine gewisse Zeit interessant und andererseits wußte ich, daß ich denn doch alsbald zum Amtsrichter gemacht werden müsse. Zunächst ging das nicht so recht vorwärts. In dem Beamtenkörper gab es so einige, die mich immer scheel ansahen. Die waren mir schlecht gesonnen, weil sie, was ja für ihre Beobachtungsgabe spricht, meinten, daß ich nicht nur in dem

Beamtenkörper, sondern in dem gesamten Justizkörper, jedenfalls wie sie sich ihn vorstellten, ein Fremdkörper sei.

Das wußte auch ein gewisser Günter Matthes. Günter Matthes war damals eine sehr bekannte Erscheinung in West-Berlin. Er war der Lokalchef des »Tagesspiegel« und im Grunde die einzige Oppositionsstimme im, was die Politik anging, windstillen und etwas muffigen West-Berlin. Ich hatte zu ihm viel Kontakt, was daran lag, daß er an der Justiz besonders interessiert war, was wiederum daran lag, daß er, obwohl er kein Jura studiert hatte, ein meiner Meinung nach exzellenter Jurist war, der viele Studierte in die Tasche steckte. Als ich aus der Justizpressestelle ausschied, rief er mir in seiner täglichen Spalte (»-thes«) »Am Rande bemerkt« zu: »Pressestellenleiter bei Behörden, die sich nicht als Presseabwehrstellen verstehen, haben viel zu reden, aber wenig zu lachen. Ist die Presse mit ihnen zufrieden, bekommen sie zwangsläufig Ärger mit ihren Vorgesetzten. An solchen Querelen dürfte es auch Rüdiger Warnstädt nicht gefehlt haben, der heute seinen Dienst als Leiter der Justizpressestelle nach nicht einmal zwei Jahren quittiert und Richter wird. Womöglich war dieses Stück seiner Laufbahn deshalb so kurz, weil die Presse, jedenfalls aus der Sicht dieser Zeitung sich über ihn nicht beklagen konnte.« Matthes blieb mir auch später noch verbunden. Als ich schon längst Amtsrichter war, rief er mich einmal an, er sei in Bedrängnis, sein Gerichtskorrespondent ausgefallen, niemand in der Pressestelle zu erreichen, er brauche aber unbedingt einen kleinen Bericht über das Urteil, das in dem Prozeß gegen Soundso in den Abendstunden erwartet werde. Ich war stolz, als ich am nächsten Morgen meine auf Band gesprochene Mitteilung wortwörtlich als »Eigener Bericht« im »Tagesspiegel« lesen konnte.

Kurz nach meinem Ausscheiden aus der Pressestelle fand in Berlin eine Justizministerkonferenz statt, eine eigentlich völlig überflüssige Veranstaltung, was schon daraus hervorgeht, daß, was von niemanden mit einem auch nur einem bißchen kritischen Verstand bestritten werden dürfte, die Vielzahl von Justizministern genauso wie die Vielzahl sonstiger Landesminister nichts anderes als reine Geldverschwendung ist. Ich wurde für das »Damenprogramm« geworben. Heute müßte man fast ein »Herrenprogramm« für die Ehemänner veranstalten, weil das Justizressort in den letzten Jahren, wohl weil im Grunde als nicht so besonders wichtig eingestuft, mehr und mehr mit Frauen besetzt wird. Ich dachte mir ein Jahr vor dem »Preußenjahr« 1981 einen »Preußischen Spaziergang« über die Pfaueninsel aus. Ich hatte mich mächtig vorbereitet, war immer und immer wieder auf die Pfaueninsel gegangen, sogar mit dem Seminar von Professor Sperrlich, dem Direktor der West-Berliner Schlösser und Gärten, über die Insel gewandert und kannte schließlich jeden Weg und jeden Stein und jede Vase auf der Insel. Der Höhepunkt des schönen Vormittags war erreicht, als ich den Damen am Königin-Luise-Tempel ein KPM-Medaillon der Königin Luise von Preußen, die eine geborene Prinzessin von Mecklenburg-Strelitz war, überreichte. Die Frau des Bundesjustizministers schritt an meinem Arm und sagte, sie hätte nie gedacht, daß Berlin so herrlich sein könne. Die sich anbietende Frage, warum sie das denn nie gedacht habe, unterdrückte ich, einerseits wegen der Höflichkeit, andererseits weil ich wußte, daß die Frau das damals mit vielen gemeinsam hatte, die sich in Berlin einfach nie umschauten. Ich erinnere mich unangenehm an eine Bundestagspräsidentin, die in der sogenannten Hauptstadtfrage vehement für Bonn und gegen Berlin kämpfte und später auch sagte, sie habe gar nicht gewußt ... Die Ministerfrau war wirklich sehr begeistert, und als der Ausflug vor dem Hotel, in dem die ganze Konferenz sich zur Speisung einfand, endete, sagte sie zu mir: »Kommen Sie, ich stelle Sie nachher meinem Mann vor, der sucht immer so sympathische Leute wie Sie für sein Ministerium.« Als ich ablehnte und dabei sagte, daß ich das Ministerium schon kenne und daher wisse, daß das nichts für mich sei, weil ich mich als radikaler Anti-Bürokrat bezeichnen müsse, wäre fast eine kleine Mißstimmung eingetreten, wenn da nicht die Frau des niedersächsischen Ministers oder Staatssekretärs, was weiß ich, gesagt hätte: »Bleiben Sie Amtsrichter! Mein Mann und ich hatten die schönste Zeit unseres Lebens, als wir in Celle Amtsrichter waren.«

Amtsrichter war ich mit einem Trick geworden. Als einige Staatsanwälte in meinem Alter zur Beförderung zu Oberstaatsanwälten anstanden, sagte ich dem Senator, er wisse das vielleicht gar nicht, aber ich sei formell immer noch Staatsanwalt.

Da ich mich um ihn, wie er nicht bestreiten werde, trotz allem verdient gemacht habe, müsse er mich nun zum Oberstaatsanwalt befördern, das sei völlig unvermeidbar. Der Senator bestritt nicht und sagte zu, obwohl ihm das alles eigentlich völlig egal war. Einen Tag nun, bevor ich die Beförderungsurkunde zum Oberstaatsanwalt erhalten sollte, kam der, der mich immer besonders scheel ansah, und machte mir den Vorschlag, auf die Beförderung zu verzichten. Er würde mich dafür zum Amtsrichter machen lassen, vorausgesetzt, ich mache die Pressearbeit noch eine Weile weiter. Das war ganz in meinem Sinne, ich setzte also, nunmehr beruhigt, meine Pressearbeit fort, die mir und manchmal auch dem Senator, vor allem aber den Journalisten, mit denen ich zu tun hatte, ja auch Spaß machte, und eines Tages erhielt ich ganz nebenbei beim Frühstück des Senators meine Ernennung zum Amtsrichter.

Eines Tages stürzte der Senator. Ich wußte stets, irgendwann würde er. Aber ich dachte immer, der Grund werde sein, daß der Beamtenkörper ihn eines Tages werde auflaufen lassen. Es kam jedoch anders. Ende Mai, an einem herrlichen Sonnabendmorgen, war ich gerade dabei, mich auf mein Fahrrad zu setzen und hinauszufahren. Wahrscheinlich an den Wannsee, liebend gern wäre ich an den Müggelsee gefahren. Das aber ging nicht. Jedenfalls nicht mit dem Fahrrad. Bei den Vereinbarungen mit dem »Osten« war zwar von Ost und West an das Auto gedacht worden, aber nicht an das Fahrrad. Das Autofahren war offensichtlich auch damals schon gesamtdeutsche Konstante. Im letzten Augenblick hörte ich das Klingeln des Telefons. Der Lagedienst der Polizei teilt mit, daß aus dem Gefängnis, der UHAA (Untersuchungshaft- und Aufnahmeanstalt), heute JVA (Justizvollzugsanstalt) Moabit, mehrere Angeklagte des Lorenz-Drenkmann-Prozesses gewaltsam befreit worden seien. Mein Ausflug war geplatzt. Da niemand sonst zu erreichen gewesen war, habe ich stundenlang am Gefängnistor Rede und Antwort zu stehen. Am Abend noch »große Lage«, der Senator schreibt Rücktrittsbrief an den Regierenden Bürgermeister. Zwei Jahre zuvor war schon einmal ein Justizsenator wegen eines spektakulären Gefangenenausbruchs zurückgetreten, da meinte der jetzige wohl, es sei Politik, das auch so zu machen. Er ließ sich nicht davon überzeugen, daß jener Rücktritt ganz allgemein als Unfug angesehen worden war, war dann aber ganz froh, daß der Regierende Bürgermeister den Rücktritt nicht annahm.

Seine Freude war indes nur kurz. Etwa vier Wochen später schlug das Schicksal zu. Es entbehrt nicht der Komik, daß ausgerechnet das Wiedereinfangen eines der Geflohenen nun zum Rücktritt des Senators führte. Der Angeklagte Till Meyer hatte sich nach seiner Flucht aus dem Gefängnis zur Erholung nach entweder Sonnen- oder Goldstrand an die bulgarische Schwarzmeerküste begeben. Dort hatte ein Urlauber ihn erkannt und nach Berlin gemeldet. Dieser Urlauber war ein Berliner Justizbeamter. Kaum war das intern bekannt geworden, trompetete einer aus der näheren Umgebung des Senators, der ohnehin immer gern trompetete und sich wichtig tat, den Vorfall mit allen Einzelheiten in die Presse hinein. Als man das erfuhr, war man entsetzt, denn man befürchtete, daß dieser Justizbeamte jetzt gefährdet sei. Der Regierende Bürgermeister verlangte Auskunft, der Senator konnte keine geben, und da er offensichtlich in diesen hektischen Wochen auch schon völlig den Überblick verloren hatte, wurde sein Rücktritt nun nicht nur erwartet, sondern auch angenommen.

Ich hatte bei dem ganzen Brimborium gemerkt, was da für Dilettanten am Werk waren. Ich hatte immer zur Ruhe gemahnt, konnte mir aber gar kein Gehör und gar keine Aufmerksamkeit verschaffen. In der Zwischenphase hatte ich dem Senator noch geschrieben: »Caro Senatore! Herzlichen Glückwunsch zur Vehemenz Ihres gestrigen Vortrags. Aber Vehemenz allein genügt nicht, Änderungen sind dringend notwendig ...« Aber es herrschte weiter die reine Aufregung, er saß mit seinem »Stab« bis in die Nacht und beratschlagte aufgeregt. Eines Abends rief er mich zu Hause an und sagte: »Wir haben hier eine Zusammenkunft, Sie fehlen. Meinen Sie nicht, daß Ihnen etwas entgeht?« Ich konnte ungerührt antworten: »Ich bin mir ganz sicher, daß mir nichts entgeht.« Ich war mir tatsächlich ganz sicher, und das Hinaustrompeten der Bulgariengeschichte war auch ganz und gar gegen meinen Rat geschehen. Ich merkte, ich bin da fehl am Platz.

Kurze Zeit später kam ein neuer Senator, Gerhard Meyer aus Hamburg oder Hannover mit verschiedenen Spitznamen, so Gummi-Meyer, weil er mal bei einer Reifenfirma in Hannover gearbeitet haben sollte, oder auch Tokio-Meyer, weil er dafür bekannt gewesen sein soll, immer sehr gern und sehr viel Reisen für seine Partei oder auch andere Organisationen unternommen zu haben. Der Mann war ruhig und freundlich, und mit dem wäre es eigentlich auch gegangen. Ich wollte aber nicht mehr. Ich war mittlerweile vierzig Jahre alt geworden, da ist man keine Hilfskraft mehr bei einem Senator, da ist man, wenn schon, der Senator selbst. Schreck, laß nach! Am 18. September 1978 schrieb ich »Herrn Senator und Herrn Senatsdirektor und sodann Herrn Abteilungsleiter«: »Ich bitte, mich dem Amtsgericht Tiergarten zu überstellen. Als der günstigste Zeitpunkt erscheint mir aus technischen Gründen (allgemeine Abwicklung, aber auch vereinbarte Termine) der 22. Oktober, indessen ist mir auch ein früherer Termin recht.« Am 1. Dezember 1978 machte ich die ersten Hauptverhandlungstermine in meiner neuen Abteilung im Kriminalgericht und blieb dann dort fast fünfundzwanzig Jahre, immer mit den gleichen Strafsachen, immer mit derselben Begeisterung, immer auf demselben Stuhl, der jetzt bei mir zu Hause steht und auf dem ich die Autogramme von geschätzten Personen gesammelt habe. Ein bißchen Sentimentalität darf sein, bin schließlich Berliner.

Miniaturen aus Moabit und Umgebung

»Ein gewisses Gertchen«

Monika will, nachdem sie gegen Mitternacht mit der Tageseinnahme ihre »Bierquelle« im Wedding verlassen hatte, direkt vor dem »Nachtfalter«, ebenfalls Wedding, vom Angeklagten beraubt worden sein. Der Angeklagte bestreitet. Er sagt, er habe zwar vor dem »Nachtfalter« auf Monika gewartet, aber nicht, um sie zu berauben, sondern um sich mit ihr »auszusprechen«. Angelika, »Nacht-Bedienung« im »Nachtfalter«, hatte das Zusammentreffen Monikas mit dem Angeklagten vor ihrem »Nachtfalter« aus dem Fenster heraus beobachtet. Sie ist vor dem Schöffengericht als Zeugin erschienen und sagt aus: »Ick kiecke aus dem Fenster, sage zu meine Gäste, weil ick Monika jut kenne, paßt uff, gleich kommt se rin und sacht, ick bin vons Jertchen beraubt worden. Schon jeht die Tür uff, Monika stürmt rinn und sacht, ick bin vons Jertchen beraubt worden. Ham wir jelacht!«

Ich frage: »Sie glauben also der Monika nicht?«

Angelika antwortet: »Nee, nich im jeringsten. Von der is schon viel jelogen worden. Es jeht meist immer um dies jewisse Jertchen, aber det erzähl ich Ihnen nich, dazu is mir Ihre Zeit zu kostbar.«

Ich frage: »Wie stehen Sie denn so zur Monika im allgemeinen?« Monika ist noch im Sitzungssaal. Sie hatte ihre Zeugenaussage zwar bereits gemacht, durfte und wollte aber noch dableiben.

Angelika wendet sich ganz langsam zu Monika nach hinten, blickt sie lange an, dreht sich dann betont langsam zum Richtertisch zurück und spricht dann fast feierlich die Worte: »Ach, wissen Se, sie kann mir nich leiden, ick kann ihr nich leiden. Se glooben jar nich, wie det verbindet.«

Mißtrauen

Manche Strafprozesse ziehen sich nur deshalb so lange hin oder hinterlassen auch sonst ein schales Gefühl, weil es nicht gelingt, das Mißtrauen zwischen den Beteiligten, das da naturgemäß zunächst einmal herrscht, zu überwinden. Nicht immer gelingt das, aber manch einer versucht es leider auch gar nicht erst einmal. Wichtig ist, dem Angeklagten zu zeigen, daß man ihm nichts verbirgt. Mein alter Freund Oberstaatsanwalt Dr. W. meinte vielleicht das, wenn er zu sagen pflegte, List ist erlaubt, Hinterlist verboten. Offen sein, sagen, was man vorhat!

Ein Angeklagter bestreitet vehement, obwohl die Sache eigentlich so klar ist, daß ich nicht einen einzigen Zeugen geladen habe. Ich erwarte ein Geständnis und sage: »Sollen wir wirklich die fünf Zeugen herbeiholen, die bei der Polizei alle ausgesagt haben, sie hätten Sie einwandfrei erkannt? Wollen Sie wirklich behaupten, die hätten alle gelogen?«

Nichts hilft, Angeklagter bleibt dabei, er sei es nicht gewesen, da könnten so viele kommen wie wollten, er bestreite. Da wird mir plötzlich klar, daß der Angeklagte, der mir und anderen seit längerem bekannt ist, deshalb so kämpft, weil er diesmal längere Freiheitsstrafe ohne jegliches Pardon erwartet. Da nun aber das, was der Angeklagte diesmal ausgefressen hat, ausnahmsweise verhältnismäßig so schlimm nun auch wieder nicht ist, sage ich zu ihm: »Sagen Sie mal, was erwarten Sie denn für eine Strafe, wenn Sie es wirklich gewesen sein sollten?«

Der Angeklagte antwortet: »Weeß ick doch nich, Sie sind der Richter!« Ich sage: »Ja, das weiß ich ja. Und deshalb weiß ich auch, daß ich Ihnen am liebsten jetzt auf der Stelle drei Monate mit Bewährung geben möchte.«

Der Angeklagte springt auf und ruft freudig erregt: »Wat denn, wat denn! Nochmal Bewährung? Ick danke Ihnen. Ick jebe allet zu. Ick nehm det Urteil an!«

Bügeln

Der Angeklagte soll der Frau in ihrer Wohnung die Kleider vom Leibe gerissen haben, um sie zu vergewaltigen. Beide hatten zuvor an einem glühendheißen Sonntagvormittag auf dem Kollwitzplatz gesoffen; getrunken zu sagen, wäre falsch, zu große Untertreibung. Der Angeklagte fühlt sich ungerecht behandelt, er sagt in der Hauptverhandlung, man sei sich doch einig gewesen, die Fröhlichkeit in der Wohnung der Frau fortzusetzen. Ein Zeuge wird vernommen, er sagt aus:

»Ick und ’n paar Kumpel saßen vor der Eisdiele und tranken Bier. Da kam der Angeklagte vorbei. Er hatte die Frau über seine Schulter jeworfen jehabt und sagte, jetz jeht’s zu die nach Hause, da wird jebüjelt.«

Die Staatsanwältin fragt den Zeugen: »Was meinte der Angeklagte mit ›gebügelt‹?«

Der Zeuge antwortet der Staatsanwältin: »Müssen Se den Angeklagten nach fragen!«

Die Staatsanwältin fragt den Angeklagten: »Angeklagter, was sollte das heißen ›jetzt wird gebügelt‹?«

Der Angeklagte antwortet der Staatsanwältin: »Is ja nischt jeworden ...«

Die Staatsanwältin sagt zum Angeklagten: »Ich möchte von Ihnen wissen, was das heißt, es werde jetzt ›gebügelt‹!«

Der Angeklagte sagt zur Staatsanwältin: »Ick sage ja, is nischt jeworden, ick war ooch viel zu blau zu sowat.«

Die Staatsanwältin guckt den Angeklagten streng an und sagt scharf: »Ich bestehe auf einer Antwort!«

Der Angeklagte wendet sich der Staatsanwältin zu und betont jedes Wort: »Nun lassen Sie’t mal jut sein. Zu Ihnen sage ick jetzt jar nischt mehr, Sie verstehen mir ja sowieso nich, jute Frau ...«

Rathenow

Die Angeklagte setzte sich nicht einmal hin, stock und steif blieb sie stehen, eisernes Gesicht, totale Ablehnung, auch liebevolles Zureden der Tochter half nichts. Die Tochter kommt zu mir und sagt: »Meine Mutter ist aus Rußland, ist von meinem Vater, einem Deutschen, geschieden, lebt seit Jahren ganz allein in Rathenow. Können Sie sich das vorstellen, wie das ist – eine Russin in Rathenow? Seit langem spricht sie mit niemandem, weil niemand mit ihr spricht. An der Sprache liegt es nicht, mein Vater hat sie in Moskau kennengelernt, als sie Germanistik studierte.« Ich wende mich an die Angeklagte und sage: »Frau Schulz, so tun Sie mir doch den Gefallen und setzen Sie sich wenigstens erst einmal!« Nichts, Tamara Schulz steht und bleibt stehen und spricht auch nicht.

Türke in Italien, Italienerin in Algier, da denkt man an heiteres Theater mit Musik von Gioacchino Rossini, aber Russin in Rathenow, woran denkt man da? Damals, als Frau Schulz den Wintermantel bei Woolworth gestohlen hatte, war »Wendezeit«, da verband sich Rathenow noch nicht mit Naziüberfällen auf Ausländer, und so fiel mir damals bei »Russin in Rathenow« nur Russisches ein, und bei »Frau Schulz, Russin« dachte ich an all die vielen schönen russischen Namen, die den darin Ungeübten bei Dostojewski, Tschechow und Tolstoi so zu verwirren pflegen, weil es zwar wie hierzulande auch Vornamen und Familiennamen gibt, aber dazu noch den Vatersnamen, der dem Ganzen die Würze verleiht. Und mir fällt ein, daß man in Rußland, soweit ich das jedenfalls aus den russischen Romanen weiß, den Familiennamen seltener gebraucht. Man spricht sich gegenseitig mit Vor- und Vatersnamen an, das schafft eine freundliche Atmosphäre. Ich frage die Tochter der Angeklagten: »Würden Sie mir sagen, wie Ihr Großvater mütterlicherseits heißt?« Die Tochter scheint zu ahnen, warum ich frage, und sagt: »Der Vater meiner Mutter heißt Wladimir Michailowitsch Smirnow.«

Auf »Wladimir« kommt es an. Der Vatersname eines eventuellen Sohnes des alten Smirnow wäre Wladimirowitsch, Sohn des Wladimir, der Vatersname der Tochter des alten Smirnow ist Wladimirowna, Tochter des Wladimir. Frau Schulz hieße also in ihrer Heimat Tamara Wladimirowna Schulz. Ich wende mich an die Angeklagte und sage wie nebenbei zu ihr: »Also bitte, nun setzen Sie sich doch endlich hin, Tamara Wladimirowna!«

Frau Schulz aus Rathenow schaut auf, nimmt auf der Anklagebank Platz und lächelt sogar ein bißchen.

Ganz früher

Der Name war komisch, Pim Staude. Aber was die in Berlin verheiratete asiatische Schönheit ausgefressen haben sollte, war ganz und gar nicht komisch. Sie sollte, ich hoffe, das ist ein zulässiges Wort, Landsmänninnen in der U-Bahn, in Kaufhäusern, auf der Straße aufgespürt und in ein Café eingeladen haben. Dort gewann sie das Vertrauen der Frauen, die froh waren, sich endlich mal wieder in ihrer Muttersprache unterhalten zu können und das mit einer so bestrickend angenehmen Person, wie es die Angeklagte ganz zweifellos sein konnte. Man unterhielt sich in dem Café prächtig und nach ein, zwei oder manchmal auch drei Likören war es meist so weit, daß die Frauen in einer gemütlichen Wohnung in Neukölln landeten, wo in fröhlicher Frauenrunde Karten gespielt wurde. Die Neue wurde herzlich begrüßt und gewann im Kartenspiel, jedenfalls zunächst einmal. Ein, zwei oder manchmal auch drei Liköre ließen die folgenden Verluste im Kartenspiel in milderem Licht erscheinen. War das Geld alle, gab es von der liebenswürdigen Angeklagten Kredit zur Fortsetzung des heiteren Spiels, wofür natürlich Schuldscheine unterzeichnet werden mußten. Ein paar Tage nach diesem Ausflug klingelte dann bei den aufgegabelten Frauen das Telefon. Pim war am Apparat und verlangte gebieterisch das geliehene Geld zurück, natürlich mit horrenden Zinsen. Werde nicht sofort gezahlt, so Pim, werde sie den deutschen Ehemännern melden, wo und wie ihre Frauen deren schwerverdientes Geld verschleuderten.

Als Pim Staude in der Hauptverhandlung erschien, ging ein bewunderndes »Ah« durch den Saal. Die Angeklagte konnte man wirklich eine Schönheit nennen, sie war gepflegt, mandeläugig, dezent geschminkt, ein kleines schwarzes elegantes Kleid ließ viel Platz zur Bewunderung tadellos geformter langer Beine. Eine Augenweide, ein Bild schönster asiatischer Weiblichkeit, das sich da bot. Und doch: irgend etwas erregte meinen Argwohn oder auch nur meine Neugier. Und Pim Staude merkte das sofort. Unsere Blicke begegnen sich. Ich winke sie heran und frage fast flüsternd: »Sagen Sie bitte, Pim Staude, waren Sie schon immer eine Frau?« Pim Staude lächelt betörend, öffnet ihren schönen Mund und flüstert zurück: »Ganz früher – nein!«

Statistik

Der Angeklagte war ein wirklich netter junger Mann, Student der Mathematik, er hatte bei »Lafayette« ein Paar recht teure Handschuhe gestohlen. Er gab den Diebstahl zu, legte aber ungeheuren Wert darauf, daß er nur dieses eine Mal schwach geworden sei, noch nie zuvor habe er irgend etwas in irgendeinem Geschäft gestohlen. Ich frage ihn, was er denn von Statistiken halte. Er antwortet schnell, daß Statistik, mathematische Wahrscheinlichkeit und so etwas zu seinen besonderen Lieblingswissenschaften gehörten. Ich sage: »Schade für Sie, denn ich weiß, daß von Statistik gar nichts zu halten ist. Sie sind wieder mal der lebendige Beweis dafür.« Er sagt: »Wie denn das? Wie kommen Sie darauf?« Ich sage: »Sehen Sie, nach den einschlägigen Statistiken wird nur jeder zehnte Ladendieb gestellt. Das muß doch falsch sein, wenn Sie gleich beim ersten Mal geschnappt worden sind.«

Im Angeklagten wogt es, sichtbar wird in seinem Inneren ein Kampf ausgetragen. Dann will er, das sieht man, mir etwas sagen, scheut sich aber, weil so viele Leute zuhören. Ich winke den Angeklagten heran: »Nun, wie oft schon vorher? Sagen Sie es mir ins Ohr, ich verrate Sie nicht.« Der Angeklagte blickt auf den Staatsanwalt, kommt näher und flüstert mir ins Ohr: »Sechs Mal schon.« Dann sagt er laut: »Aber jetzt nie wieder!«

Selbsterkenntnis

So höflich sind nur Polen. Ich glaube fast, schon aus Höflichkeit bestritt der Angeklagte die Vorwürfe nie, die die Staatsanwaltschaft gegen ihn erhob, zumal die Staatsanwaltschaft, wenn ich mich recht erinnere, immer durch eine Frau vertreten war und Frauen gegenüber sind Polen sogar unübertrefflich höflich. Immer, wenn die Staatsanwältin, ihn etwas fragte, sagte er: »Tak, tak, prosze pania, ja, ja, meine Dame.«

Der Angeklagte hatte viel ausgefressen, fraß viel aus und wird wohl noch weiter viel ausfressen. Die Gefängnisstrafen erschütterten ihn nicht, kaum wieder »draußen«, beging er neue Straftaten. Wie er wirklich hieß, wußte keiner, vielleicht sogar er selbst nicht mehr. Seit Jahren gab er jedesmal einen anderen Namen an. Da die Zuständigkeit der Amtsrichter im Kriminalgericht danach geregelt ist, mit welchem Buchstaben der Name des Angeklagten beginnt, hätte dieser Angeklagte also eigentlich mal hier, mal dort auftauchen können. Obwohl ich nur den Buchstaben »S« zu betreuen hatte, kam der Angeklagte immer zu mir, auch wenn sein derzeitiger Name nicht mit »S« anfing. Das lag daran, daß die Staatsanwaltschaft sich irgendwann mal für einen Namen des Angeklagten als den zutreffenden Namen entschieden hatte und daß dieser Name zufällig mit »S« begann. Mir war das egal, ich haßte Zuständigkeitsstreitereien wie die Pest, und der Angeklagte war ja auch, wie gesagt, immer sehr höflich, nicht nur zur Staatsanwältin, sondern auch zu mir. So etwas hat man gern. Ich bezeichnete den Angeklagten allerdings nie mit einem seiner verschiedenen Namen. Bei mir hieß es in den Protokollen und in den Urteilen immer, die Strafsache richte sich »gegen den Mann, der zur Zeit zur Gefangenenbuch-Nummer« Soundso in Moabit oder Tegel oder Plötzensee in Haft sitze, und der sich gegenwärtig Soundso nenne. Das fanden natürlich viele wieder mal sehr komisch, aber Namen sollen doch sowieso Schall und Rauch sein, was besonders zutreffend sein muß, wenn man weiß, daß der Name ohnehin nicht zutreffend ist.

Als ich den höflichen Polen das letzte Mal verurteilte, gab er »Przygoda« als seinen gegenwärtigen Namen an. Meine Dolmetscherin Nadija Hackenberg, die den Angeklagten bei mir auch schon jahrelang »betreute«, lachte und fragte mich: »Wissen Sie, was das auf Deutsch heißt?« Bevor ich etwas sagen konnte, meldete sich der Angeklagte, lächelte und sagte höflich: »Przygoda ist Polnisch und heißt auf Deutsch ›Abenteurer‹«.

Promille

Die Blutprobe des Angeklagten ergab sage und schreibe vier Komma zwei Promille. Das war, jedenfalls in meinem Bereich des allgemeinen Strafrechts, so weit über dem Durchschnitt, daß ich mich fragte, ob der Angeklagte in diesem Zustand denn überhaupt die fast akrobatische Leistung habe erbringen können, die ihm die Staatsanwältin zur Last legte. Über einen Zaun und einen Mauervorsprung sollte er auf ein Dach gelangt sein und sich dann vom Dach durch ein Oberlichtfenster in die Küche eines Restaurants hinabgelassen haben, das alles geräuschlos und ohne sich zu verletzen oder irgend etwas zu beschädigen. Ich fragte die Staatsanwältin danach.

Die Staatsanwältin, eine reizende ältere Oberamtsanwältin, war eine Expertin auf dem Gebiet des Alkohols. Nicht etwa, weil sie vielleicht selbst mal ..., nein, dazu war sie ganz und gar nicht die Frau, in dieser Hinsicht war sie gewiß eher zimperlich, wobei mir dieser Ausdruck nur deshalb kommt, weil sie so ähnlich hieß und auch ein bißchen so aussah. Die Staatsanwältin war Expertin, weil sie seit Jahren als Staatsanwältin in Strafsachen des Straßenverkehrs arbeitete und zum Strassenverkehr und zum Auto gehört ja bekanntlich der Alkohol wie das Amen zur Kirche. Ich kann es eigentlich gar nicht fassen, daß niemand etwas dabei findet, daß in Tankstellen Schnaps verkauft wird.

Die Staatsanwältin kam mir zur Hilfe. Sie sagte: »Nein, nein, das ist schon möglich. Wir haben hier zwar mit den vier Komma zwei recht viel Promille, aber neulich hatte ich sogar vier Komma sechs.« Der Angeklagte hob den Blick, wendete sich der alten Dame, man könnte fast sagen, liebevoll zu und sagte dann bewundernd zu ihr: »Wat denn, vier Komma sechs? Sie persönlich? Alle Achtung!«

Gefängnis auf Wunsch

Meine lieben Wachtmeister Wolfgang Schwarzkopf und Erik Neumann melden, von der »Pforte Turmstraße« sei gemeldet worden, da sei einer mit zwei Reisetaschen erschienen und habe gesagt, er wolle zu mir, daß ich ihn einsperre. Na dann herein mit ihm, soll er kommen!

Er erscheint mit den beiden Reisetaschen im Sitzungssaal. Ich frage: »Wohin soll die Reise denn gehen?« Er sagt: »Ich möchte ins Gefängnis. Ich war Ende vergangenen Jahres vier Wochen drin. Sie haben mich dann verurteilt und auf Bewährung entlassen. Ist aber nichts geworden. Ein halbes Jahr ist vergangen, ich liege jetzt auf der Straße. Erst habe ich bei Freunden auf der Besuchsritze geschlafen, jetzt will mich aber keiner mehr haben. Bin zu nichts fähig, kann mir nicht einmal einen neuen Ausweis beschaffen, immer fehlt was, schaffe das einfach nicht. Ich bitte Sie dringend, sperren Sie mich ein, ich brauch erst mal Ruhe, nichts als Ruhe.«

Gibt's denn so etwas? Das ist ganz neu. Das hatte ich nun wirklich noch nicht. Ich überlege, sage dem Mann, daß es hier so sei, daß diejenigen, die eingesperrt werden, das nicht wollen. Aber er wolle ja und das gehe nicht, jedenfalls nicht so ohne weiteres. Er habe Bewährung, und da werde man nur eingesperrt, wenn man sich nicht bewähre. Und man bewähre sich nur dann nicht, wenn man wieder eine Straftat begehe. Begehe man eine Straftat in der Bewährungszeit, könnte man an den Widerruf der Strafaussetzung zur Bewährung denken und ihn dann allerdings sogar wenigstens vorläufig hierbehalten. Aber er habe ja gar keine neue Straftat begangen.

Der Mann hat alles verstanden, denn er erhebt sich und sagt laut und erfreut: »Daran soll es nicht scheitern, ich habe ja ... Ich bin mit meinem Auto hergekommen, habe jedoch keinen Führerschein. Mein Auto ist auch nicht zugelassen und steht außerdem hier vorm Gericht im Halteverbot. Reicht das für den Widerruf?«

Allgemeines Aufatmen, es reicht, ich erlasse einen Sicherungshaftbefehl. Die Wachtmeister holen zwei weitere Taschen Reisegepäck aus dem Auto und begleiten den glücklichen Mann ins Gefängnis. Einige Wochen später bittet die Bewährungshelferin um einen Termin für den Mann. Beide weisen nach, daß die Ziegner-Stiftung, eine Vereinigung, die sich sehr um die Eingliederung von Häftlingen verdient macht, dem Mann Unterkunft und Arbeit zugesagt hat. Ich sage: »Wenn Sie wollen, können Sie wieder gehen.« Er will. Bevor er geht, zeigt er mir noch stolz seinen brandneuen Personalausweis.

Düsseldorf

Wer Hauseigentümer ist, hat auch einige Pflichten, unter anderem muß er streuen oder streuen lassen, wenn Eis oder Schnee liegt, sonst gibt es vom Amt ein Bußgeld.

Ein solches Bußgeld hatte auch das Geschwisterpaar ereilt, das im Grundbuch von Charlottenburg als Eigentümer eines beneidenswert stattlichen Hauses eingetragen war, vor dem allerdings an dem Tag, an dem der Mieter Senatsrat Dr. Sitzfest – Name geändert – nebst Gattin schmerzhaft zu Fall kamen, weder Schnee und Eis beseitigt noch wenigstens »abstumpfende Mittel« aufgetragen waren. Gegen ein solches Bußgeld kann das Amtsgericht angerufen werden, und das hatte das Geschwisterpaar dann auch durch zwei, wie man merken konnte, indessen auch sollte, sehr renommierte Düsseldorfer Rechtsanwälte getan. Einer der Anwälte rief mich an: Man trete normalerweise vor Amtsgerichten nicht auf, mache hier aber mal eine Ausnahme. Zum einen sei der weibliche Teil des Geschwisterpaars die Gattin des Chefs der Rechtsanwaltskanzlei, zum andern sei es auch wieder mal an der Zeit, die »alte Hauptstadt« – also West-Berlin, die Mauer stand noch – zu besuchen und dabei nach dem Grundstück zu sehen, und interessant sei auch, zu überprüfen, ob das »Kempinski« noch den Maßstäben entspreche, die man heute in Westdeutschland, insbesondere in Düsseldorf anlege. Man bitte um einen Hauptverhandlungstermin einen Tag nach Himmelfahrt, man könne dann drei Tage bleiben. Ich solle wegen der Kosten aber keinen Schreck bekommen, man wisse natürlich genau, daß die Justizkasse, die bei dem unvermeidbaren Freispruch die Kosten zu tragen habe, für die vier Personen, also das Geschwisterpaar und die beiden Rechtsanwälte, neben den Hin- und Rückflügen nur eine Nacht »Kempinski« zu erstatten haben werde.

Am Tag nach Himmelfahrt erscheinen die »Betroffenen«, wie die Beschuldigten im Bußgeldverfahren rücksichtsvoll genannt werden, also das Geschwisterpaar, und die beiden Rechtsanwälte. Die Rechtsanwaltsgattin sehr hübsch und sehr elegant, ihr Bruder, ein Bankdirektor aus Baden-Baden, womöglich noch hübscher und noch eleganter, die beiden Rechtsanwälte sehr souverän, fast nicht merken lassend, wie ungewohnt es ihnen ist, in so einer kleinen Sache aufzutreten, noch dazu vor einem Amtsgericht in Berlin-Moabit. Sehr souverän auch der Vortrag der Rechtsanwälte: Zwar seien ihre Mandanten, die »betroffenen« Geschwister, noch im Grundbuch als Eigentümer eingetragen, jedoch seien – das ergebe sich aus den Unterlagen 1 bis 6 – alle Rechte und vor allem auch alle Pflichten längst auf eine Gesellschaft übergegangen, jedoch sei das – das ergebe sich aus den Unterlagen 7 bis 11 – auch nicht mehr aktuell, sondern – Unterlagen 12 bis 15 – gegenwärtig und bis auf weiteres ...

Ich unterbreche den Vortrag und sage: »Meine Herren Rechtsanwälte, gestatten Sie, haben Sie etwa noch mehr Unterlagen, die Sie mir überreichen wollen? Ich sehe zu meiner Bestürzung vor Ihnen ja noch Berge von Papier ... Haben Sie das wirklich alles ausgearbeitet oder, besser gesagt, ausarbeiten lassen und sind Sie damit und deswegen tatsächlich von Düsseldorf und Baden-Baden nach Berlin-Moabit gereist, wo es doch hier nur um je zweihundert DM Bußgeld geht? Ich muß sagen, ich bin doch sehr verwundert über diese Verfahrensweise!«

Die Rechtsanwälte heben die Arme und sagen: »Wir sind ganz Ihrer Meinung, das alles hier ist völlig unangemessen ...« Ich sage: »Ja, völlig unangemessen, ich stimme Ihnen zu. Und das Ganze ist nicht nur unangemessen, sondern sogar lächerlich. So kann ich davon ausgehen, daß es in Ihrem Sinne ist, wenn ich das Verfahren auf der Stelle beende. Mein Beschluß geht also dahin, daß wir auf die beiden Bußgelder verzichten und daß wir auch keine Verfahrenskosten erheben. Meine Damen und Herren, das Verfahren ist damit beendet, ich wünsche Ihnen allen noch schöne Tage in Berlin!«

Die Rechtsanwälte schauen erstaunt, dann sagen sie scharf: »Und unsere Auslagen? Vier Flüge und vier Mal ›Kempinski‹? Darüber sagen Sie gar nichts?« Ich versuche, noch erstaunter zu gucken, und sage so trocken wie nur irgend möglich: »Nein, das können Sie unmöglich beanspruchen. Das wäre ja noch unangemessener und noch lächerlicher, wenn die Justizkasse Ihnen das zahlte. Also nochmals, viel Spaß in Berlin! Und auf Widersehen!«

Vier Leute sitzen vor mir mit offenen Mündern, springen dann auf, ballen die Fäuste und rufen »Rechtsverweigerung«, was natürlich völlig falsch ist, denn ihnen war ja nicht Recht, sondern nur zu Recht Geld verweigert worden. Ich entweiche ins Beratungszimmer, höre durch den Türspalt jedoch noch einigen Tumult. Nach heftigem Türenschlag tritt Ruhe ein und kommt meine Protokollführerin und berichtet: »Die sind über den armen Senatsrat hergefallen, haben ihn einen Denunzianten und Schweinehund genannt. Also, wissen Sie, vornehmer als unsere sonstige Kundschaft sind die auch nicht.«

Verhältnismäßigkeiten

Der Tag wurde verhältnismäßig unangenehm. Genau weiß man ja nie, woran das liegt, es kann einfach so kommen. Wahrscheinlich »stimmte die Chemie nicht« zwischen den Beteiligten, wie der völlig unverhältnismäßig grauenvolle Ausdruck lautet. Ich hatte amtsrichterlichen Sonntagsdienst im Bereitschaftsgericht. Da muß jeder mal ran, denn es muß immer ein Amtsrichter in Bereitschaft sein, um eilige und eiligste Sachen zu entscheiden, vor allem Haftsachen. Bei der Haft ist es so, daß ein von der Polizei Festgenommener spätestens am nächsten Tag danach dem Richter zugeführt werden muß. Gelingt das nicht, muß er freigelassen werden, was, so muß man denn doch wohl sagen, selbst bei der herrschenden verhältnismäßig großzügigen Haftpraxis nicht immer angezeigt ist. Als ich den Morgen im Bereitschaftsgericht erschien, sagten mir die beiden Damen von der Geschäftsstelle, die Polizei habe zehn Haftvorgänge gebracht, alle Vorgänge seien schon vor einer guten halben Stunde der verhältnismäßig früh erschienenen Staatsanwältin in deren Zimmer vorgelegt worden. Das hörte ich gern und ging zur Staatsanwältin, um sie zu begrüßen und um zugleich zu sehen, welche der Vorgänge sie denn schon zur Entscheidung vorbereitet habe. Zu meinem Erstaunen war noch gar nichts vorbereitet worden, die Staatsanwältin las zigarettenqualmend die Zeitung. Das mißfiel mir, denn ich muß ja, solange die Staatsanwältin nichts vorbereitet hat, tatenlos herumsitzen. Ich bat die Frau also, mit der Arbeit anzufangen. Sie blies Rauch in die Luft, schlug eine neue Seite ihrer verhältnismäßig gut zu ihr passenden Zeitung auf und sagte: »Sie sind nicht mein Vorgesetzter.« Ich erwiderte: »Da haben Sie aber verdammtes Glück.«

So fing es an. Es setzte sich so fort, daß sich die Staatsanwältin gar nicht in meinem Sitzungszimmer blicken ließ. Sie schickte immer ihren Referendar, und wenn ich Fragen hatte, ging der hinaus und kam nach längerer Zeit stets mit einer verhältnismäßig belanglosen Antwort wieder. Auch das mißfiel mir. Aber noch mehr erregte mein Mißfallen, daß unter jedem Antrag, den die Staatsanwältin durch den Referendar zu mir bringen ließ, der Satz stand: »Dieser Antrag ist verhältnismäßig.«

Alle Juristen lernen, daß bei jeder Handlung die »Verhältnismäßigkeit« geprüft werden müsse. Damit ist gemeint, daß man sich immer genau überlegen solle, ob die Maßnahme, die man ergreifen möchte, in einem vernünftigen, angemessenen Verhältnis zu dem angestrebten Zweck stehe. Will man also beispielsweise jemand einsperren, so muß man überlegen, ob das in dem Fall nicht zu hart sei und ob es nicht vielleicht genüge, dem Beschuldigten zur Vermeidung einer Flucht vor dem Strafverfahren den Paß abzunehmen oder möglicherweise eine Kaution. Das wiederum muß in einem vernünftigen Verhältnis zu der Straftat stehen, deren der Beschuldigte verdächtig ist. Man wird also weniger Bedenken haben, jemanden einzusperren, der im Verdacht des Totschlags steht, als denjenigen, dem nur eine Maulschelle vorgeworfen wird.

An dem Wort »Verhältnis« selbst hört man schon, daß immer zwei Dinge zueinander ins Verhältnis gesetzt werden müssen. Wird nicht gesagt, welche zwei Dinge das sind, ist »verhältnismäßig« nichts als leere Floskel. Ein Ding allein kann niemals »verhältnismäßig« sein. Nun ergibt sich das, was da ins Verhältnis gesetzt wird, meist aus dem Zusammenhang. Sagt man, der oder die sei verhältnismäßig klug oder dumm oder dick oder dünn oder schön oder häßlich, so setzt man den oder die damit ganz klar ins Verhältnis zum Durchschnitt der Bevölkerung. Nur Pedanten fordern in jedem Fall Erläuterung.

Hier, an jenem Sonntag, las ich nun aber immer wieder denselben stereotypen Satz. Ich bat daher den Referendar der Staatsanwältin, man möge doch beim nächsten Mal mitteilen, im Verhältnis wozu der Antrag verhältnismäßig sei. Als keine Erklärung kam und die Sache einfach so weiterging, wußte ich, daß meine Vermutung, hier erlaube sich jemand, mir inhaltsleere Hülsen zuzuschieben, berechtigt war. So sagte ich schließlich zu dem Referendar der Staatsanwältin: »Sagen Sie doch bitte Ihrer Auftraggeberin, sie möge wenigstens angeben, ob ihre Anträge verhältnismäßig intelligent oder unintelligent seien, schlicht ›verhältnismäßig‹ nehme ich nicht mehr entgegen.«

Am Montag fragte mich im Kriminalgericht ein mir befreundeter Staatsanwalt, was denn gestern im Bereitschaftsgericht passiert sei. Die Kollegin habe ihm erzählt, ich sei zu ihr verhältnismäßig unangenehm gewesen. Ich fragte: »Verhältnismässig? Im Verhältnis wozu?« Der Staatsanwalt verstand sofort, was ich meinte und sagte: »Sie hat mir zwar viel berichtet, aber zum Eigentlichen war sie verhältnismäßig schweigsam.«

Glitzerkleid

In der Kolumne »Amtsgericht Tiergarten« , mit der die Schriftstellerin Jutta Voigt die Leser der »ZEIT« fast ein ganzes Jahr lang unterhielt, hieß es eines Tages »Unter den Talaren, Jutta Voigt weiß, was Richter tragen und was zu welchem Verbrechen paßt«:

»Den schwarzen Talar konnte keiner schöner schwenken als Richter Warnstädt, der voriges Jahr in Pension ging. Wenn er verhandelte, rauschte die Robe, blitzte die schneeweiße Fliege auf dem blütenweißen Grund seines Hemdes. Zum Bühnenkostüm wurde das Amtskleid, wenn Warnstädt genervt die Robe raffte, weil ihn ein Staatsanwalt mit dem Bürgerlichen Gesetzbuch langweilte oder ein Rechtsradikaler bockig die Glatze schüttelte. Wenn der Umhang dramatisch hinter ihm herflatterte, während er im Durchzug zwischen Saal und Flur höchstpersönlich den nächsten Fall zur Verhandlung bat, wußte man: Warnstädt ist in Fahrt. Der alte Amtsrichter verstand das ehrwürdige Kleid der Jurisprudenz zu nutzen wie ein Revuestar seinen Glitzerumhang.«

Dagegen ist nichts einzuwenden, im Gegenteil: es ist ja tatsächlich so, daß Strafprozesse und Theater viel gemeinsam haben. Im Theater und im Strafprozeß haben alle die Typen des wirklichen Lebens ihre Auftritte, die Betrüger und die Betrogenen, die Gerissenen und die Naiven, die Heuchler, die Geschäftemacher, die Herzlosen und die Liebevollen. Leben, Theater, Gericht, das ging bei mir ineinander über. Jutta Voigt hat das ganz richtig beobachtet. Einige meiner Freunde von der Komischen Oper Berlin besuchten mich in Moabit, erwiderten damit quasi meine häufigen Besuche bei ihnen in der Oper. Ich erinnere mich an die Besuche von Barbara Sternberger, Felsensteins Koloratur-Soubrette, Uta Priew, Gast von der Lindenoper mit Bayreuth-Rekord, Andreas Conrad, unverzichtbarer Säule des Spielplans, Roger Smeets, gefeierter Don

Giovanni, Sabine Paßow, von allen geliebte jugendlich-dramatische Schönheit. Sabine Paßow tauchte bei einem ihrer Besuche so tief in die Verhandlung ein, daß sie zu ihrem eigenen Erschrecken bei einer besonders dreisten Lüge eines Angeklagten oder Zeugen ausrief: »Aber nicht doch! Das ist doch nicht wahr!« Eine andere Sabine, promovierte Literaturwissenschaftlerin, wohnte einem der Prozesse gegen Michael S. bei, in dem es wieder einmal darum ging, daß er eine seiner Geliebten vertrimmt hatte, was der Liebe der Vertrimmten zu ihm allerdings keinen Abbruch tat. Die Tür zu den Zuhörerbänken öffnet sich halb, eine der Frauen des Angeklagten winkt Sabine: »Du, komm mal raus!« Sabine, erstaunt: »Was, ich?« Antwort: »Ja, du!« Sabine geht auf Zehenspitzen hinaus und wird dort gefragt: »Sag mal, biste die Neue vom Micha?« Das kann gefährlich werden, kann das Augenlicht kosten, denn das überraschte »Nein, nein« Sabines findet offensichtlich keinen Glauben. Da hat Sabine den rettenden Einfall. Sie sagt: »Nee, ick bin wejen dem Richter hier, ick bin dem seine Neue!«

Synonym

Auf dem gemeinsamen Wege zum S-Bahnhof Bellevue sagt mir einer unserer leitenden Herren der Gerichtsverwaltung: »Seit vielen Wochen liegt uns eines Ihrer Urteile vor. Das hat uns so gut gefallen, daß darüber ganz in Vergessenheit geraten ist, daß es von einem Bezirksbürgermeister mit einer Dienstaufsichtsbeschwerde gegen Sie zu uns gekommen war.« Das schriftliche Urteil hatte ich verhältnismäßig zurückhaltend abgefaßt, in der Hauptverhandlung hatte ich aber mächtig Dampf abgelassen und das, was ich da gesagt hatte, war dem Bezirksbürgermeister von dem Zeugen, den das Bezirkssozialamt in die Hauptverhandlung geschickt hatte, offensichtlich so tief gekränkt berichtet worden, daß der Bezirksbürgermeister nicht umhin konnte, sich mitzukränken. Das Sozialamt war mir schon unangenehm aufgestoßen, weil man dort nie jemand erreichte. Als ich endlich jemand am Telefon hatte, war das mehr eine leidende, als eine leitende Persönlichkeit. Eigentlich seien sie dort zu acht, aber wegen Krankheit, Urlaub, Kur seien im Augenblick nur »zweieinhalb Kräfte« im Einsatz, da sei wirklich niemand für den Gerichtseinsatz zu entbehren. Ich hörte ein langgezogenes Klagelied: »Sie ahnen nicht, was für eine Tätigkeit wir hier ausüben müssen, was für ein Publikum wir hier haben. Kürzlich wurde eine Mitarbeiterin so böswillig angehustet, daß sie sich sofort krankgemeldet hat, Verdacht auf Tuberkulose.«

In der Hauptverhandlung ging es um eine Familie, die ursprünglich wohl aus Bosnien war. Seit vielen Jahren bereits aber lebte sie in Genua. Dort hörte sie, daß man in dem reichen Deutschland dadurch zu Geld kommen könne, wenn man sich dort anmelde und »Kriegsflüchtling« sage. So kam das Ehepaar mit seinen sieben oder elf Kindern – es war da keine Klarheit zu gewinnen – nach Berlin, ließ sich als »Kriegsflüchtlinge« registrieren und kehrte sodann nach Genua zurück. In den folgenden zwei Jahren kam der Ehemann alle zwei Monate zu dem erwähnten Sozialamt. Dort sackte er jeweils 3600 DM ein, ging dann zum Bahnhof Zoologischer Garten und stieg wieder in den Zug, ICE bis Basel, dort umsteigen nach Genua, alles 1. Klasse. Ich äußerte mich in der Hauptverhandlung in dem Sinne, daß das Geld bei der Familie aus Bosnien besser angelegt sei als in den Gehältern für die Beamten in jenem Amt. Zu dieser Bemerkung stehe ich auch heute noch. Ob ich allerdings auch mit meiner weiteren Bemerkung Recht hatte, kann nicht mehr festgestellt werden. Ich hatte gesagt, der Name jenes Bezirksamts habe gute Chancen, als Synonym für besondere Blödheit in die Balkansprachen einzugehen. Die Sache hat sich dadurch erledigt, daß der Bezirk dank der mittlerweile stattgehabten Bezirksreform seinen Namen geändert hat.

Idylle

Die Frau Müller soll nach einem Gartenfest in Lichtenrade von dem Laubenpieper ganz übel belästigt, vielleicht sogar vergewaltigt worden sein. Diese Schandtat habe sich, so Frau Müller, ganz plötzlich und völlig unerwartet ergeben. Niemand habe damit auch nur im geringsten rechnen können. Das Gartenfest sei bezaubernd gewesen, ein herrlicher Sommertag, eine schöne große Erdbeertorte am Nachmittag, dazu eine vielleicht noch schönere und noch größere Erdbeerbowle, am späten Nachmittag dann ein gemeinsamer Ausflug »zum Italiener« mit Pizza, Prosecco und Sangria, alles bestens, gute Laune und nette Leute, und war das ein »Hallo«, als am frühen Abend, jetzt wieder im Garten, der Erich, der Angeklagte, doch tatsächlich »noch eene Erdbeerbowle uffjesetzt gehabt hatte«. Umso gräßlicher dann das Unheil, das über Frau Müller hereingebrochen war.

Mir war die ganze Gartenidylle zu dick aufgetragen. Es war schon aufgefallen, daß Frau Müller ihre Kinder mit ihren Schwiegereltern zu ihrem Mann, der wegen Schichtdienstes bei der BVG an dem Gartenfest nicht hatte teilhaben können, nach Hause geschickt hatte, bevor es an die zweite Bowle gegangen war. Ferner war irgendwie zur Sprache gekommen, daß sich die Lippen von Frau Müller und Erich öfter mal zu einem »Küßchen« getroffen und daß sich die beiden ab und an auch mal um die Laubenecke verzogen hatten. Und dann war es schließlich auch so, daß die Anzeige gegen Erich von Herrn Müller erstattet worden war. Frau Müller, die erst weit nach Mitternacht nach Hause gekommen war, hatte zunächst kein Wort über Erich verlauten lassen. Erst als ihr Mann sie außerordentlich intensiv nach dem Grund für ihr spätes Erscheinen befragte, hatte sie tränenüberströmt berichtet. Von solchen Idyllen hatte ich schon oft gehört. Bohrt man etwas tiefer, stellt man meist fest, keine Idylle, sondern Sauffest. Es muß einem nur die richtige Frage einfallen. Als mir das Gartenfest wieder als eine geradezu himmlische Unschuldssituation geschildert wurde, fragte ich unvermittelt: »Wer hat als erster gekotzt?« Die Frage war richtig, denn wie aus der Pistole geschossen kam die Antwort: »Natürlich wieder die Müllern, die is immer bei alles vornewech.«

Limona

Limona Schulz war Zigeunerin. Ich sage das so, weil Limona selbst mir gesagt hat, sie sei Zigeunerin. Ich weiß, man sagt heute Sinti oder Roma. Das Wort »Zigeuner« soll man nicht mehr gebrauchen. Ich hatte damit immer Probleme. In einem meiner Urteile lese ich: »Der Angeklagte ist Zigeuner. Man soll das zwar eigentlich nicht mehr sagen, denn man hat sich, nachdem man hier wohl Hunderttausend dieses liebenswürdigen Volkes umgebracht hat, darauf geeinigt, das Wort nicht mehr zu benutzen, aber der Angeklagte sagt von sich selbst, er sei Zigeuner.«

Limona Schulz hatte ein Gesicht für oder von Käthe Kollwitz, unvergeßlich. Sie hatte sehr viele Kinder, die ältesten kannte ich schon aus deren eigenen Prozessen. Sie begleiteten, mich freundlich begrüßend, die Mutter, die aus einer »Boutique« zwei Hosen ohne Bezahlung mitgenommen haben sollte. Limona bestritt, aber eigentlich konnte sie dazu sowieso nichts sagen, denn es war nicht herauszukriegen, welche Sprache sie denn überhaupt sprechen oder auch nur verstehen könne. Deutsch kam jedenfalls gar nicht in Frage, obwohl Limona doch schon jahrelang in Deutschland sein mußte, ihr ältester Sohn war dreißig und in Berlin geboren. Limona und ich betrachteten uns lange schweigend, während Staatsanwältin, Verteidiger und Gerichtshelfer in emsige Diskussionen verstrickt waren, was man denn da machen könne. Plötzlich merke ich, Limona hat mich lange genug studiert und ist zu einem Entschluß gekommen. Unbemerkt von den Diskutanten rückt sie zu mir heran und flüstert: »Herr Richter, hören Sie? Die beiden Hosen, die sind damals auf einmal einfach mit mir so aus dem Laden mitgegangen.« Ich sage: »Aber Limona, wie nennt man denn so was?« Limona senkt den Blick und sagt: »Geklaut, Herr Richter, geklaut.«

Zickig

Der Rechtsanwalt Rüdiger P. sagte zu mir einmal in betonter Herzlichkeit: »Mein Lieber, ich gebe ja zu, daß Ihre Entscheidungen meist richtig sind. Wenn Sie in der Hauptverhandlung nur nicht oft so zickig wären!« Donnerwetter, da bleibt einem ja aber wirklich nichts anderes übrig, als herzhaft zu lachen. Und so habe ich immer herzhaft gelacht, wenn die Rede auf diesen Vorfall kam. Aber, ich glaube fast, so ganz freudig denn doch nicht, auch wenn der Rechtsanwalt, der das wohl zu bemerken schien, mir immer wieder versicherte, er habe lediglich »gelegentlich zickig« gesagt.

Schade, daß der Rechtsanwalt nicht dabei war, als es einmal wirklich »zickig« wurde. Da ging im Sitzungssaal eines Morgens die Tür auf, und es erschien eine Staatsanwältin in kleinen weißen Stiefelchen. Die Stiefelchen machten Klack-Klack, als die Staatsanwältin in ihnen grußlos zu ihrem Platz stapfte. Meine langjährige Protokollführerin Waltraud G. und ich waren eine gut eingespielte Mannschaft, und so schauten wir uns vielsagend an und wußten sofort, daß es mit »Stiefelchen« vor einiger Zeit sehr unangenehme und unangebrachte Situationen gegeben hatte. Das Klack-Klack und die Miene der Staatsanwältin verhießen uns nun, sie war gekommen, um Rache zu nehmen. Es wurde tatsächlich wieder furchtbar, so daß ich schließlich zur Protokollführerin sagte: »Da hatten wir doch schon einmal eine so unangenehme Frau hier, wie hieß denn die ...« Waltraud G. spielte sofort mit und sagte: »Ja, die war auch so unangenehm, aber die von damals hieß anders als unsere heutige Frau Staatsanwältin.« Und sie nannte den Doppelnamen, den die Frau, wie wir beide natürlich wußten, früher getragen hatte. Volltreffer! Wir hörten zu unserem größten Vergnügen aus dem Mund der Frau die unglaublichen Worte: »Ja, das bin ich, ich heiße jetzt aber anders.«

Die Verhandlung war furchtbar, aber zugleich auch heiter, heiter vor allem deswegen, weil die Frau, als sie merkte, wir lassen an uns nicht Rache nehmen, immer komischer und lächerlicher wurde. Manchmal stampfte sie vor lauter Ärger sogar im Sitzen Klack-Klack mit ihren kleinen weißen Stiefelchen. Als sie schließlich wutschnaubend und grußlos verschwunden und das Klack-Klack der kleinen weißen Stiefelchen in der Ferne verklungen war, meldete sich ein Schüler, der mit seiner Schulklasse der Verhandlung offensichtlich aufmerksam gefolgt war, bei mir: »Darf ich Sie mal was fragen? Warum war denn die so zickig?«

Been hoch

Manchmal fuhr ich mit einer Staatsanwältin das kleine Stück S-Bahn vom Bahnhof Bellevue zum Zoologischen Garten. Einmal, wir hatten uns gerade auf den Holzbänken, die mittlerweile leider rausgerissen und weggeworfen worden sind, niedergelassen, trat ein Mann auf uns zu und sagte etwas angetrunken, aber sehr höflich zu der Staatsanwältin: »Junge Frau, können Se mal Ihr Been een bißken hochheben?« Als die Staatsanwältin das ganz überrascht tat, griff der Mann unter sie und holte zwei Flaschen Schnaps unter ihr hervor.

Wie das? Damals stand noch die Mauer, und viele Säufer des Westens, vor allem die, die mangels guten Einkommens sparsam sein mußten, fuhren mit der S-Bahn zum Bahnhof Friedrichstraße, der zwar zum Osten gehörte, der aber teilweise von »Westlern« ohne Kontrolle betreten werden durfte. Dazu gehörte der mittlere und der südliche Bahnsteig auf der Stadtbahn, der unterirdische S-Bahnsteig und die U-Bahn. Man stieg dort also im Osten auf die Linien um, die nur den »Westlern« zur Verfügung standen. Man reiste dort ferner nach Ost-Berlin ein oder aus. Und gewisse Leute kauften dort auch Zigaretten und Schnaps im »Intershop«. Die Sachen waren unversteuert und daher billiger als im Westen. Aber die Einfuhr in den Westen war Steuerhinterziehung.

Unser Zug kam von der Friedrichstraße. Was da unter den Beinen der Staatsanwältin geschehen war, war also ganz zweifellos eine Straftat. Nun ist die Rechtslage die, daß eine Staatsanwältin – und natürlich auch ein Staatsanwalt – jeder Straftat, von der sie Kenntnis erlangt, nachgehen muß. Ich sah der Frau an, daß sie sich Gedanken darüber machte, wie sie zu reagieren habe. Bevor sie sich dazu noch geäußert hatte, war der Bahnhof Zoologischer Garten gekommen. Ich verabschiedete mich von ihr und stieg aus. Vom Bahnsteig aus winkte ich ihr zu und auch dem Mann mit den Flaschen. Der fuhr mit der Staatsanwältin weiter. Ob die Staatsanwältin die Gelegenheit ergriffen hat, sofortige Ermittlungen aufzunehmen, weiß ich nicht. Ich habe die Staatsanwältin nach dem Vorfall lange nicht gesehen. Als ich sie allerdings sehr viel später einmal darauf ansprach, sagte sie zu meiner Überraschung, sie könne sich an einen solchen Vorfall nicht erinnern. Das ist natürlich auch eine Art der Verfahrenserledigung.

Fettlebe

Bis vor einiger Zeit waren EC-Schecks oder, wie die damals noch existierende Bundespost die Mehrzahl von Scheck bildete, Schecke ein übliches Zahlungsmittel. Legte man sie nebst der dazu gehörenden EC-Plastik-Scheck-Karte beim Einkauf vor, wurden sie anstandslos akzeptiert, denn bis 400 DM war für diesen Fall die Einlösung von den Banken garantiert. Wie meine beiden Angeklagten, zwei Jünglinge, an die zehn EC-Schecks nebst EC-Karte gekommen waren, weiß ich nicht mehr, wahrscheinlich hatten sie ein Auto aufgebrochen, in dem der Autofahrer leichtsinnigerweise sowohl Schecks als auch Scheckkarte hatte liegenlassen. Die Jünglinge konnten nun ungehindert Einkäufe machen und schritten auch sogleich zu Werke. Noch am selben Tag waren alle Schecks dem Konsum-Kreislauf zugeführt, die Jünglinge machten, wie sie das in der Hauptverhandlung ausdrückten, mal so richtig Fettlebe. Sie schilderten in der Hauptverhandlung ihre Einkäufe ganz genau und genossen dabei sichtlich noch einmal die »Fettlebe«. Bei den Einkäufen handelte es sich um das Übliche, Marken-Rekorder, Marken-Turnschuhe, Marken-Hemden, Marken, Marken, Marken, alles keiner weiteren Erwähnung wert. Nur eine »Fettlebe« ließ aufhorchen, mit dem letzten Scheck waren sie »fein speisen« gegangen.

In den achtziger Jahren gab es im Norden West-Berlins ein Etablissement namens Rockendorf. Das war ein Speiselokal, da ging man hin, um überschüssiges Geld loszuwerden und um sich im armen abgelegenen West-Berlin mal fast so zu fühlen wie im reichen West-Deutschland, sagen wir Düsseldorf. Rockendorf gibt es übrigens schon lange nicht mehr. Eines Tages aß Rockendorf woanders, verschluckte sich und verschied. Im mittlerweile vereinigten Berlin würde er allerdings auch längst nicht mehr so viel Furore machen können wie damals. Heute gibt es an jeder Straßenecke was Feines und noch viel Teureres. Von diesem Rockendorf hatten auch die Jünglinge gehört, und zu ihm gingen sie mit ihrem letzten Beute-Scheck. Sie erzählten: »Wir hatten so viel gehört davon. War auch sehr schön da. Alles, was man aß, hatte schöne Namen. Alles kostete allerdings auch ganz schön, na ja, uns nicht, wir hatten ja den Scheck.« Ich sagte: »Also alles in allem ein schöner Abschluß des kriminellen Ausflugs, nicht wahr?« Die Jünglinge antworteten: »Wie man's nimmt. Die waren ganz schön hochnäsig da, kann man ja auch verstehen, wir paßten da nicht so richtig rein. Und satt sind wir auch nicht geworden. Am Bahnhof Waidmannslust haben wir danach jeder eine Currywurst gegessen, bar bezahlt, das ist irgendwie denn doch reeller.«

Elf Jahre

Als ich in Wismar ins Theater ging, soll, so lese ich in Theaterbüchern, der später so berühmte Fred Düren dort gespielt haben. Da ich alles gesehen habe, muß ich auch ihn gesehen haben. Es spricht nicht gegen ihn, daß er sich erst sehr viel später am Deutschen Theater Berlin in meine Erinnerung eingegraben hat. Ich versuche immer, dies Manko durch die Mitteilung auszugleichen, daß mir etwas später, als ich in Rostock ins Theater zu gehen pflegte, der damals ganz junge Otto Mellies als etwas ganz Besonderes aufgefallen ist. In Rostock war es auch, wo ich zum ersten Mal in meinem Leben eine bereits richtig namhafte Schauspielerin gesehen habe. Aus Berlin war Käthe Reichel angereist und spielte – ich glaube, es war 1956 und die DDR-Erstaufführung – »Der gute Mensch von Sezuan« von Bertolt Brecht. Ich habe die Schauspielerin dann in Berlin öfter gesehen, vor allem 1961 in den Kammerspielen des Deutschen Theaters Berlin als Minna in der berühmten Langhoff-Inszenierung von »Minna von Barnhelm«. Danach trat dann wegen der Errichtung des wahlweise Mauer oder antifaschistischer Schutzwall genannten Bauwerks eine elfjährige Pause ein, erst 1972 konnte der normale Berliner des Westens wieder die Hauptstadt besuchen. Ich war sofort dabei, hatte viel nachzuholen. Einer meiner ersten Besuche führte mich in das Deutsche Theater. Der Zufall ergab es, daß ich nach der Vorstellung im Theatercasino zwei Tische weiter Käthe Reichel erblicke. Begeistert stürze ich auf sie zu und erzähle ihr von meinen Erinnerungen an Rostock und an ihre »Minna von Barnhelm«. Dann setze ich bedeutungsvoll hinzu: »Gottlob sind die elf Jahre jetzt vorbei, in denen ich Sie zu meinem größten Bedauern nicht habe sehen können.« Die

Schauspielerin hört sich das aufmerksam an, denkt nach, schüttelt mißbilligend den Kopf und sagt dann: »Elf Jahre haben Sie mich nicht sehen können? Da sehen Sie mal, wie selten ich in dem Haus hier besetzt werde.«

Gorki

Eines meiner Lieblingstheater war immer das Maxim-Gorki-Theater. Das Haus ist schön. Eigentlich ist es das Haus der Sing-Akademie zu Berlin, die mit vielen berühmten Namen verknüpft ist, ich erwähne nur Carl Friedrich Zelter, der sie von 1800 bis 1832, und Georg Schumann, der sie von 1900 bis 1950 geleitet hat. Im Hause erinnert eine Gedenktafel daran, daß Felix Mendelssohn-Bartholdy dort die Matthäus-Passion zum ersten Mal nach dem Tode von Johann Sebastian Bach aufgeführt hat. Nachdem das Haus 1943 durch Fliegerbomben erheblich beschädigt worden war und die Sing-Akademie zu Berlin nach der Spaltung Berlins vollständig nach West-Berlin umgezogen war, baute die DDR das Haus zum Theater um und etablierte dort 1952 das Maxim-Gorki-Theater, das zunächst von Maxim Valentin und später von Albert Hetterle geleitet wurde. Wie fast alle Kulturstätten machte das Theater in den neunziger Jahren große Änderungen durch, die mir nicht gefielen. Es war fortan auch gar nicht mehr das Maxim-Gorki-Theater, es war nun das »Gorki«. Es ist wohl so, daß Leuten, denen sonst nichts einfällt, neuerdings wenigstens einfällt, am Namen oder am Kennzeichen, am Emblem oder, wie es jetzt so schön heißt, am Logo eine Änderung vorzunehmen. Da kann man offensichtlich ungestraft rumfummeln und dann so tun, als ob einem etwas Neues eingefallen ist. So hat seit kurzem das Deutsche Theater ein neues Emblem, und keiner weiß warum. Und so wurde am Haus der Komischen Oper der berühmte Schriftzug »Komische Oper« abgerissen, obwohl der, wie man hört, unter Denkmalschutz steht, was, wie man auch hört, der Grund dafür sei, warum das neue Emblem nicht habe angebracht werden dürfen, womit jetzt in der Hauswand einige Löcher prangen, die allerdings, wenn man das neue Emblem kennt, diesem ohne weiteres vorzuziehen sind.

Nach langer Zeit war ich doch wieder einmal im »Gorki«. Dieser Besuch kam so zustande, daß ich unbedingt die junge Schauspielerin Anna Kubin sehen wollte, und es gab tatsächlich dann gar keinen Widerstand mehr, als Anna Kubin zu mir sagte, daß auch Ursula Werner und Monika Lennartz auf der Bühne sein würden, Schauspielerinnen, von denen Anna Kubin wußte, daß ich denen nicht widerstehen könne.

Ich komme ins Theater, Frau Schulz immer noch da, sagt mir beim Programmkauf: »Sie waren aber lange nicht hier, sehen aber ziemlich unverändert aus. Nun gut, Ihre Haare sind, wie soll ich sagen, etwas blonder geworden, steht älteren Herren aber gut.«

Die Aufführung, es gab »Wölfe und Schafe« von Alexander Ostrowski, war gar nicht so übel, jedenfalls besser, als ich es erwartet hatte, wenngleich ich sagen muß, daß ich tatsächlich wirklich nicht viel erwartet hatte. Nach der Vorstellung gehe ich wie in alten Zeiten in die Theaterkantine. Treffe dort als erstes Frieda, die Meisterin der Theke, frage sie: »Frieda, hast du immer noch so gute Bouletten wie früher? Und kannst du dich an mich erinnern? Ich war einige Jahre nicht mehr hier.« Frieda guckt mir ins Auge und sagt: »Bouletten haben wir hier schon lange nicht mehr, wir sind jetzt vornehmer als früher. Aber an dich erinnere ich mich natürlich, wir sind doch alte Freunde. Aber nun sag mir mal schnell, wie du heißt!«

Und dann treffe ich auch Ursula Werner und Monika Lennartz und sage zu ihnen: »Dieser Abend tröstet mich etwas. Ich war ja lange nicht hier, schon weil man Leute wie den Rolf Winkelgrund, der hier jahrelang exzellente Inszenierungen auf die Bühne gebracht hat, einfach hinausgetan hat, und weil man auch eine so fabelhafte Schauspielerin wie die Anna-Else Paetzoldt oder auch die Katka Kurze oder die Gundula Köster, nun wie soll man sagen, hat gehen lassen ... Mein Gott, was hatte dieses Theater für ein vortreffliches Weiberensemble! Weiß man eigentlich noch, daß in ›Was ihr wollt‹ alle Rollen unvergeßlich mit Frauen besetzt werden konnten? Aber heute bin ich, wie gesagt, etwas getröstet. Denn immerhin zeigt doch die Tatsache, daß man Sie, Frau Werner, und Sie, Frau Lennartz, hier behalten hat, daß man weiß, man kann denn doch kein Theater machen, wenn man nicht solche Säulen der Schauspielkunst wie Sie im Hause hat ...«

Die beiden Damen hatten meiner immer emphatischer werdenden Rede mit undurchdringlicher Miene gelauscht. Dann schauten sie sich an, und schließlich sagte Ursula Werner, wie nur Ursula Werner so etwas sagen kann: »Nun bilde dir man bloß keine Schwachheiten ein. Wären wir nicht unkündbar gewesen, wären wir ooch rausjeflogen ...«

Zeuthen

Als ich als Junge in Mecklenburg wohnte, beneidete ich die Berliner Jungen heiß darum, daß die täglich S-Bahn fahren konnten. War ich mal zu Besuch in Berlin, durfte ich immer nach Herzenslust »Vollring« fahren, und heute bin ich sehr glücklich, daß man wieder »Ring über Ostkreuz« oder »Ring über Westkreuz« fahren kann, wovon ich auch ausführlich Gebrauch mache. Mitte der achtziger Jahre sah es schrecklicherweise lange so aus, daß man der S-Bahn in West-Berlin völlig den Garaus machen werde. Eine Zeitlang gab es nur noch eine einzige Linie im Westen, eine lächerliche Stummellinie. Jede zwanzig Minuten fuhren sage und schreibe zwei Wagen von Charlottenburg über Zoologischer Garten zum Bahnhof Friedrichstraße. Das war tatsächlich alles, und diesen Stummel hatte man auch nur belassen, weil man sich sonst den Vorwurf eingehandelt hätte, man untergrabe die Verbindung zu den »Brüdern und Schwestern« im Osten, denn der Bahnhof Friedrichstraße – Haupteingang nach Ost-Berlin – wäre ohne die Stummelbahn sonst vom Westen her nicht zu erreichen gewesen, sondern nur von Norden und Süden, nämlich durch die U-Bahn Kochstraße/ Reinickendorfer Straße, die zwar sonst auf allen Ost-Berliner Stationen durchfuhr, am Bahnhof Friedrichstraße aber hielt. Dankenswerterweise gab es Leute, die die Erinnerung an die S-Bahn wachhielten. Dazu gehörte das Museum für Verkehr und Technik, heute Deutsches Technikmuseum, am Gleisdreieck. Dort waren Pläne und Bilder der alten Strecken zu sehen, dort konnte man studieren, welch großartiges Verkehrsmittel die S-Bahn gewesen war und hoffentlich eines Tages wieder sein werde.

Eines Tages stand ich dort hingerissen vor einer Tafel, die die Strecke Görlitzer Bahnhof nach Grünau und Zeuthen zeigte, die zu meiner Kinderzeit, wie ich mich gut erinnerte, noch mit Dampflokomotiven befahren wurde. Neben mir stand eine Gruppe, und aus dieser Gruppe schlug mir folgendes ins Ohr: »Guckt mal, da liegt Zeuthen. Da haben unsere Großeltern gewohnt. Soll ein entzückendes Dörfchen gewesen sein. Wer weiß, wie es heute dort aussieht, liegt ja jetzt im Osten. Vielleicht ganz gut, daß man das nicht sehen muß, nicht sehen kann, wir dürfen ja als West-Berliner da nicht hinfahren.«

Das hörte sich aber sehr seltsam an. Wieso eigentlich »nicht kann«, wieso eigentlich »nicht dürfen«? Es gab doch seit 1972 das Passierschein-Abkommen. Ich witterte Ignoranz und Arroganz. Das fällt ja häufig zusammen, ist immer ärgerlich, aber manchmal besonders, so damals. Ich trat an die Gruppe heran: »Ich weiß, ich weiß, man mischt sich nicht in fremde Gespräche ein. Aber ich tue es dennoch, verzeihen Sie, ich muß mich einmischen, auch wenn ich es vielleicht gar nicht möchte.« Erstaunte Gesichter, aber die Minen sagten, ich solle fortfahren, man witterte was Besonderes und war gespannt. Ich holte tief Luft und sagte: »Mein Name ist Warnstädt. Ich bin Mitglied des Vereins gegen dummes Geschwätz, ja sogar dessen Vizepräsident. Die Satzung des Vereins verpflichtet alle Mitglieder, immer, in jedem Fall, also quasi ohne Rücksicht auf Verluste einzuschreiten, wenn sie dummes Geschwätz hören. Und nun ist es soweit. Ich habe eben zufällig Ihr Gespräch über Zeuthen mitanhören müssen, daß man da nicht hinfahren könne und so weiter ... Ich greife hiermit ein und stelle fest, was ich da gehört habe, ist dummes Geschwätz im Sinne der Vereinssatzung. Haben Sie irgendwelche Fragen dazu?«

Besonderheiten

Wenn Leute meine Hauptverhandlungen besuchen wollten, fragten sie häufig vorher an, wann es sich denn lohne. Sie waren dann oft erstaunt, wenn ich sagte, es lohne sich immer. Und das stimmte auch. Jedenfalls habe ich es so gesehen, weil ich jedes Mal neue Erfahrungen sammeln konnte, auch wenn sie nur darin bestanden, daß durch sie alte bestätigt wurden. Ich wußte aber sehr wohl, daß die Leute mit ihrer Frage eigentlich herausfinden wollten, ob die Verhandlung einigermaßen spannend werde oder nicht. Darauf konnte ich immer nur antworten, ich weiß es nicht. Wie eine Verhandlung nämlich wird, kann man kaum vorhersagen, das ist von vielen Faktoren abhängig. Manchmal denkt man, dieser Sachverhalt wird in der Hauptverhandlung bestimmt für Spannung sorgen. In der Hauptverhandlung stellt sich dann aber heraus, daß die Menschen, die mit diesem Sachverhalt zu tun haben, die puren Langweiler sind. Und umgekehrt ist es manchmal auch so, daß ein Sachverhalt, der nichts Besonderes verspricht, in der Hauptverhandlung zu atemloser Spannung führt, weil die Menschen ihn farbig, lebensvoll und interessant schildern.

Viel liegt allerdings am Richter. Ist der uninteressiert, wird die Sache für alle uninteressant. Ist der Richter hingegen interessiert, kann auch der sprödeste Fall noch zum Blühen kommen. Ich bin in jede, aber auch jede Verhandlung mit Interesse und Neugier gegangen. Ein früherer Kollege sagte mir einmal: »Ich kann das nicht mehr machen, es ist immer dasselbe. Schon wie so eine Verhandlung anfängt, Personalienabfrage ...« Ich sagte ihm: »Bei mir gibt es keine Personalienabfrage, die Personalien stellt meine Protokollführerin ganz selbständig fest, so daß ich Zeit habe, mich mit dem Angeklagten bekannt zu machen. Ich will von dem doch viel mehr als nur die Personalien erfahren ...«

Manche Hauptverhandlungen wurden dadurch manchmal so spannend, daß Leute scherzhaft sagten, damit könne man gastieren fahren. Ich hörte das gern und erwiderte, daß sich Gerechtigkeit durchaus auch mit Kurzweil verbinden lasse. Allerdings mußten sich viele Staatsanwälte und Rechtsanwälte auch erst an meine Art und Weise gewöhnen. Mit besonderem Vergnügen habe ich mir den Schriftsatz einer Rechtsanwältin fotokopiert. Der Angeklagte war von mir freigesprochen worden, und die Rechtsanwältin stellte der Justizkasse nun ihre Gebühr in Rechnung. Sie verlangte eine höhere Gebühr als gewöhnlich. Zur Begründung schrieb sie: »Die höheren Gebühren sind darin begründet, daß ich meinen Mandanten auf die Besonderheiten der Verfahrensführung durch den Richter Warnstädt habe vorbereiten müssen.«

Felsenstein

Am 12. Juli 1992 saß ich wieder einmal in der Komischen Oper Berlin, dem Haus in der Behrenstraße, das als »Metropol« in den ersten dreißig Jahren des vergangenen Jahrhunderts, aber eigentlich sogar noch bis zum Ende des Zweiten Weltkriegs, der glanzvolle Mittelpunkt der Operette in Berlin war und das dann ab 1947 unter der Leitung von Walter Felsenstein zum absolut glanzvollsten Mittelpunkt der gesamten Opern- und Operettenwelt geworden war. Für diesen 12. Juli 1992 hatte man »Ritter Blaubart« (»Barbe Bleue«), Opéra bouffe in vier Bildern von Jacques Offenbach in der »neuen deutschen Übertragung nach dem Original Henri Meilhacs und Ludovic Halévys von Walter Felsenstein und Horst Seeger« in der »musikalischen Einrichtung von Karl-Fritz Voigtmann« angesetzt. Ich schreibe das hier alles so ausführlich, weil ich meine, daß in der ganzen Welt schwerlich etwas Vergleichbares zu finden war und, das muß ich leider auch sagen, schon gar nicht mehr zu finden ist. Ich bedaure jeden, der diese Inszenierung von Walter Felsenstein, Bühnenbilder und Kostüme von Wilfried Werz, nicht gesehen hat. Ich habe sie gottlob des öfteren gesehen, längst nicht häufig genug, aber immerhin, wie ich bei Durchsicht der Programmzettel feststelle, zweiunddreißig Mal. Die Inszenierung kam am 24. September 1963 auf die Bühne und wurde stets mit dem größten Erfolg gespielt. Auch die Vorstellung vom 12. Juli 1992 war völlig ausverkauft. Es war die 369. Vorstellung seit der Premiere. Aber diese Vorstellung sollte die letzte sein, und sie war es dann auch. Warum die so besonders erfolgreiche Inszenierung abgesetzt wurde, lag auf der Hand, neue Herren versuchen häufig die Erinnerung an bessere Vorgänger zu tilgen.

Daß da was Unwiederbringliches hinging, begriff auch das Ehepaar, das neben mir saß. Es amüsiert sich so ausgiebig, daß es sogar zutraulich wird. Es sagt zu mir: »Ist das nicht köstlich? Finden Sie nicht auch?« Ich sage: »Wem sagen Sie das? Ich sehe die Aufführung heute zum zweiunddreißigsten Mal.« Das Ehepaar sieht mich entgeistert an und sagt: »Zweiunddreißig Mal? Dann kann man Sie wohl ohne weiteres als einen Liebhaber von Stück und Mitwirkenden bezeichnen ...« Ich sage: »Ja, ohne weiteres, kein Wunder aber auch. Da sehen

Sie Werner Enders, den König Bobéche, der ist heute dabei, und der war vom ersten Tag an dabei, er hat alle 369 Vorstellungen in den fast neunundzwanzig Jahren gesungen. Und gespielt natürlich auch, denn das muß man unbedingt immer dazu sagen, in diesem Haus singen die Künstler ja nicht nur, wie Sie hören, sie sind auch grandiose Schauspieler, wie Sie sehen. Und neben ihm sehen Sie Königin Clémentine, das ist Ruth Schob-Lipka. Die hat, wie ich höre, lediglich fünf der Vorstellungen nicht gesungen. Und da ist Barbara Sternberger, die war auch schon in meiner ersten Aufführung diese bezaubernde Fleurette. Unsere heutige Rosenjungfrau Boulotte ist Uta Priew von der Lindenoper, die hat die Partie vor etwa zehn Jahren von Anny Schlemm übernommen. Der Alchimist Popolani ist der Heldenbariton Klement Slowioczek, der soll die Boulotte eigentlich umbringen, tut es aber dann doch nicht, obwohl Blaubart es ihm befohlen hat. Den Grund dafür erfahren Sie im dritten Akt. Freuen Sie sich auf den besonders, da kommt große französische Oper wie ›Hoffmanns Erzählungen‹. Und Sie lernen dann auch noch fünf besonders schöne Damen kennen, alles Ehefrauen des Ritters Blaubart, der übrigens seit einigen Jahren nach dem Ausscheiden des phänomenalen Hanns Nocker kongenial von Günter Neumann gespielt und gesungen wird. Und weiter: Der da den Schäfer Daphnis singt, der Andreas Conrad, der könnte, wenn hier am Hause alles mit rechten Dingen zuginge, in einigen Jahren ohne weiteres selbst der Ritter sein ...«

Das Ehepaar lauscht und sagt: »Sie sind vor lauter Begeisterung ja richtig in Rage gekommen. Wir beneiden Sie! Schade, daß wir das jetzt erst sehen. Aber wir hatten früher nicht die Gelegenheit dazu. Wir sind nämlich aus dem Westen. Sie verstehen, wir wohnen in West-Berlin, und da konnte man ja nicht so einfach hierher in den Osten kommen.« Ich sage: »So ganz einfach vielleicht nicht, aber jeder, der richtig interessiert war und nicht jetzt nur so tut und rumquatscht, der hat es auch gemacht.«

Gott sei Dank hob sich in diesem Augenblick der Vorhang zum zweiten Akt, »intime Szene im Familienkreise« am Hofe des Königs Bobéche, und das war so köstlich, daß bei dem Ehepaar, wie man in dessen Gesicht sehen konnte, und bei mir binnen Sekunden wieder eitel Wohlgefühl herrschte. Es war eine wunderbare Vorstellung, allerdings auch die letzte, und mit diesem letzten »Ritter Blaubart« am 12. Juli 1992 verließen nicht nur Offenbach und Felsenstein, sondern verließ auch der gute Geist des Hauses die Komische Oper. Dieser gute Geist ist bis heute nicht in die Behrenstraße zurückgekehrt, und er wird auch, wie es aussieht, nie wiederkehren ...

Gute Nacht

Ich hatte einen Mann vor einiger Zeit zu einer Freiheitsstrafe verurteilt, die Vollstreckung der Strafe aber zur Bewährung ausgesetzt. Nun wurden mir die Akten vorgelegt, weil die Staatsanwaltschaft den Mann erneut angeklagt hatte. Der Mann soll in sechs Fällen großflächig Schmierereien, liebevoll »Graffiti« genannt, hinterlassen haben. Da die Straftaten in die Bewährungszeit fallen, bin ich an dem neuen Verfahren interessiert, denn Straftaten, die in die Bewährungszeit fallen, zeigen, daß der Verurteilte sich nicht bewährt, und haben regelmäßig den Widerruf der Strafaussetzung zur Folge. Das neue Verfahren war aber nicht bei mir, sondern bei einer Kollegin eingegangen, und so rief ich die Kollegin an, um mich nach dem Stand des neuen Verfahrens zu erkundigen. Ich sage: »Guten Tag! Haben Sie schon einen Hauptverhandlungstermin angesetzt?« Die Kollegin antwortet: »Nein, habe ich noch nicht, wird auch so schnell nicht dazu kommen. Der Mann hat keine Adresse, und so habe ich das Verfahren erst mal wegen Abwesenheit eingestellt. Sie kennen ja den § 205 StPO.« Ich sage: »Ja, den kenne ich wohl. Aber ich kenne auch den § 112 StPO, wonach man einen Haftbefehl erlassen kann, wenn der Angeklagte untergetaucht ist. Ich halte einen Haftbefehl auch durchaus für geboten, denn in meinem Verfahren droht ihm der Widerruf der Strafaussetzung zur Bewährung, und in Ihrem Verfahren ist der Mann doch wirklich der neuen Straftaten dringend verdächtig.« Die Kollegin erwidert: »Dringend verdächtig schon, er hat die Straftaten bei der Polizei ja sogar zugegeben. Aber es handelt sich doch schließlich nur um Sachbeschädigungen, und das sind, das werden Sie mir zugeben, kleinere Straftaten, da ist doch ein Haftbefehl übertrieben oder, wie wir Juristen sagen, unverhältnismäßig.« Ich gebe nicht auf und sage: »Aber die Staatsanwaltschaft und sogar die Justizsenatorin haben doch gerade kürzlich erst bekanntgegeben, daß das ›Graffiti‹-Schmieren ab sofort streng verfolgt werden solle, was ich auch richtig finde, denn die Stadt wird dadurch ja noch mehr versaut, als es ohnehin schon der Fall ist.«

Die Kollegin schluckt hörbar, solche Sprache ist sie offenbar nicht gewöhnt, und so sagt sie pikiert und etwas spitz: »So? Meine Staatsanwältin hat keinen Antrag auf Erlaß eines Haftbefehls gestellt, und ich denke auch nicht im mindesten daran, einen zu erlassen. Und im übrigen stören mich diese ›Graffiti‹ auch gar nicht, sind doch zum Teil ganz lustig.« Da merke ich, bei der hat alles keinen Sinn, und ich verabschiede mich von ihr, obwohl es noch Vormittag ist, mit den Worten: »Wünsche weiterhin gut zu ruhen, gute Nacht!« Am Nachmittag schicke ich ihr einen Haftbefehl »Zur Kenntnis«. Den hatte ich erlassen, Sicherungshaftbefehl. Nach § 453c StPO holt sich der Richter damit einen Untergetauchten, wenn die Strafaussetzung widerrufen werden soll. Im übrigen finde ich ›Graffiti‹ auch gar nicht lustig. Führe die Kollegin mal U- oder S-Bahn, so würde sie das, was sie dort alles sieht, die Sache auch so sehen lassen.

Euer Ehren

Wenn ich früher vom U-Bahnhof Turmstraße kam und durch den Kleinen Tiergarten zum Kriminalgericht Moabit ging, saß da eine Zeitlang immer eine Säufergruppe. Sah die mich, rief sie mir zu: »Juten Morjen, Herr Rat! Seien Se mal heute nich so strenge!« Die Anrede »Herr Rat« für den Amtsrichter stammt aus der Zeit, als die Richter noch richtige Beamtentitel führten. Bei einer »Reform« wurde das 1972 geändert. Hieß ein Amtsrichter solange Amtsgerichtsrat oder ab einem bestimmten Alter Oberamtsrichter, so heißt er jetzt »Richter am Amtsgericht«. Aus einem Amtsgerichtsdirektor wurde ein »Aufsichtsführender Richter bei einem Gericht mit mehr als fünfzehn Planstellen«, natürlich nur dann, wenn wirklich mehr als fünfzehn Planstellen an dem Gericht vorhanden waren. Der Amtsgerichtspräsident firmiert jetzt als »Präsident des Amtsgerichts« und so weiter und so fort ...

Die Anrede »Herr Rat« habe ich in den letzten Jahren kaum noch gehört, nur ganz Alte kannten das noch, und die kommen eigentlich kaum noch zum Gericht. Die Straftaten hören außer bei ganz Hartnäckigen meist mit Vierzig oder mit Fünfzig auf. Was in den letzten Jahren dafür häufiger zu hören war, ist »Euer Ehren«. Das ist amerikanisch und den Leuten aus den diversen amerikanischen Filmen bekannt, die über die Mattscheibe flimmern.

Als ich eines Tages den Gerichtsflur entlangkam, sah ich schon von weitem einen alten Bekannten vor meinem Verhandlungssaal sitzen, der mich immer zu meiner Belustigung zugleich ehrfürchtig als auch hartnäckig »Euer Ehren« nannte. Der Mann war mit mehreren »Kumpeln« erschienen, alles rote Gesichter, nicht unsympathisch, aber auch nicht gerade von Wohlgeruch. Er erkannte mich sofort, obwohl ich noch ohne Robe war und man meistens nur in Robe erkannt wird, was sein Gutes hat. Der Mann stand auf und rief seinen Begleitern zu: »Kiekt mal, det isser!« Dann kam er zu mir und sagte: »Euer Ehren, ick bin jespannt, womit ick Ihnen heute dienen kann. An mir soll et nich liejen.«

Nachrede

Meinen letzten Hauptverhandlungstag versuchte ich geheimzuhalten, weil ich denn doch etwas Sentimentalität befürchtete. Aber Gerichtsreporter bekommen alles heraus, und ich war denn doch, zurückhaltend ausgedrückt, sehr davon angetan, daß man eine Delegation von zwei Damen entsandte, obwohl den Tag im Oktober 2002 mehrere nicht unspektakuläre Prozesse stattfanden. Gerührt las ich anderntags Sabine Deckwerths Bericht in der »Berliner Zeitung« – »Der königliche Amtsrichter geht in Pension« – und Katja Füchsels im »Tagesspiegel« – »Ein ungekrönter König dankt ab« – und auch all die anderen Nachrufe. In der »ZEIT« nennt Jutta Voigt mich einen Mimen und »Richter, wie es ihn kein zweites Mal gibt«. Ich kann zufrieden sein und bin es und falle auch nicht in das gefürchtete Rentner-Loch. Ich fahre hierhin und dorthin und berichte ausführlich in Büchereien, in Kulturvereinen, auf Theaterbühnen von meinem Justiz- und sonstigen Leben. Und wenn dann noch Zeit ist, lese ich sogar aus meiner Urteilssammlung »Recht so«. Schließlich firmieren meine Auftritte als »Lesungen«, wenngleich man ja schließlich selbst lesen kann und soll und ich mir ganz sicher bin, daß die Besucher auch zu den ganz »normalen« Lesungen, die vornehmlich aus Stuhl, Tisch, Leselampe, Karaffe Wasser, Lesebrille bestehen, nur deshalb kommen, um den Autor persönlich kennenzulernen. Erfahrene Buchhändler bestätigen mir das immer wieder.

Ich mag solche Veranstaltungen. Immer wieder passiert etwas anderes. Im Stadttheater Anklam habe ich nicht nur eine frühere Schulfreundin getroffen, sondern auch meinen letzten Russisch-Lehrer aus Bad Doberan mit seiner Frau, die mir weiland aus guten Gründen den Rat gegeben hat, FDJ-Sekretär zu werden. Im Theater der hinreißenden Ostseestadt Barth entpuppt sich unter den Zuhörern ein guterhaltender Mittsechziger als mein Freund aus der Wismarer Grundschulzeit, den ich glatte fünfzig Jahre nicht mehr gesehen und der von meinem Auftritt in Barth aus dem »Neuen Deutschland« erfahren hatte. Ich sage zu ihm: »Na hör mal Friedrich, ich hätte dich fast gar nicht erkannt, ich hätte geschworen, wir wären gleichgroß.« Der alte Freund guckt auf mich hinunter und sagt: »Im Gegensatz zu dir bin ich offensichtlich noch etwas gewachsen, wir waren damals vierzehn.« Und in Schwerin überreichte mir der italienische Bariton Bruno Balmelli, der dort als Marquis Posa gastierte, einen Stempel »Recht so«, mit dem ich jetzt meine Post signiere.

Auf dem Weg zur Dorotheenstädtischen Buchhandlung, wo ich gegenüber vom Kriminalgericht sozusagen als Heimspiel gleich zehn »Lesungen« von »Recht so« hatte, springt mir auf der Turmstraße ein verwegen aussehender Mann in den Weg. Ich fürchte Überfall. Da ruft der Mann: »Herr Warnstädt, erinnern Sie sich an mich? Sie haben mich im September verurteilt. Nun lese ich in der ›BZ‹, daß Sie im Oktober zurückgetreten sind. Da hatte ich aber Glück, daß ich Sie noch erwischt habe.«

Da kann man mal wieder sehen, Glück gibt es in vielerlei Gestalt und kann man überall finden.